한국현대시조의 현황과 전망

한국현대시조의 현황과 전망

元勇寓

국학자료원

| 머 리 말 |

현대시조의 이론과 실제

이 책은 그 제목을 「한국현대시조의 현황과 전망」이라고 했는데, 내용 중에 그러한 소제목이 있기는 하다. 그러나 우리 현대시조의 현재 상황과 앞으로의 발전 방향에 대하여 주로 논한 것은 아니고, 주로 시조를 공부하는 이들에게 참고가 되고 도움이 될 만한 내용들로 채워져 있다.

제Ⅰ부 '문학 이론'에서는 문학에 대한 이야기가 많이 있지만 그 중심은 시조이론과 시조짓기에 있다. 체계적으로 논의하지는 않았지만 시조론을 많이 펼쳤고, 시조창작에 도움이 될 만한 창작론을 필자 나름대로 이야기해 놓았다.

제Ⅱ부 '시조 해설'도 시조시인들의 작품을 해설해 놓은 것이 중심이지만, 그 해설을 하는 가운데, 시조창작에 도움이 될 만한 이야기를 많이 삽입하였다. 그리고 시조공부는 원래 텍스트 읽기에서부터 시작하는 것이 정설이다. 남의 작품을 읽고 잘 이해하고, 잘 해석하고, 잘 감상하는 것이 우선적이다. 그래서 작품을 읽고 해설할 때는 이런 식으로 하는 것이 좋겠다는 예를 들어 보인 것이다.

제Ⅲ부 '시조 월평'은 「월간문학」에 발표했던 월평들을 그대로 옮겨 실었다. 작품은 이해하는 것도 좋고 해석하는 것도 좋지만, 결국은 그 작품의 가치를 평가해야 한다. 그 가치를 평가하는 작업에 비평이 있고 평론이 있다. 이러한 평가 작업도 시조를 공부하는데 도움이 된다고 생각해서 이 책에 옮겨 실은 것이다. 그러니까 이 책에서는 시조 읽기, 시조 해설, 시조 이해, 시조 짓기, 시조 비평에 관한 글을 주로 다룬 것이다. 그런 점에서 시조를 공부하고 시조를 짓는 이들에게 자그마한 보탬이 되었으면 하는 바램이다.

끝으로 어려운 여건 속에서도 이 책을 맡아 출판해 주시는 국학자료원 정찬용 사장님께 머리 숙여 감사드리고 편집과 실무를 맡은 편집부 직원들에게도 이 자리를 빌어 감사 말씀 드리면서 이만 머리글에 대신한다.

2009년 10월 21일
구의서실에서 元勇寓 씀

| 차례 |

Ⅰ 문학 이론

1. 시조문학의 활성화를 위한 제언_ 13
2. 시조 어떻게 쓸 것인가_ 15
3. 나의 문학관_ 16
4. 문단 활동_ 19
5. 문예춘추의 나아갈 방향_ 20
6. 글짓기의 방법_ 22
7. 문학 관련 세미나에 대한 소감_ 24
8. 작품 품평회의 중요성_ 26
9. 시조의 본질_ 28
10. 시조의 제반 문제_ 30
11. 시조를 짓는 방법_ 33
12. 현대시조 어떻게 발전할 것인가_ 35
13. 시조를 바로 알자_ 41

14. 현대시조의 현황과 전망_ 43

15. 여주지역의 문학과 예술 활동의 전개_ 55

16. 여강 원용문의 삶과 문학_ 73

17. 여주 문화계의 대부_ 81

18. 원용문 원로 시조시인을 찾아서_ 86

II 시조 해설

1. 전통과 현대성과 언어미의 조화_ 99
2. 생활서정과 비유의 미학_ 121
3. 자연 친화 의식과 생활서정의 세계_ 142
4. 시의 밭 일구고 가꾸는 장인 정신_ 166
5. 선비정신의 구현과 서정의 세계_ 187
6. 사랑과 그리움의 서정미학_ 211
7. 삶의 철학과 시심의 조화로운 경지_ 230

8. 향토적 서정과 숭조정신_ 252

9. 자연사랑의 정신과 생활의 서정미학_ 261

10. 생활서정을 바탕으로 한 긍정의 시학_ 278

11. 전통의 계승과 건전한 시정신의 발로_ 301

12. 긍정적 세계관과 달관의 미학_ 310

13. 뛰어난 상상력과 체험의 시학_ 333

III 시조 월평

1. 난해시에 대한 관견_ 349

2. 비유의 미학_ 354

3. 음식과 시조_ 359

4. 시조 박물관_ 364

5. 여류시인들의 다양한 목소리_ 370

6. 체험과 상상력 문제_ 375

I
문학 이론

I 문학 이론

1. 시조문학의 활성화를 위한 제언

그 동안 일반대중의 관심을 끌지 못했던 축구가 2002 한일 월드컵 행사를 치룬 다음 단연 최고의 인기 종목으로 자리 매김 되었습니다. 월드컵 행사기간의 국민적 관심과 열기는 경천동지할 정도였고, 그 잔치가 끝난 다음에도 프로 리그로 관심이 전이되어 수만 명의 관중이 동원되는 것은 예사로운 일이 되었습니다. 어린이대공원에서는 매일 아침 일반인을 대상으로 에어로빅을 하는데, 날마다 3·4백 명씩 모인다고 합니다.

그에 비하여 우리 문학 분야는 어떻습니까. 시 낭송회에 가보면 청중이 없어 썰렁하고, 문학 강연회에 가보아도 일반 청중은 별로 없고, 문인들만 모여서 집안 굿을 하는 형편입니다. 청소년 백일장, 주부 백일장, 전국 대회 백일장에 가보아도 사람들이 안 모이기는 마찬가지입니다.

이처럼 문학이 대중들로부터 소외되었는데, 그 중에서도 시조의 형편은 더 열악합니다. 시조는 우리의 고유문학이요 조상들이 물려준 전통문학이라고 하면서 선전을 하는데도 일반인들에게 잘 먹혀들지 않습니다. 그것은 일반인들이 시조의 본질과 맛과 멋을 잘 모르기 때문입니다. 설사 안다 하더라도 시조에 열중했을 때 돌아오는 프리미엄이 적기 때문입니다. 그러니 시조를 활성화하고 발전시키기 위해서는 기존의 방법이나 틀에만 얽매어서는 안 된다는 결론이 나온 것입니다. 그래서 필자 나름대로 다음과 같은 제언을 하오니, 시조시인 여러분들의 관심과 협조를 부탁드립니다.

첫째 각 지역별로 시조 교실을 열어서 시조의 진면목을 알리고 저변 확대에 힘을 기울입시다. 이 행사는 일회성으로 끝나서는 안 되고 꾸준히 지속되어야 한다고 봅니다.

둘째 초중고 교과서에 시조가 실리는 비중이 적어도 자유시가 실리는 비중과 맞먹을 수 있도록 최선을 다합시다.

셋째 시조 백일장, 시조시 낭송회, 시조 암송 대회 등을 지역별 학교별로 수시로 개최할 수 있도록 지방자치 단체나 교육위원회에 요청합시다.

넷째 초중고 교사 재교육이나 연수 과정에 시조 과목이 반드시 들어가도록 교육 당국과 교섭합시다.

이러한 제언을 해봅니다마는 이러한 작업이 어느 개인의 힘으로 달성하기는 어렵다고 봅니다. 협회나 학회가 중심이 되고 전시조인이 일치단결할 때만 소기의 목적을 달성할 수 있을 것입니다. 이 제언들이 현실화될 수 있도록 지혜를 모으고 노력하자고 호소합니다.

2. 시조 어떻게 쓸 것인가

　매사가 그렇지만 시조를 특별히 잘 쓰는 비결은 없다. 올림픽이나 아시안 게임에 출전하는 선수들은 특별한 프로그램을 만들어놓고, 그 프로그램대로 집중적으로 반복해서 훈련시키는 것으로 안다. 물론 글짓기도 무턱대고 할 수는 없으니까 간단한 프로그램을 짜놓고 집중적으로 반복해서 연습시키면 상당한 성과를 거둘 수 있다. 나는 각 신문사가 운영하는 문화센터나 각 대학에 부속된 사회교육원에서 시조 창작 교육을 받은 사람들에게 그 과정을 물어본 바 있다. 그곳에도 특별한 방법은 없고, 먼저 시조에 대한 이론을 섭렵한 다음, 주제나 제목을 받아서 반복적으로 짓기 연습을 한다는 것이다. 그리고 선생님이 개별적으로 작품을 품평해서 수강생들이 깨우칠 수 있도록 지도한다는 것이다. 이것이야말로 옛날부터 현재까지 글짓기 공부시키는 전통적 방법이었던 것이다.

　시조를 잘 쓰기 위해서는 우선 시조에 대한 관심을 가져야 한다. 관심을 가지면 자연적으로 다양한 모습의 시조 작품을 대하게 될 것이다. 모든 공부가 그렇지만 시조 짓기 공부도 남의 시조 작품 읽기부터 시작해야 한다. 본인이 학생들에게 시조 작품 해설과 감상문을 과제로 써내라 한 것도 바로 학생들에게 시조를 접하고 읽을 수 있는 기회를 제공하기 위해서다. 이번에 과제를 제출한 학생들 중에는 시조가 자유시에 못지않다는 것을 깨달았고, 시조에 대해 상당한 매력을 느꼈다고 감회를 피력한 학생들이 많았다. 이런 사람들은 일차적으로 시조 쓰는 재능이 있는 학생들이라고 단언해도 좋을 것이다.

반복해서 작품 읽기를 하면 나중에는 잘된 시조와 부족한 시조를 구별할 수 있는 안목이 생긴다. 이쯤 되면 상당히 발전한 단계라 보아도 될 것이다. 우리 속담에 호랑이 새끼를 잡으려면 호랑이 굴에 들어가야 한다는 말이 있듯이 시조를 잘 쓰려면 우선 시조와 계속해서 씨름을 해야 한다. 나는 남의 시조 작품을 잘 분석하고 해석하는 사람이 시조를 잘 쓸 수 있다고 생각한다. 남의 작품 보는 안목이 엉터리인데 시조 잘 쓴다는 소리 듣는 사람 아직 못 보았다. 그러니 작품 해석하는 능력을 지닌 사람이 시조 잘 쓰는 실력을 지닌 사람이다. 그런 이유로 매학기 과제로 시조를 읽고 작품 해설 해오라는 숙제를 냈던 것이다.

3. 나의 문학관

문인들 중에는 '나의 문학관은 이런 것이다'라고 거창하게 내세우고 글을 쓰는 사람이 있을 것이다. 그러한 구호를 내세우지 않고 그저 문학이 좋아서 글을 쓰는 사람도 있을 것이다. 대부분이 후자의 경우라 생각되는데, 그런 사람들도 문학을 하다 보면 자연적으로 문학관이 형성되리라고 본다. 필자의 경우도 문학관을 따져 본 적이 없지만, 그렇다고 문학관이 없다고 이야기할 수는 없는 것이다. 그래서 나의 작품세계 또는 평소에 생각했던 것들을 종합해서 '나의 문학관'을 진술해 보고자 한다.

첫째, 문학은 인간 생활의 기록이다. 그 옛날 '고대시가' '향가' '고려가요' '시조' '가사' '고소설' 심지어는 현대문학 작품에 이르기까지 그 모든 문학작품은 인간의 생활을 기록해 놓은 것이다. 향가를 통해서는 신라인의 생활상을, 고려속요를 통해서는 고려인의 사상 감정을, 시조와 가사를 통해서는 조선인의 멋과 유장한 생활 태도를 감지할 수 있다는 점에서 문학은 인생생활 중에서 군더더기나 잡다한 것들을 빼내고 알리고 전해야 할 것들만 기록한 것이라 할 수 있다.

둘째, 문학은 인간 역사의 기록이다. 과거 우리 인간들이 어떻게 살아 왔나를 알기 위해서는 역사책을 보아야 한다. 이 역사책에는 집단과 개인들의 흥망성쇠가 기록되어 있고, 후세인들에게 많은 교훈을 준다. 마찬가지로 문학작품 또한 그 시대 시대의 인간생활의 모습을 기록해 놓았다는 점에서 한편의 역사책이라 할 수 있다.

셋째, 문학은 인간들의 경험과 상상의 세계를 그린 것이다. 이것은 시, 소설, 수필, 희곡 할 것 없이 모든 장르에 해당되는데, 인간이 직접 경험한 것들을 그려 놓았기 때문에 그것을 읽는 사람들은 누구나 그 내용을 긍정적으로 받아들이고 실제의 사실들을 재연해 놓았다고 생각하는 것이다. 그 뿐만 아니라 인간이 직접 경험할 수 없는 수중세계·용궁세계·천상세계·신선세계·귀신세계까지 그려서 상상력을 확대시키고 꿈과 이상세계에 접근할 수 있는 무한한 가능성을 제시해 준다.

넷째, 문학은 인생의 교과서이다. 교과서는 학생들을 가르쳐주고 깨우쳐 주는 교재이다. 그래서 모든 지식과 교양을 교과서를 통해서 배우는 것이다. 마찬가지로 문학작품에는 영웅의 일생에서부터 평서민에 이르기까지의 모든 삶과 거기서 발생하는 성공담이나 실패담, 또는 희극적인 사건에서 비극적인 사건에 이르기까지의 모든 것이 진솔하게 기술되어 있으며, 인간들은 이러한 작품들을 통해서 인생을 배우고 교양과 지식을 쌓게 된다. 그러니 문학작품이야말로 인생을 공부하는데 가장 적절한 교재라 아니할 수 없다.

다섯째, 문학은 언어문자 예술이다. 모든 예술은 표현에 의하여 만들어지는 것이고, 그 표현 매체가 무엇이냐에 따라서 분야가 달라진다. 예를 들면 음악은 소리, 미술은 색채와 선, 무용은 선율, 조각은 쇠·나무·돌, 건축은 건축 자재들이 있어 예술적 표현을 하듯이, 문학은 말로서 이루어지고 그 말을 적을 수 있는 문자로써 기술하게 된다.

지금까지 '나의 문학관'을 5가지로 요약해서 적어보았거니와, 필자는 이러한 문학관에 따라서 작품 활동을 해왔고, 앞으로도 해나갈 것이다. 여기서 더 첨가하고 싶은 것은 문학을 하는 행위는 일종의 도를 수련하는 것으로 보아야 한다는 사실이다. 단순히 글쟁이가 되어서는 안 되고 심성을 수련해서 바른 인간, 참된 인간, 착한 인간이 되도록 노력해야 한다. 글은 그럴듯하게 써놓고 행동은 개차반처럼 하는 사람은 참된 문학인은 아니다. 우리 주변에는 문학을 통해서 허명을 날리려는 기회주의자, 돈이나 챙기려는 상업주의자가 너무 많다. 또 글은 잘 쓰는지 모르지만 인격이 결여되고, 못된 사람이 너무 많다. 그러한 사람들은 글을 가슴으로 쓰는 것이 아니라 손끝으로 쓴다고 생각한다. 이런 글을 지은이는 생전에 일시적인 평가를 받을지 모르지만 사후에는 물거품처럼 사라지고 말 것이다. 독자의 가슴을 울리고 감동을 주는 작품을 써야 한다는 것은 문학인의 영원한 과제이다.

4. 문단 활동

문인은 원칙적으로 글을 많이 쓰고 좋은 작품 많이 남기면 된다. 그러나 작품을 쓰는 외에 크고 작은 문학단체에 들어가서 책임자 노릇을 하는 것도 나쁘다고 이야기할 수는 없다. 각 단체에는 회장 이외에 부회장, 이사, 감사, 고문, 자문위원 등 자리가 마련되어 이곳을 기웃거리는 사람들이 많은 걸로 안다. 사실 문학단체에서 자리는 봉사의 의미가 큰 것이지, 명예나 이권과는 거리가 멀다. 그런데 한국문단에는 명예나 이권을 중시하는 사람들이 많고, 그런 사람들이 문단 감투를 쓰고서 좌지우지 하는 경향이 있다. 이들은 글 쓰는 것은 부차적인 문제고 오로지 문단 실력자에게 빌붙어서 한 자리 얻어가지고 행세나 하려고 하니, 한심한 노릇이라 아니할 수 없다. 이처럼 문단 주변을 맴돌면서 자리나 탐내는 사람들을 우리들은 속된말로 문단 정치꾼이라 한다.

전에도 그랬지만 지난 번 한국문인협회 이사장 선거는 일반 국회의원 선거나 대통령 선거 때의 선거전 양상보다도 더 치열하고, 일반 회원들의 눈살을 찌푸리게 했다. 상호 비방전은 예사이고, 나중에는 송사까지 일으켜서 법의 심판을 받는 상황까지 벌어졌다. 이처럼 선거전이 치열해지니까, 자연히 문단에 패거리가 생기고, 어느 쪽으로 붙어야 하는 줄서기가 생기고, 문단에서 덕망이나 존경을 받는 사람보다는 정략적이고 약삭빠른 사람이 득세하는 경향을 연출하게 된다. 그러니 선거의 후유증이나 폐단이 이만저만이 아니라는 이야기다. 그리고 문단에서 어떠한 감투든 한두 번 했으면 되었지, 계속해서 자리를 옮겨 다니면서 저 혼자 다하겠다는 얌체족이 있으니, 이런 인간이야말로 문단에서 어떤 방법으로든 축출되어야 할 것이다. 적어도 문인이라면 남에게 한번 해보라고 양보하고 배려하는 아량이나 겸양지심이 있어야 되지 않겠는가. 이런 사람이야말로 남에게 자비는 베풀 줄 모르고, 불교에서 말하는 탐·진·치 삼독에 물든 자들이라 하겠다.

이처럼 잘못된 문단 풍토가 이번 한번으로 끝난다면 그래도 참을 만한데, 모르긴 해도 차기 선거, 차차기 선거 때도 똑같은 양상이 빚어질 것이 예견되기 때문에 문제가 아닐 수 없다. 그렇다면 회장이나 이사장 뽑는 방법을 개선하는 쪽으로 연구를 해봄이 좋을 것이라 제언한다. 예를 들면 전국에 있는 회원들이 모두 투표에 참여하는 선거 방식을 지양하고, 다른 방법을 모색했으면 좋겠다는 것이다. 즉 전임 회장단이나 문단 경력 30년 이상 된 분들로 추천위원회를 구성해서 여기서 기준을 정하여 적임자를 추천하게 하는 방법이다. 그리고 추천된 자를 다시 대의원회나 전체 회원 회의에서 과반수로 가부를 묻는 방법이다. 이렇게 되면 출마자도 제 마음대로 못 나오고, 일단 추천된 사람도 전체 회의에서 과반수 표를 얻어야 하기 때문에 정치꾼 같은 사람이 추천될 가능성은 희박하다고 본다. 아무튼 제도 자체를 개혁해서 아름다운 문단 풍토를 만들었으면 하는 염원에서 이런 글을 써본 것이다.

5. 문예춘추의 나아갈 방향

사람에게는 본능적인 욕구가 있다. 먹어야 하고, 잠을 자야하고,

남녀가 만나야 하는 원천적인 욕구가 있다. 그래서 기본적으로 의식주 문제가 해결되어야 하고, 결혼이란 통과의례를 거쳐야 한다. 여기에 더 추가한다면 움직이고 싶은 욕구, 무언가 나타내고 싶은 욕구가 있는 것이다.

　사람이 아침에 자고 일어나서 저녁에 잠들 때까지 얼마나 많이 움직이는지, 의도적으로 관찰해보면 '정말 많이 움직인다'는 사실을 발견하게 될 것이다. 만약에 어떤 사람을 꼼짝 못하게 묶어둔다면 두세 시간 뒤에는 미쳐버리고 말 것이다. 그런 점에서는 표현의 욕구도 마찬가지다. 아침에 눈을 뜨고 일어나서 저녁에 눈을 감고 잠들 때까지 하루 종일 벙어리처럼 말을 하지 않고 지내라면, 그 사람은 미칠 수밖에 없다. 우리들이 매일 얼마나 많은 말을 하면서 살아가고 있는지는 각자 자기 자신을 돌이켜 보면 짐작이 된다.

　그 중에서도 말로 표현하는 일이 가장 많고, 그 말을 제재로 해서 형상화한 것이 문학이란 장르다. 이러한 문학에 대하여 Posnett는 "문학이란 산문이건 운문이건 간에 반성보다는 상상의 결과요, 교훈이나 실제적 효과보다는 될 수 있는 한 많은 국민에게 쾌락을 줌을 목적으로 하고 특수한 지식이 아니라 일반적 지식에 호소하는 저술로 이루어진다."고 하였다. 또 어떤 이는 문학의 요소로서 정서, 상상력, 사상, 형식 등 4가지를 들었다.

　그러나 문학을 어떻게 정의하든 간에 그 문학이 말로서 표현하는 언어예술이란 점에서는 이의가 없다. 그렇다고 매일같이 해대는 일상적인 말을 모두 '문학'이라 할 수는 없고, 외적으로는 형식에 맞게, 내적으로는 필요한 소재만 선택해서, 수사적으로는 문학의 기법인 은유나 상징 등을 구사했을 때만이 문학 작품으로서의 가치를 인정

받는 것이다.

우리 '문예춘추'는 이처럼 문학적 가치를 인정받는 작품, 문학성이 강한 작품, 개성 있는 작품들만 골라서 게재하는 문학인과 문학 작품의 집결체이다. 이곳을 통해서 작품을 발표하고, 발표한 작품을 통해서 교류하고 의사를 소통하는 문학인의 광장이다. 그리고 서로 격려하고 비평해서 좋은 작품을 생산하도록 하는 촉매제 역할을 한다. 이처럼 고품격의 문학인과 문학 작품이 모여들 수 있도록 모든 여건과 환경을 조성하는 것이 '문예춘추'의 나아갈 방향이다. 이 좋은 광장에 좋은 문학인이 많이 참여해 주시기 바라고, 관심을 가져주시기 바라고, 격려와 박수를 보내주시기 바라면서 권두언을 마친다.

6. 글짓기의 방법

무슨 일이든지 그것을 잘할 수 있는 방법에 왕도가 없듯이 글을 짓는 데도 특별한 비법은 없다. 그래서 우선은 글이나 문장에 대하여 관심을 가져보고, 다음으로는 꾸준히 그리고 열심히 써보는 수밖에 없다는 것을 전제해 둔다. 그런 의미에서 그 옛날 중국의 당송팔대가의 한 사람인 구양수(歐陽修)도 "爲文有三多 多讀 多作 多商量"이라 말했던 것으로 헤아려진다. 다시 말해서 많이 읽고 많이 지어보고 많이 생각해 보라는 이야기다.

그런가 하면 20세기 초엽 중국의 문필가 호적(胡適)은 「문학개량추의」라는 글에서 글쓰는 기본자세에 대하여 다음과 같이 설명하였다. ① 말하고자 하는 내용이 뚜렷할 것(須言之有物) ② 옛 사람의 말투를 흉내 내지 말 것(不模倣古人) ③ 문법에 맞지 않는 글을 쓰지 말 것(須講求文法) ④ 부질없이 감상적인 글을 쓰지 말 것(不作無病之呻吟) ⑤ 화려하거나 상투적인 표현을 쓰지 말 것(務去爛調套語) ⑥ 문장의 형식미만 갖추려고 애쓰지 말 것(不講對句) ⑦ 남의 글을 인용하려 들지 말고 개성 있는 자기 글을 쓸 것(不用典) ⑧ 비속한 표현이라고 하여 무조건 피하려고 하지 말 것(不避俗語俗子)

호적의 이러한 이야기는 현재 문필생활을 하고 있거나, 아니면 문학의 세계에 처음으로 입문하려는 사람들에게 크게 참고할 만한 내용이다. 현대를 살아가는 우리들에게 맞는 이야기도 있고, 시대적으로 보아 잘 맞지 않는 이야기도 있다. 그렇더라도 문학을 하는 사람들에게 귀담아 들을 만한 내용이 있어 여기에 소개한다.

필자가 학창시절에 많이 들었거나 교과서에서 배운 내용은 시를 쓰기 위해서는 영감(靈感)이 떠올라야 된다는 이야기를 많이 들었다. 그리고 보통사람은 시인이 될 수 없고 특별한 재능을 타고 난 사람만이 시인이 될 수 있다고 하였다. 그러나 천부적인 시재(詩才)를 타고 나지 않았더라도 시에 대하여 관심이 많으면 시인이 될 수 있고, 영감이 떠오르지 않더라도 열심히 공부하고 노력해서 절차탁마(切磋琢磨)하면 누구나 좋은 작품을 생산해낼 수 있다는 것을 널리 알리고 싶다.

다시 말해서 시를 쓰는 것은 반드시 영감에 의해서 이루어지는 것이 아니라, 시 쓰는 것도 일종의 기술이기 때문에 얼마나 노력하고 갈고 닦느냐에 따라서 그 성패를 좌우할 수 있다는 이야기다. 마치 석공예가나 석조예술을 하는 사람이 돌을 쪼고 깎고 다듬어서 훌륭한 예술작품을 만들어내듯이, 우리 문학하는 사람들은 우리가 일상적으로 사용하는 말을 갈고 다듬고 배합해서 좋은 작품을 생산해 내는 것이다. 그러니 너무 영감을 얻는 일에 매달리지 말고, 글 쓰는 기술을 익히는데 시간과 노력을 투자하라고 감히 제언하는 바이다.

7. 문학 관련 세미나에 대한 소감

문인협회나 문학단체, 동인회 등에서 모임을 가질 때마다 연례행사처럼 세미나나 문학특강을 하는 경우가 많다. 여기에는 초청강사가 있고, 경우에 따라서는 토론자가 있고, 참석한 사람들과 질의응답을 하는 기회도 있다. 그런데 많은 사람들을 모아놓고 어떤 행사를 갖는 것은 문학이론이 됐든, 창작방법이 됐든, 청중들에게 새로운 문학 지식이나 작품 창작 방법의 요령을 전수하려는데 목적이 있다.

필자는 이러한 세미나에 여러 번 참석해 보았지만, 정말 이 자리에 참석하기를 잘했고, 무엇인가 한수 배워간다는 느낌을 받은 때가 별로 없었다. 초청강사는 참신하고 좋은 내용을 가지고 와서 열심히 강의하는데, 듣는 이가 시원찮고 그것에 대한 지식이 없어서 흥미를 느끼지 못하는 것인지, 아니면 별것 아닌 내용을 시간 때우기 식으로 하니까, 지루하고 답답해서 관심 밖으로 내돌리게 되는 것인지, 확언할 수는 없지만, 듣는 이들이 재미없어 하는 경우를 너무 많이 보았다. 작년에 00문협 주최로 문학특강을 시도했는데, 이 자는 자기가 쓴 작가론 논문을 들고 나와서 내내 읽다가 들어가 버렸다. 이 사람은 문학특강을 하러 나온 것인지, 국어책을 읽으러 나온 것인지 도무지 이해할 수가 없었다. 그렇게 원고나 읽으려면, 그 내용을 청중들에게 배포해서 집에 가서 읽어보라고 하는 편이 훨씬 나을 것이다. 바로 이런 사람들 때문에 문학특강 무용론까지 대두하게 되었다고 생각한다.

어떤 사람은 무엇인가를 열심히 이야기하는데 그 내용을 알 수 없고, 어떤 사람은 자기의 많은 지식을 한꺼번에 청중들에게 집어넣으려고 하는데, 청중들과 호흡이 맞지 않아 무위로 끝나는 수가 있다. 이런 자리에 청중으로 참석하게 되면, 시간이 아깝다는 생각을 아니할 수 없는 것이다. 이런 하나마나한 세미나는 우리 문단에서 사라졌으면 하는 것이 간절한 바램이다. 그러면 어떻게 해야 바람직하고 유익한 세미나가 되겠는가.

첫째, 강사 선정을 잘해야 한다. 강사는 자기가 맡은 주제에 충실하고 정통해야 되고, 자기가 미처 모르는 것은 철저히 연구해서, 청중들에게 무엇인가는 새롭게 배웠다는 느낌을 갖게 해야 한다.

둘째, 청중들 앞에서 이야기하는 화법 문제이다. 정확하게 발음하고 음성을 조절해서 듣는 이들이 편안하게 잘 알아들을 수 있도록 배려해야 한다. 청중들의 분위기를 잘 살펴서 조화를 이루는 것도 강사의 몫이라고 생각한다.

셋째, 청중들도 열심히 공부해서 그 수준을 높여야 한다. 강사가 공부를 깊이 하지 않고는 강단에 설 수 없도록 하는 것이 청중들의 중요한 몫이다.

이런 점에 유의하면서 세미나가 이루어질 때, 그 세미나가 성과를 거두게 될 것이고, 다른 모임에는 참석하지 않더라도, 문학특강이나 문학 세미나에 반드시 가야한다는 자발적인 참여가 이루어지리라고 본다. 그리고 기대 이상의 효과를 거두고 모두를 만족시킬 수 있는 좋은 자리가 되리라고 생각한다.

8. 작품 품평회의 중요성

사람들은 모두 제 잘난 맛에 산다. 자기가 못났다고 스스로 인정하는 사람을 한 번도 못 보았다. 그리고 남은 틀렸고 자기주장만 옳다고 한다. 자기주장에 따라주면 충신이고 따르지 않으면 죽일 놈이라고 한다. 이런 현상은 개인에게만 있는 것이 아니라 집단에게도 있다. 필자는 불교, 기독교, 통일교, 무속신앙 등 두루 다녀봐서 이 방면에 깊은 지식은 없어도 대체로 돌아가는 윤곽은 파악하였다. 교회에 나가보면 다른 종교는 미신이고 사탄이고 모두 틀렸고, 오로지 여호와 하느님과 성경 말씀만 옳다고 한다. 물론 그곳에 가보면 구구절절이 옳은 말씀만 하고, 감동 깊은 설교를 듣게 되고, 논리와 체계가 서서 어디 흠 잡을 데가 없다. 그러나 다른 종교를 타부시하고, 배타적인 자세로 나오고, 은근히 헌금을 강요하고, 한 사람이라도 더 교인 숫자를 늘리려고 안간힘을 다하는 것은 긍정적으로만 보아주기가 어렵다. 더구나 우리의 전통의식인 조상에 대한 제사를 지내는 것을 거부하는 것은 유교사상에 젖어 있는 노년층에서는 견디기 어려운 갈등을 느끼게 한다.

필자는 절에 가서 스님의 법문을 듣고, 불경을 외고, 예불을 하고, 참회하고, 천도재를 올리는 등 여러 가지 경험을 해본 적이 있다. 그 나름대로 좋은 점이 많고 배울 점이 있다고 생각하였다. 그 후 지장보살님만 숭상하는 법연원에 다닌 적이 있는데, 이곳에서도 첫날 오리엔테이션 시간에 절대로 다른 절에 나가서는 안 된다는 말을 강조하였다. 모두가 내 것만 소중하고, 내 논리만 옳고, 다른 것은 틀렸다는 이야기다.

필자는 문단생활을 한 30여 년 해왔기 때문에 의도적이든 아니든 많은 시인들을 만나고 그들과 대화할 기회가 많았다. 그런데 개중에는 자기의 작품 수준이 천하제일인 줄 알고 있는 사람이 있었다. 내가 보기에는 별것 아니고, 어떤 구절은 무슨 뜻인지 모를 말만 늘어놓았고, 누가 알아주지도 않는데, 자기 자신이 엄청난 대가인 줄 착각하고 있으니, 문제가 보통이 아니다. 제 작품만 옳고 남의 것은 모두 틀렸다는 자세이다. 그런데 우리 문단에는 이런 사람들이 의외로 많다. 지방의 어느 문학단체는 매월 정기적으로 모임을 갖고, 저녁 식사를 하고, 공지사항을 일러주고, 가져온 작품을 읽고는 그냥 마친다. 작품을 누가 평해주고, 잘잘못을 따지고, 문학에 대한 지식을 넓히고, 작품의 질을 향상시킬 수 있는 기회로 활용해야 되는데, 그렇지 못하니 한심하다는 생각이 든다. 그처럼 밥이나 먹고, 각자 가져온 작품이나 읽고, 잡담이나 하다가 헤어진다면, 아무리 자주 모이고 정기적으로 모인들 무슨 소용이 있겠는가. 잘된 작품은 어디가 어떻게 잘 되었는지 일러주고, 안 된 작품은 어디가 어째서 안 된 것인지 깨닫게 해주어야 그 모임의 의의가 있는 것이다. 우리 문학단체들이 많이 있고, 정기적으로 모임을 갖는 곳도 많은 줄 아는데, 이제는 모이는 자체에만 의미를 두지 말고, 제대로 된 작품 품평회가 이루어져서, 명실 공히 작품 수준 향상에 크게 기여해 주기를 바라는 마음에서, 무자년 새해의 화두로 삼았다.

9. 시조의 본질

고시조의 효시 작품을 고려 말 우탁 선생의 〈탄로가〉로 보는데 이의가 없을 것이다. 그렇다면 현재까지 7백여 년의 역사를 지녔는데, 장구한 역사에 비하여 발전 상태가 부진한 것은 사실이다. 왜냐하면 갑오경장 이후에 들어온 자유시는 그 시인의 수가 무려 4천 명을 넘는데, 고려 말부터 있었다는 시조시인의 숫자는 1천명도 안 되는 형편이니 발전이 더디다고 진단하는 것은 당연하다는 이야기다. 그렇다면 시조란 무엇인가? 그 본질을 알아보는 것이 순서일 것 같다. 이러한 시조의 본질을 알아보기 위하여 다른 사람들이 시조에 대하여 어떻게 이야기해 놓았는지 살펴보도록 하겠다.

① 시조는 국문학의 가위 유일한 정형시오, 국문학사상 가장 오랜 생명을 유지하여 온 시가이다. 여기에 있어 시조의 형식미는 우리 민족의 율동 생활과 잘 조화되고 －중략－ 시조는 고려 중기에 성립하여 조선을 거쳐 지금에까지 그칠 줄 모르고 의연 우리의 생활 문학으로서 쇠퇴함이 없다. －중략－ 위로는 왕공귀족으로부터 아래로는 사서인 천기에까지 이 시조를 애호하고, 그들의 감정은 확실히 이 시조를 통해 상통되었던 것이니, 이 점에 있어 시조는 명실 그대로 민족문

학이 되었다.

(조윤제「국문학개설」참조)

　② 보통 시조라면 단시조를 호칭하게 되는 것인데, 그 단시조는 신라의 향가나 고려의 별곡 등의 영향을 힘입어 고려 말경에 그 형태가 확립된 우리나라의 고유시가의 하나다. 그 형식은 3장 6구요 한 구의 구성 자수는 7자 내외가 되고 4율박씩의 등수율을 갖춘 정형시요, 총 자수 44자 중심으로 된 이조 시가의 대표가 되는 단형시로서 오늘날에도 그 형식의 시조가 창작되고 있다.

(리태극「시조개론」참조)

　여기 두 분의 논설을 인용했는데, 그 공통점만 추출해서 정리하면 시조가 무엇인지는 저절로 판명될 것으로 본다. 첫째 시조는 자유시가 아니라 정형시이다. 정형시란 말은 중국의 한시, 일본의 하이쿠처럼 일정한 틀과 격식이 있고, 글자 수도 어느 정도 고려해서 짓는다는 이야기다. 둘째 시조는 고려 말경에 형성된 문학 장르이다. 조윤제설을 보면 고려 중기에 성립되었다고 했는데, 사실상 고려 중기에는 시조작가도 없었고, 시조 작품도 없었다. 그래서 고려 말 우탁의 작품부터 진품으로 보고, 그 형성시기를 고려 말로 잡는 것이다. 셋째 시조는 우리의 생활문학이다. 조윤제설을 보면 위로는 왕공귀족으로부터 아래로는 사서인 천기에 이르기까지 이 시조를 사랑하고 사상과 감정을 소통하였다고 하니, 우리의 생활문학이라 할 수 있고, 한걸음 나아가서 민족문학이라는 타이틀을 붙여줄 수 있는 것이다.

　넷째 시조의 본령은 단시조이다. 시조의 종류를 보면 평시조, 엇

시조, 사설시조, 연시조, 연작시조, 단장시조, 양장시조, 4장시조 등 다양하지만, 그 본류는 단시조(평시조)라는데 이의를 제기하는 사람은 없다. 다섯째 우리나라 고유시가의 하나다. 이 말은 애초에 시조가 우리나라에서 발생했기 때문에 고유시가라 하는 것이다. 그러니 시조는 중국, 일본, 미국 등 다른 나라에는 존재하지 않는다. 여섯째 시조의 형식은 3장 6구 12음보로 되었다. 이 형식에 대하여는 3장 6구설, 3장 8구설, 3장 12구설 등이 있으나 3장 6구설이 정설로 굳혀지고 있다. 또한 리태극은 시조의 한 장이 4율박씩의 등수율을 갖춘 정형시라고 했는데, 이 말은 시조의 한 장이 4개음보로 쪼개진다는 말과 같다. 그래서 시조는 초·중·종 3장으로 이루어졌기 때문에 모두 합쳐서 12음보라고 했던 것이다.

이러한 논의들을 종합해서 결론을 내리면 "시조는 고려말경 유학자들에 의하여 만들어지고 가장 오랜 생명력을 지니면서 전승되어 오는 우리 민족 고유의 전통시가다. 아울러 3·4조 또는 4·4조를 기본 율조로 하고, 우리 민족의 사상, 감정, 체험 등을 담기에 가장 알맞은 그릇으로서, 그 형식은 3장 6구 12절의 정연한 형태를 가진 정형시이다."라고 그 개념을 정리할 수 있다.

10. 시조의 제반 문제

시조가 일반 사람들과 친숙해지지 못하고 소외당하는데 대하여 세 가지 각도에서 생각해볼 수 있다. 요즘 TV드라마, 대중가요 등 영상매체에 매료되어 전반적으로 책을 멀리하고 독서 인구가 감소

하는 경향을 들 수 있다. 남녀노소를 막론하고 텔레비전을 보는 사람은 많지만 책을 읽는 사람은 드무니 시조뿐이 아니고 문학이라는 장르 자체가 대중들과 거리가 멀어지고 있는 것이다.

그러한 문학 가운데서도 시나 소설보다는 시조가 더 외면당하고 있으니 큰 문제라 아니할 수 없다. 영화관에 가도 사람이 많아서 넘쳐나고, 가요무대나 노래 자랑하는 곳에 가보아도 청중들이 넘쳐나고, 야구장, 축구장에도 관람객이 몇 천 명에서 몇 만 명까지 동원되는데, 문학 세미나, 문학 강연, 시낭송회 장소에 가보면 청중이 없어 썰렁하니 문학이 얼마나 대중에게 소외당하고 있는지를 실감하게 된다. 그나마 객석에 앉아 있는 사람들도 대부분이 문인들이고, 일반인은 찾아볼 수 없어 자기들끼리 굿판을 벌인다는 비난을 면하기 어렵다.

또한 사람들의 취향이 먹고 즐기는 쪽에 관심이 많고 머리를 써서 무엇을 창조하려는 정신적 활동을 기피하려는 경향이 있는 것도 시조가 발전하지 못하는 중요한 요인이 된다고 하겠다. 그러니 시조를 발전시키기 위해서는 국가가 정책적으로 국어교과서에 시조를 많이 싣거나 아니면 입시에 반영하거나 무슨 특별한 지원책이 나오지 않고는 시조가 스스로 부흥하기는 어렵다고 본다.

두 번째로는 시조시인이나 그들이 생산한 작품에 문제가 있어 대중들에게 소외된다는 생각을 해볼 수 있다. 2천 년대에 와서 우후죽순처럼 문학지와 문학회가 생기더니, 질적으로 문제 있는 작가들을 많이 배출하였다. 그것이 문단의 선거와 맞물려서 각 문학지마다 다투어 신인을 양산하였으니, 작품 면에서나 인품 면에서나 도저히 문학 작가가 될 수 없는 사람들이 문단속으로 흘러들어오게 된 것이다. 이처럼 함량미달인 작가가 많으니, 일반 대중들이 문학인을 존경할 리 없고 외면하게 된 것이라고 생각한다.

더구나 각 문학 잡지사는 순수하게 작품으로 평가해서 등단시키는 것이 아니라, 내막으로 돈이 왔다갔다한다는 이야기도 있고, 등단시켜준 다음 책을 몇 백권 사라고 강요당하는 사례도 있다고 하니, 그 어느 곳보다도 깨끗해야 할 문단이 썩었다는 소리를 들을 수밖에 없는 것이다. 그러니 매월 또는 분기별로 발간되는 문학지를 읽어보면 수준 이하의 작품들이 지면을 가득 채우게 될 것이다. 그래서 어떤 작품들은 기성문인의 것인데 이제 습작하고 있는 문학지망생의 작품만도 못하다는 평가를 받게 된다. 이미 등단한 사람들의 작품이 등단 안 한 사람들의 작품 수준에 미치지 못하는 경우가 많으니, 시조문학의 소외는 시조시인 스스로 자초한 것이라 보는 편이 타당할 것이다.

세 번째로 중요한 사실은 한국에서는 자국문화를 폄하하는 경향이 농후하다는 사실이다. 비근한 예를 들면 한식보다는 양식이나 중국 음식을 즐겨 먹는 사람들이 많고, 국악보다는 양악이 세를 확장하여 대접받고, 한옥은 전부 사라지고 양옥이 대신 즐비하게 늘어섰으니, 그야말로 굴러온 돌이 박힌 돌을 빼내버리는 현상이 일어난 것이다. 문학에서도 우리의 전통시인 시조를 업신여기고 자유시를 숭상하고, 자유시 쓰기에 종사하는 작가들이 더 많으니, 그야말로 문화적 사대주의 사상으로 말미암아 우리의 고유문화는 숨도 크게 쉬지 못하고 외래문화에 안방을 내주고 있는 형편이다. 중국은 자기들의 한시를 세계 제일이라 생각하면서 자긍심을 갖고 있고, 일본은 자기들의 전통시인 하이쿠를 온 국민이 사랑하고 즐겨 짓고, 외국에 보급하여 세계화를 이룩했는데, 우리의 전통시인 시조는 바로 한국인들에 의하여 멸시당하고 푸대접 받으니, '한심하다'는 말 이외는 달리 표현할 방법이 없다.

11. 시조를 짓는 방법

1. 시조의 정형률에 맞게 쓴다.
2. 사물의 이면을 통찰해야 한다.
3. 인생의 의미가 함축되어야 한다.
4. 시는 설명이 아니다.
5. 시는 누구나 다 아는 일반 상식이 아니다.
6. 체험과 상상력이 조화를 이루어야 한다.
7. 의미가 중복되어서는 안 된다.
8. 비유와 상징의 수법을 써야 한다.
9. 생략과 긴축미가 있어야 한다.
10. 종장에 액센트를 두어야 한다.
11. 표현이 밋밋해서는 안 된다.
12. 주제가 선명해야 한다.
13. 읽는 이에게 감동을 주어야 한다.
14. 이미지가 단절되어서는 안 된다.
15. 대상이나 사물에 대한 해석을 새롭게 해야 한다.

시조 쓰는 요령을 위에 제시해 보았거니와, 시조를 지으려면 우선 먼저 시조에 대하여 관심을 가져야 한다. 내가 시조를 향하여 애정을 보내고 다가가야지 시조가 먼저 나에게 손짓하고 다가올 리는 없는 것이다. 이렇게 관심을 갖게 되면 시조가 무엇인지 책을 찾아보게 되고, 시조집을 구해서 읽어보게 되고, 시조에 대하여 먼저 공부한 이들을 만나서 조언을 듣게 되고, 어디 시조를 가르치는 학원이나 문화센터 같은 곳을 찾아가서 등록하게 된다.

이렇게 해서 시조를 지을 때는 우선 시조의 형식을 알아야 한다. 시조는 정형시이기 때문에 일정한 틀과 율격이 있다. 그 형식은 초장, 중장, 종장의 3장으로 이루어졌고, 초장 3434, 중장 3434, 종장 3643의 율격을 지니고 있다. 즉 시조에는 음보율과 음수율이 있는데, 한 장을 4음보로 구성하면서 위와 같은 글자 수를 지켜야 한다는 이야기다. 그래서 처음에는 시조의 형식과 글자 수에 맞춰서 지어보는 연습을 해볼 수밖에 없는 것이다.

그 다음 유의해야 할 사항이 비유법을 써야 한다는 사실이다. 시조는 어쩌면 비유로 시작해서 비유로 끝나는 것이 숙명적이라 할 수 있다. 그런데 많은 사람들이 시조를 쓸 때 이 비유법을 쓰지 않고 대상이나 소재에 대하여 설명하거나 느낀 점을 나열하는데 그치기 때문에 좋은 작품을 쓰지 못하는 것으로 생각한다. 이제 그 비유법을 잘 구사한 작품들을 예로 들어보자.

(가) 단풍도 처음에는 연초록 잎새였다/ 너와 나 사랑으로 뒹굴고 엉클어질 무렵/ 목이 타 붉게 자지러져 숨이 탁, 끊긴다.
(김영재: 단풍)
(나) 대체 누가 내 가슴에다 그리움의 비수를 꽂는가/ 어느

누가 내 목에다 사랑의 못을 박는가/ 마침내 터져나오는 그 황홀한 비명 석류.

(양승준: 석류)

상기 작품에서 (가)는 단풍을 남녀 간의 육체적 사랑이 절정에 달한 상태에 비유했고, (나)는 석류를 그리움과 사랑이 터져 나오는 황홀한 비명이라고 본 데에 묘미가 있는 것이다. 그러니까 시조 작품에서의 성공 여부는 비유법을 잘 쓸 수 있느냐 없느냐 하는데 달려 있다고 해도 과언 아니다. 그 다음으로 중요한 것이 시조의 각 장, 각 구, 또는 어절을 쓸 때 문장의 수사법 즉 표현기교를 구사해야 한다는 이야기다. 초보자에게 가장 어려운 것이 이 문제인데, 잘 안되면 기본적인 직유법이나 의인법, 의성법과 의태법 같은 것이라도 구사해야 작품이 돋보이지, 그렇지 않으면 밋밋한 산문 문장처럼 되어버려 맥이 빠지게 된다는 사실을 유념해야 될 것이다. 끝으로 시조는 누구나 다 아는 상식이 아니란 점을 강조해 둔다. 그리고 대상이나 제목에 대하여 설명하거나 단순 묘사하는데 그쳐서는 안 된다는 점을 강조하면서, 시조가 많은 분들의 사랑을 받기를 기원해 본다.

12. 현대시조 어떻게 발전할 것인가

① 고시조부터 정착된 그 자수율에만 주목하여 지금까지 우리 민족이 만들어낸 정형시임을 내세우며 앞으로 어떠한 시대 역행적인 비평들이 난무할 것인지 걱정스럽다 －중략

― 지금은 그 정형률을 어떻게 새롭게 발전시키느냐의 문제에 직면하든지, 기존의 관행과 어법을 파괴함으로써 현 시대에 알맞은 항상 새롭고 예술적인 형식과 문제를 창조해내느냐의 과제를 수행할 때라고 생각한다. 어떤 시조가 자수율에 맞느니 맞지 않느니 하는 글들은 21세기를 앞둔 현대시조의 앞날에 저해가 될 뿐이다.

(이재창: 열린시조 1997년 봄호)

② 내 개인적인 견해를 밝히자면 시조의 정형성은 오늘의 정형성이 아니다. 시조는 창으로 불리어진 것을 전제로 하여 발생했다. 창은 오늘 우리 시대의 가락이 아니다. ―중략― 중요한 건 시조의 정형성이 오늘의 정형성이 아니라면 시조는 이 시대에 맞는 정형의 틀을 찾아내거나 창출하지 않으면 안 되는 점이다. 이것은 비단 시조 뿐 아니라 자유시에도 해당되는 문제이다. 이 새로운 정형의 틀이 어떻게 전개될지 한마디로 잘라 말할 수는 없지만, 나는 이 시대의 정형성이 '정형적인 자유시' 또는 '자유시적인 정형시' 형태를 취할 것이라고 조심스럽게 생각해본다. 이런 의미에서 정형시와 자유시가 '노래성'이라는 공동의 장에서 그 벽을 허물고 자연스럽게 손을 마주잡을 지도 모른다. 시와 음악, 회화, 연극, 춤 등 인접장르의 경계가 허물어지고 있는 지금 정형시와 자유시라는 이분법적인 사고는 이미 낡은 것이다.

(원구식: 열린시조 1999년 여름호)

③ 필자가 1999년 「열린시조」 봄호에 지적했듯이 시조의 대중화란 개념이 문학성에 중심을 두면서 대중을 이끄는 방향성을 가져야 하는 것이기에 대중문학이 보이는 현재의 감상과 감각, 그것으로 인한 미래의 비전 없는 기술과 사고에서 비롯된 몰 역사성과 새로운 패러다임은 거부되어야 한다. 대중화란 개념을 대중문학이란 개념으로 이해한다면 시조문학

의 미래성이 상실위기에 처하게 될 것이기 때문이다. 이러한 문제점의 내포에도 불구하고 천리안과 김주석 시인의 통신을 통한 시조보급의 선지자적 역할은 시조를 쓰는 모든 시인들이 본받아야 마땅하며 고마워해야 할 일이다. 왜냐하면 그는 분명 시조를 대중에게 다가가게 하는 또 하나의 방법을 제시하고 있기 때문이다.

(황인원: 열린시조 1999년 여름호)

④ 문제는 현대 삶을 받쳐줄 수 있는 철학성, 현장감이 묻어나는 시어들, 고뇌하는 생활상들을 발 빠른 민첩함으로 적재적소에 얼마만큼 잘 앉히는가에 따라 전통과 현대가 접목된 시조라는 필연성의 꽃은 필 것입니다.

(박영식: 시조문학 1999년 겨울호)

⑤ 형식은 고정되어 진부하다 할지라도 이 형식을 떠나서는 시조로 존재할 수 없는 것이기에 우리는 현대의 시조에 맞게 그 내용을 가지고 변용시키는 지혜가 필요한 것입니다. 시조의 제재를 쇄신하고, 기법을 혁신하고 다양화시키는 깃이 새천년에도 시조가 살아남을 수 있는 길이라고 봅니다.

(김준: 시조문학 1999년 겨울호)

여기 5사람이 시조의 앞날에 대하여 전망하거나 발전 방안을 제시한 것을 인용했는데 그야말로 각양각색이다. 이중에서도 원구식의 이론이 가장 파격적인데 그는 새로운 정형의 틀은 '정형적인 자유시' 또는 ' 자유적인 정형시' 형태를 취할 것이라고 하였다. 그러면서 "가장 먼저 눈에 띄는 변화는, 기술의 발전이 지금까지 가져온 양식의 세분화를 멈추고 이제는 종합화를 향해 그 걸음을 매우 빠르게 옮기고 있다. 시와 소설, 사진, 회화, 음악 등 인접 장르의 구분이 무너지고, 예술이 종합적인 형태를 지향하고 있는 것이 최근의 현실이다. 어떻게 이런 일이 가능한가. 그것은 이 시대의 기술이 우리에게 시도 쓰고 작곡도 하고 그림도 그리는 일을 동시에 할 수 있는 도구를 주었기 때문이다. 눈치가 빠른 독자는 알겠지만 그것은 컴퓨터의 등장이다"(열린시조 1999년 여름호)라고 해서 기술의 발달이 문학 양식의 변화에 큰 영향을 끼칠 것이라는 주장이다.

이와는 반대되는 발언을 한 작가가 있는데, 그는 알바니아가 낳은 유럽 최고의 작가 이스마일 카다레(64)이다. 그는 "문학의 캘린더는 삶의 캘린더와 다르다. 삶의 중요한 사건들이 문학에는 시시한 것이 될 수 있다. 달 위에 서있는 인간의 존재가 시를 변화시키지 못했다. 인터넷의 발명이 위대한 문학 다시 말해 질 높은 문학을 대체할 수 없다."고 했고, 또 "신기술의 발전이 문학에 영향을 줄 수 없을 것"(조선일보 2000년 9월 18일자)이라는 확신을 표명하였다.

그런가 하면 류준형은 "현대의 정보화 사회는 인공두뇌(컴퓨터), 로봇 그리고 텔리커뮤니케이션 테크놀로지의 놀라운 발전으로 인간의 의식과 생활양식에 급격한 변모를 안겨주고 있다."(열린시조 1997년 가을호)고 하였다. 이처럼 인간의 의식과 생활양식에 급격한 변화를 가져왔는데, 시조문학이라고 해서 복고주의로 되돌아가거나 제자리걸음만 할 수 없다는 것은 상식에 속하는 문제다. 그래서 이재창의 다음과 같은 주장은 상당히 설득력 있다고 본다.

80년대 초반의 민중시, 후반의 도시시, 90년대 들어서면서 많은 문예지들이 앞 다퉈「생태위기」와 관련된 특집을 꾸밈과 동시에「생태시」란 새로운 용어도 생겨났다. 생태 환경시, 공해시, 녹색시, 환경시, 생명문학적시, 환경생태시, 생명시 등 다양한 명칭이 필자에 따라 다르게 제기되었고, 그 하위 갈래서도 생태학적 문명 비판시, 생태학적 서정시, 민중적 생태지향시, 전통적 생태지향시, 모더니즘적 생태지향시…… 등 여러 형태로 등장했다.

(열린시조 1997년 가을호)

이재창은 위와 같이 이야기하고 현대시조단에서는「환경시조」,「생태시조」,「생명시조」등 생태학적 상상력에 대한 이렇다 할 논의가 없음을 안타까워했다. 그렇더라도 위에서 논의된 내용들을 다시 요약하면 다음과 같다. ① 시조의 정형이나 자수율에만 매달릴 것이 아니라 새로운 파격 양상도 과감히 시도해야 한다. ② 기술의 발전이 지금까지 가져온 양식의 세분화를 멈추고 종합화될 것이고, 인접장르의 구분이 무너지고 예술이 종합적인 형태를 지향할 것이다. ③ 그런가하면 신기술의 발전이 문학에 영향을 줄 수 없을 것이라는 견해도 나왔다. ④ 천리안과 인터넷을 통한 시조보급이 이루어지고 대중화될 것이다. ⑤ 형식이 고정되어 진부하더라도 형식을 떠나서는 시조가 존재할 수 없다. ⑥ 환경시조, 생태시조, 생명시조 등 현대사회의 최대 이슈가 되어있는 문제들을 다루어야 한다.

이처럼 여러 가지 설이 제기되었지만 형식이 고정된 틀을 계속 유지할 것이냐 파격을 해서라도 새로운 양식을 만들어내느냐 하는 문제는 앞으로 21세기가 다가와도 통일되지 않고 여전히 논란의 대상이 될 것이라 생각된다. 왜냐하면 변화와 개혁을 추구하는 이들은 전통적 형식을 고수하는 것이 시조발전에 저해된다고 생각할 것이고, 그렇게 하자면 시조의 틀을 흔들어야 하는데 거기에 가장 손쉬운 것이 음수율과 음보율을 지키지 않고 파격을 일삼는 방법밖에 없기 때문이다. 또 그처럼 전통적인 시조형식이 못마땅하면 자유시나 쓸 일이지 무엇 때문에 시조의 기본 형식과 자수율을 문제 삼아 파괴하는 것이 좋다고 궤변을 늘어놓는지 이해가 안 간다. 그 다음 컴퓨터, 로봇, 테크놀로지, 텔리커뮤니케이션, 사이버 매체 등의 발달로 시조의 양식이 변질될 것처럼 이야기한 분이 있는데, 이러한 견해는 근래에 전자도서관, 전자책, CD롬 제작 등 다양한 방법이 시도되고 있는 점을 중시한 것 같다. 그러나, 필자의 견해로는 그러한 기술의 발달로 시조를 보급하는 데 유리해지거나 대중과의 거리감을 좁히는 데 기여할지는 몰라도 시조는 여전히 3장 6구의 틀을 견지하면서 독자적인 행보를 계속하리라 본다. 한편 내용면에서는 쉽게 쓰자니 문학성이나 예술성이 없는 것 같고, 작품성이 있는 것처럼 보이게 쓰자니까 난해하거나 애매모호한 작품을 쓸 수밖에 없는 것이다.

또 오늘날 각종 문예지를 통하여 시조시인들을 대량 생산하고 있으니, 이들이 튼튼한 기반을 닦고 시적 수련을 쌓기 이전에 등단의 절차를 밟게 되니까, 자연적으로 수준 이하의 작품을 쓰거나 새로운 것이 없는 작품을 양산할 수밖에 없다고 본다. 그렇게 되니까 치열한 현실인식이 없이 과거에 집착한다거나 현실에의 성찰·도전의식이 없이 늙은 문학의식에 사로잡혀 있거나 꾸준한 자기 개발, 변화없이 똑같은 내용과 유사한 표현을 반복하고 있다(김준, 새천년 시조의 변용과 방향, 시조문학 1999년 겨울호)는 비판의 소리를 들어 왔고, 앞으로 21C에도 이러한 비판을 계속해서 받으리라 예견된다. 그러면서도 시대발전과 이념의 변화에 따라 21C의 한국 시조는 현재의 모습과는 상당히 변모 발전된 양상을 보여 줄 것이다. 그것은 과거의 사대부 중심의 시조에서 평민 중심의 시조로 확대되어 왔고, 노래하는 창 중심의 시조에서 그것을 배제한 문자 중심의 시조와 시각적 효과를 최대한 살려보려는 여러 유형의 시조로 변모되어 왔고, 단시조 중심에서 사설시조와 연시조 중심의 시조로 변모 발전된 모습을 살펴보면 능히 짐작되는 바이다.

그렇기 때문에 21세기의 한국 시조는 정보화시대, 남북화해와 협력시대, 통일 지향시대, 환경파괴와 대기오염시대에 적응도 하고 비판도 하면서 변증법적으로 상생 발전되리라 전망된다. 게다가 멀티미디어와 사이버 매체에 의한 시조시인들과 일반 대중과의 거리감이 훨씬 좁혀지면서 시조의 대중화, 일반화, 교양화 시대가 오리란 것도 조심스럽게 점쳐본다.

13. 시조를 바로 알자

많은 사람들이 시조에 대해서 잘 알고 있는 것 같지만 막상 설명을 해보라면 제대로 설명하는 이가 많지 않다. 그저 학교 때 배운 옛 시조나 가람의 시조, 노산의 시조 등을 시조의 전부인 것처럼 알고 있다. 이러한 현실을 인정하고, 시조를 잘 모르는 이들을 위해서 몇 가지 정보를 알려드리려고 한다. 첫째 시조는 우리 민족의 고유문학이다. 시조라는 장르는 고려 말 유학자들에 의하여 만들어졌기 때문에 시조는 중국, 일본, 미국 등 다른 나라에는 없다. 그렇다고 이 시조가 외국에 수출된 경우도 없는 것으로 안다. 마치 한식, 한복, 한옥, 한국화, 고전무용 등이 우리의 순수 전통문화인 것처럼 시조는 우리의 전통문학이다. 때문에 시조는 우리말을 잘 부려서 써야 제 맛이 나지, 중국어나 일본어 등 외국어로 써서는 제 맛을 낼 수 없다.

둘째로 시조는 정형시이다. 정형시이기 때문에 일정한 격식과 틀이 있다. 시조의 형식을 3장 6구 12음보 45자 내외의 글자 수를 지켜야 하는 정형시라고 한다. 만약에 주어진 조건이나 형식 규정을 안 지켰을 때는 시조가 아니라고 한다. 그러기에 시조에는 음보율도 있고, 음수율도 있다. 그러한 율격을 지키기 위하여 초장, 3434, 중장 3434, 종장 3643의 기준 음수율을 정해놓은 것이다. 그래서 글자 수를 맞추어야 하기 때문에 시조 쓰기가 어렵다는 말을 가끔씩 듣는다.

다음은 시조가 어떻게 발생했느냐 하는 형성 원리 문제이다. 과거 이 부문의 선배 학자들은 형성 원리를 따지지 않고, 주로 연원 문제만 밝히려고 애를 썼다. 그래서 외국에서 들어왔다는 '외래연원설'이 있고, 우리나라에서 발생했다는 '재래연원설'이 있다. 전자에는 중국에서 유래했다는 한시기원설, 불교와 함께 들어왔다는 불가기원설이 있다. 후자에는 민요기원설, 신가기원설, 향가기원설, 속요기원설, 별곡기원설, 음악기원설 등이 있다. 그러나 필자는 이런 모든 기원설을 부정하고, 시조 형식이 어떤 원리에 의하여 만들어졌느냐 하는 형성 원리를 밝히는 데 주력하였다. 한마디로 시조는 음양오행설이나 천지인삼재설과 같은 성리학의 원리에 의하여 만들어졌다고 주장하였다. 시조가 초장, 중장, 종장의 3장으로 이루어진 것은 천지인삼재설에 의하여 3행이 되었다는 이야기다. 그 음수율이 34조, 36조, 43조 등으로 이루어진 것은 음양의 조화를 이루어야 한다는 원리가 적용되었고, 시조가 6구로 형성된 것은 주역의 육효(六爻)를 본 따서 만든 것이라고 하였다. 이처럼 이야기할 수 있는 것은 고려 말 시조가 발생 당시 시조를 주로 쓴 작가들이 성리학자이기 때문이고, 성리학자가 시조를 만들었다면 틀림없이 성리학의 원리를 적용해서 만들었을 것이라는 추론이 가능하기 때문이다.

이제까지 시조의 성격을 우리의 고유문학, 정형시, 성리학의 원리로 만들어짐 등 3가지로 이야기했는데, 이런 점을 감안하면 같은 시이면서도 자유시와는 판이하게 다르다는 것을 알 수 있다. 그러나 시조도 비유나 상징법 등 고도의 표현기교를 써야 한다는 점에서 현대 자유시와는 공통점이 많다는 것을 아울러 밝혀둔다.

14. 현대시조의 현황과 전망

현대시조는 옛시조에 비해서 무엇인가 달라지고 발전된 것이 있을 것이다. 반면에 문제점 또한 많다고 생각되는데, 이런 것들을 필자가 직접 지적하는 것보다는 다른 시인이나 비평가들이 어떻게 이야기했는가를 살펴보고, 그 다음에 필자의 견해를 밝히는 것이 순서일 것 같다. 「시조문학」 1999년 여름호를 보면 연변의 중국동포 시인들이 "한국시조, 나는 이렇게 생각한다."는 제목 아래 자기들의 생각과 느낌을 솔직하게 고백한 것이 있다.[1]

① 어떤 시조집은 읽기가 힘들고 다 읽고 나면 화가 난다. 왜냐하면 읽고도 남는 게 없고 삼검불 속에서 겨우 빠져 나온 듯해서 숨가쁘기 때문이다. 시간과 자금을 낭비해 가면서 이런 책을 출판해서 무슨 가치가, 있을까 싶다. 시조를 쓰는 이가 많고 시조집과 시조잡지가 많기는 하지만 따라서 폐품과 오작품도 많지 않나 싶다. －중략－ 어떤 시조는 문학의 본질적인 사회적 가치를 무시하고 말장난에 그친 듯싶다. 도무지 무슨 뜻인지 알 수 없다고 하면 내용이 너무 깊어서 이해를 못해 그렇다고 하고, 서푼어치도 안되는 것을 가지고 문학이란 워낙 그런 것이라고 하니 도대체 글을 누구에게 보이자고 쓰는 것인가

(리상각: 연변문학「천지」총편)

② 시조는 우리 겨레의 유일무이한 정형시다. 전통을 변혁 발전시켜서 시대적인 발걸음 소리가 들리도록 하는 것은 옳으나〈현대시조〉에 실린 극히 개별적인 시조는 음수율과 음보율을 너무 파격시켰기에 도대체 시인지 시조인지 구별하기 어렵다

(허룡구: 연변시인)

③ 그런데 우리〈할배, 할매〉들은 어떤 때엔 잘 알아보기 힘들군요. 너무 넥타이에, 세비로를 쭉 멋지게 차려서인지? 파마에 서양옷을 차려입어서 그런지?〈이분이 우리 할배 맞던가?〉〈아니, 우리 노할매는 이렇지 않았는데?〉하고 눈을 껌벅이게 되는 군요. 어떤 시조는 너무 현대시화 되고, 지나치게 파격되어 우리 시조 몰골이 아니지 않는단 이야기입니다. 그래서인지 적잖은 그곳 시조는〈친할배, 친할매〉다운 친절함이 적습니다

(김동호: 연변시인)

1「시조문학」1999 여름호, 통권 131호, 1999.6.1. 200~206쪽 참조.

④ 일부 시인들의 시조를 보면 창작 사유의 경화증에 걸린 감을 준다. 시조도 시적 발견과 새로운 심상을 전제 조건으로 하는데, 어떤 시조들은 새로운 느낌이 없어서 서운하다. 동맥경화증을 방지하고 치료하듯이 창작 사유의 경화증을 방지하고 치료했으면 하는 심정을 금할 수 없다

(정몽호: 연변시인)

중국 동포시인 네 사람이 한국 현대시조에 대하여 생각하고 느낀 바를 인용하였다. 다시 말해서 한국 현대시조의 현주소를 이야기한 것이라 생각되고, 이러한 문제점들은 비단 연변시인들뿐만 아니라 국내에서 함께 활동하는 시조시인들도 그대로 생각하고 동감하는 바다. 위에 인용한 것들을 다시 정리해보면 ① 읽기가 힘들고 읽어도 남는 게 없다. 이런 것들을 폐품과 오작품이라 하였고 말장난한 것 같다고 하였다. ② 음수율과 음보율을 너무 파격시켜서 시인지 시조인지 구별하기 어렵다. ③ 너무 현대시화 되었고 지나치게 파격이 되어 시조다운 데가 없다. 너무 아리송하여 즉 애매모호해서 무슨 뜻인지 모르겠다. ④ 창작 사유의 경화증에 걸린 감을 준다. 새로운 내용이나 느낌이 없어서 서운하다.

필자가 느끼기에도 이러한 점들이 현대시조의 병폐라고 생각한다. 물론 기발한 착상과 뛰어난 수사기법으로 개성적이고 창의적인 작품을 빚어내는 시인들도 많지만, 위에 열거한 병폐를 지니고, 그것을 병폐라 자각하지 못하고 작품을 쓰는 이들도 상당수 있다는 데 문제가 있다. 형식면에서는 시조의 틀을 안 지키고 파격이 심해서 자유시인지 시조인지 구분이 안되고 내용면에서는 애매모호하

여 무슨 뜻인지 모르겠고, 무슨 뜻인지 알 것 같은 작품은 새로운 것이 없다는 이야기다.

그 다음 「시조문학」 1999년 겨울호를 보면, "새천년, 시조의 변용과 방향"2이란 주제 아래 지상 좌담회를 가진 것이 있는데, 이 좌담회 내용을 통해서 시조문학의 현주소를 알아보고자 한다.

① 작금 시조를 쓰는 사람들이 내용의 심화보다는 수백년 세월을 거치면서 형성되어 온 민족의 호흡인 정형성을 경시하고 실험성을 강조하면서 시조의 형식을 무너뜨리려는 경향이 있는 것은 대단히 위험한 시도라고 생각합니다. 시조는 어디까지나 그 기본율조를 지켜 그 정형성 속에서 시적 감동을 줄 수 있는 내용의 심화를 기하는 것이 무엇보다 중요한 것입니다

(김준)

② 치열한 시세계를 구축하고 있는 분들은 과거나 지금의 실태를 보면 자기가 문단의 최고이니 여타 시인들과는 한 자리, 한 협회, 한 문학지에조차 동참하기를 꺼리는 일종의 선민의식(엘리트)에 사로 잡혀 있고, 협회나 동인체 활동을 등한하여 유아독존식 처신을 일삼았던 것도 사실이지요

(한춘섭)

③ 오늘날 시조가 전통 문화로 대접 받지 못하고 한낱 골동품 취급을 받는데는 무엇보다 시조시를 양산하는 시조시인들의 자질과 현대시조에 대한 인식 부족, 그리고 시대감에 부응한 사명의식 결여에 문제가 있다는 것을 각성해야 합니다. 정형이란 미명하에 자수나 맞추고 음풍농월하는 선에 만족하는 부끄러움을 씻어야 합니다

(박영식)

---

2 「시조문학」 1999년 겨울호, 통권 133호, 1999.12.1. 50~63쪽 참조.

④ 시조 아닌 잡동사니를 시조로 발표하고 있으니 보통 문제가 아닙니다. 편집인들이 각성해야 할 일이라고 생각합니다. 사설시조라고 이름붙인 작품들이 자주 발표되고 있는데, 이 시대에 사설시조가 무슨 의미인지(자유시와 어떻게 다른지) 애초 사설시조는 정형시가 아니었고 형식도 모호한 것이었어요. 오늘날 사설시조라고 발표하는 작품들은 결국 자유시 그것을 발표하고 있는 것입니다

(임종찬)

네 분의 견해를 인용했는데, 모두가 현대시조의 문제점이라고 생각되는 것들이기에 다시 한 번 요약 정리하겠다. ① 정형성을 무시하고 실험성을 강조하면서 시조형식을 무너뜨리려는 경향이 있다. 정형성 속에서 시적감동을 줄 수 있는 내용의 심화를 기하는 것이 좋다. ② 치열한 시세계를 구축하고 있는 분들이 선민의식에 사로잡혀 비협조적이고 유아독존식 처신을 한다. ③ 시조가 골동품 취급을 받는 것은 시조시를 양산하는 시조시인들의 자질과 현대시조에 대한 인식부족에서 온 것이다. 정형이란 미명하에 자수나 맞추고 음풍농월하는 선에 만족해서는 안된다. ④ 시조 아닌 잡동사니를 시조로 발표하고 있으니 보통문제가 아니다. 애초에 사설시조는 정형이 아니었기에, 오늘날 사설시조라고 발표하는 작품들은 결국 자유시를 발표하고 있는 것이다. 현대시조의 문제점에 대해서 네 분이 이야기한 것을 요약해 보았는데, 이중에는 연변동포시인들이 지적한 것과 같은 점도 있고 다른 점도 있다. 여기에 열거된 내용들이 현대시조의 현황이요 문제점이란 것은 필자도 동감하는 바다. 다만 ④에서 사설시조를 시조로 인식하지 않고 자유시와 같다고 한

것은 심도있는 논의가 필요하고 재고되어야 할 사항이다.

　그 다음에는 「열린시조」 1997년 봄호에 "오늘의 시조 문제점을 해부한다"3는 주제 아래, 이재창은 "우리 현대시조가 타장르의 문학보다 몇 단계 뒤떨어지면서 그 위치를 확고히 자리잡지 못한 것은, 현대시조가 가야할 올바른 길을 정립시켜 주지 못한 비평가의 부재에 있다. 또 하나는 정형시라는 특질을 강조, 자수율에 얽매인 창작방법론이 문제였다고 생각한다. 자수율의 리듬만을 강조하다 보니 거기에 담아야할 내용들을 등한시 한 것이 아니냐는 것이 필자의 견해이다."라고 해서, 올바른 비평가의 부재와 자수율에 얽매인 창작방법론을 문제점이라고 지적하였다. 그러면서 복고주의론자(?)들의 작품에서는 "개인적 문제에 대한 집착, 가벼운 의식이 되어버린 단순 서정, 무독창성, 무정치성, 그리고 현실불간섭성 등이 두드러진 특징으로 나타난다. 그러한 작품에서는 극도의 '가벼움'만 있을 뿐 존재와 현실에 대한 쿤데라식 무거운 고민도, 글쓰기에 대한 처절한 고뇌와 방황도, 그리고 정치적·사회적 현실에 대한 지식인의 역사인식도 찾아 볼 수 없다."4는 비판을 하였다.

　앞 단락에서는 고시조의 성격과 현대시조의 문제점을 알아보는데 치중하였다. 이러한 작업을 기초로 해서 미래시조는 어떻게 될 것인지 예측해보려는 것이 전망이고, 이러한 전망을 하기 위해서 제가들이 내놓은 발전방안이나 전망 등을 점검해보는 것이 순서일 것 같다.

---

3 「열린 시조」 1997년 봄호, 통권 제 2호, 1997.3.1. 122~149쪽 참조.
4 이재창, 위의 책, 124쪽.

① 고시조부터 정착된 그 자수율에만 주목하여 지금까지 우리 민족이 만들어낸 정형시임을 내세우며 앞으로 어떠한 시대역행적인 비평들이 난무할 것인지 걱정스럽다 －중략－ 지금은 그 정형률을 어떻게 새롭게 발전시키느냐의 문제에 직면하든지, 기존의 관행과 어법을 파괴함으로써 현 시대에 알맞은 항상 새롭고 예술적인 형식과 문제를 창조해내느냐의 과제를 수행할 때라고 생각한다. 어떤 시조가 자수율에 맞느니 맞지 않느니 하는 글들은 21세기를 앞둔 현대시조의 앞날에 저해가 될 뿐이다.

(이재창)

② 내 개인적인 견해를 밝히자면 시조의 정형성은 오늘의 정형성이 아니다. 시조는 창으로 불리어진 것을 전제로 하여 발생했다. 창은 오늘 우리 시대의 가락이 아니다. －중략－ 중요한 건 시조의 정형성이 오늘의 정형성이 아니라면 시조는 이 시대에 맞는 정형의 틀을 찾아내거나 창출하지 않으면 안 되는 점이다. 이것은 비단 시조 뿐 아니라 자유시에도 해당되는 문제이다. 이 새로운 정형의 틀이 어떻게 전개될지 한 마디로 잘라 말할 수는 없지만, 나는 이 시대의 정형성이 '정형적인 자유시' 또는 '자유시적인 정형시' 형태를 취할 것이라고 조심스럽게 생각해본다. 이런 의미에서 정형시와 자유시가 '노래성'이라는 공동의 장에서 그 벽을 허물고 자연스럽게 손을 마주잡을 지도 모른다. 시와 음악, 회화, 연극, 춤 등 인접장르의 경계가 허물어지고 있는 지금 정형시와 자유시라는 이분법적인 사고는 이미 낡은 것이다.

(원구식)

③ 필자가 1999년 「열린시조」 봄호에 지적했듯이 시조의 대중화란 개념이 문학성에 중심을 두면서 대중을 이끄는 방향성을 가져야 하는 것이기에 대중문학이 보이는 현재의 감

상과 감각, 그것으로 인한 미래의 비전없는 기술과 사고에서 비롯된 몰역사성과 새로운 패러다임은 거부되어야 한다. 대중화란 개념을 대중문학이란 개념으로 이해한다면 시조문학의 미래성이 상실위기에 처하게 될 것이기 때문이다. 이러한 문제점의 내포에도 불구하고 천리안과 김주석 시인의 통신을 통한 시조보급의 선지자적 역할은 시조를 쓰는 모든 시인들이 본받아야 마땅하며 고마워해야 할 일이다. 왜냐하면 그는 분명 시조를 대중에게 다가가게 하는 또 하나의 방법을 제시하고 있기 때문이다.

(황인원)

④ 문제는 현대 삶을 받쳐줄 수 있는 철학성, 현장감이 묻어나는 시어들, 고뇌하는 생활상들을 발빠른 민첩함으로 적재적소에 얼만큼 잘 앉히는가에 따라 전통과 현대가 접목된 시조라는 필연성의 꽃은 필 것입니다.

(박영식)

⑤ 형식은 고정되어 진부하다 할지라도 이 형식을 떠나서는 시조로 존재할 수 없는 것이기에 우리는 현대의 시조에 맞게 그 내용을 가지고 변용시키는 지혜가 필요한 것입니다. 시조의 제재를 쇄신하고, 기법을 혁신하고 다양화시키는 것이 새천년에도 시조가 살아남을 수 있는 길이라고 봅니다.

(김준)

여기 5사람이 시조의 앞날에 대하여 전망하거나 발전방안을 제시한 것을 인용했는데 그야말로 구구각색이다. ① 이재창은 「열린시조」 1997년 봄호의 기획특집에서도 정형시라는 특질을 강조, 자수율에만 얽매인 창작방법론이 문제였다고 했고, 현대시조가 살아남기 위해서는 새로운 시대에 걸맞는 새로운 상상력이나 기본 정형률을 토대로 한 새로운 파격 양식도 과감히 시도해야 한다고 하면서 전통적으로 전해오는 시조양식을 문제삼았다.

②는 「열린시조」 1999년 여름호에서 원구식이 이야기한 것을 인용한 것이다. 그는 여기서 시조는 이 시대에 맞는 정형의 틀을 찾아내거나 창출하지 않으면 안 된다 하였고, 이 새로운 정형의 틀은 '정형적인 자유시' 또는 '자유적인 정형시' 형태를 취할 것이라고 하였다. 그러면서 "가장 먼저 눈에 띄는 변화는, 기술의 발전이 지금까지 가져온 양식의 세분화를 멈추고 이제는 종합화를 향해 그 걸음을 매우 빠르게 옮기고 있다. 시와 소설, 사진, 회화, 음악 등 인접 장르의 구분이 무너지고, 예술이 종합적인 형태를 지향하고 있는 것이 최근의 현실이다. 어떻게 이런 일이 가능한가. 그것은 이 시대의 기술이 우리에게 시도 쓰고 작곡도 하고 그림도 그리는 일을 동시에 할 수 있는 도구를 주었기 때문이다. 눈치가 빠른 독사는 알겠지만 그것은 컴퓨터의 등장이다"5라고 해서 기술의 발달이 문학 양식의 변화에도 큰 영향을 끼칠 것이라는 이야기다.

이와는 반대되는 발언을 한 작가가 있는데, 그는 알바니아가 낳은 유럽 최고의 작가 이스마일 카다레이다. 그는 "문학의 캘린더는 삶의 캘린더와 다르다. 삶의 중요한 사건들이 문학에는 시시한 것이 될 수 있다. 달 위에 서있는 인간의 존재가 시를 변화시키지 못했다. 인터넷의 발명이 위대한 문학 다시 말해 질높은 문학을 대체할 수 없다."고 했고, 또 "신기술의 발전이 문학에 영향을 줄 수 없을 것"(조선일보 2000년 9월 18일자)이라는 확신을 표명하였다.

---

5 「열린시조」, 1999년 여름호, 앞의 책, 118쪽

③은 「열린시조」 1999년 여름호에 황인원이 이야기한 것을 인용한 것이다. 그의 논지는 대중화란 개념이 대중문학이란 개념으로 이해한다면 시조문학의 미래성이 상실위기에 처한다고 하였다. 그렇더라고 천리안과 김주석 시인의 통신을 통한 시조보급의 선지자적 역할은 시조를 쓰는 모든 시인들이 본받아야 마땅하다고 했다.

④는 「시조문학」 1999년 겨울호에 박영식이 한 이야기인데, 시조를 쓰는 이들이 현대의 삶을 받쳐줄 수 있는 철학성, 현장감이 묻어나는 시어들, 고뇌하는 생활상들을 민첩하게 적재적소에 얼만큼 잘 앉히는가가 중요하다고 하였다. ⑤또한 같은 책에 실린 김준의 이야기인데, 그는 형식은 고정되어 진부할지라도 이 형식을 떠나서는 시조가 존재할 수 없기에 그 내용을 변용시키고, 제재를 쇄신하고 기법을 혁신하고 다양화시키는 것이 새천년에도 시조가 살아남을 수 있는 길이라고 하였다. 그런가 하면 류준형은 "현대의 정보화사회는 인공두뇌(컴퓨터), 로봇 그리고 텔리커뮤니케이션 테크놀로지의 놀라운 발전으로 인간의 의식과 생활양식에 급격한 변모를 안겨주고 있다."6고 하였다. 이처럼 인간의 의식과 생활양식에 급격한 변화를 가져왔는데, 시조문학이라고 해서 복고주의로 되돌아가거나 제자리 걸음만 할 수 없다는 것은 상식에 속하는 문제다. 그래서 이재창의 다음과 같은 주장은 상당히 설득력 있다고 본다.

80년대 초반의 민중시, 후반의 도시시, 90년대 들어서면서 많은 문예지들이 앞다퉈 「생태위기」와 관련된 특집을 꾸밈과 동시에 「생태시」란 새로운 용어도 생겨났다. 생태환경시, 공해시, 녹색시, 환경

---

6 「열린시조」 1997년 가을호, 앞의 책, 129쪽.

시, 생명문학적시, 환경생태시, 생명시 등 다양한 명칭이 필자에 따라 다르게 제기되었고, 그 하위 갈래서도 생태학적 문명비판시, 생태학적 서정시, 민중적 생태지향시, 전통적 생태지향시, 모더니즘적 생태지향시…… 등 여러 형태로 등장했다.7

이재창은 위와 같이 이야기하고 현대시조단에서는 「환경시조」, 「생태시조」, 「생명시조」 등 생태학적 상상력에 대한 이렇다 할 논의가 없음을 안타까워했다. 그렇더라도 위에서 논의된 내용들을 다시 요약하면 다음과 같다. ① 시조의 정형이나 자수율에만 매달릴 것이 아니라 새로운 파격 양상도 과감히 시도해야 한다. ② 기술의 발전이 지금까지 가져온 양식의 세분화를 멈추고 종합화될 것이고, 인접장르의 구분이 무너지고 예술이 종합적인 형태를 지향할 것이다. ③ 그런가하면 신기술의 발전이 문학에 영향을 줄 수 없을 것이라는 견해도 나왔다. ④ 천리안과 인터넷을 통한 시조보급이 이루어지고 대중화될 것이다. ⑤ 형식이 고정되어 진부하더라도 형식을 떠나서는 시조가 존재할 수 없다. ⑥ 환경시조, 생태시조, 생명시조 등 현대사회의 최대 이슈가 되어있는 문제들을 다루어야 한다.

이처럼 여러 가지 설이 제기되었지만 형식이 고정된 틀을 계속 유지할 것이냐 파격을 해서라도 새로운 양식을 만들어내느냐 하는 문제는 앞으로 21세기가 다가와도 통일되지 않고 여전히 논란의 대상이 될 것이라 생각된다. 왜냐하면 변화와 개혁을 추구하는 이들은 전통적 형식을 고수하는 것이 시조발전에 저해된다고 생각할 것이고, 그렇게 하자면 시조의 틀을 흔들어야 하는데 거기에 가장 손

---

7 이재창, 위의 책

쉬운 것이 음수율과 음보율을 지키지 않고 파격을 일삼는 방법밖에 없기 때문이다. 또 그처럼 전통적인 시조형식이 못마땅하면 자유시나 쓸 일이지 무엇 때문에 시조의 기본 형식과 자수율을 문제삼아 파괴하는 것이 좋다고 궤변을 늘어놓는지 이해가 안 간다.

그 다음 컴퓨터, 로봇, 테크놀로지, 텔리커뮤니케이션, 사이버 매체 등의 발달로 시조의 양식이 변질될 것처럼 이야기한 분이 있는데, 이러한 견해는 근래에 전자도서관, 전자책, CD롬 제작 등 다양한 방법이 시도되고 있는 점을 중시한 것 같다.

그러나, 필자의 견해로는 그러한 기술의 발달로 시조를 보급하는 데 유리해지거나 대중과의 거리감을 좁히는 데 기여할지는 몰라도 시조는 여전히 3장 6구의 틀을 견지하면서 독자적인 행보를 계속하리라 본다. 한편 내용면에서는 쉽게 쓰자니 문학성이나 예술성이 없는 것 같고, 작품성이 있는 것처럼 보이게 쓰자니까 난해하거나 애매모호한 작품을 쓸 수 밖에 없는 것이다.

또 오늘날 각종 문예지를 통하여 시조시인들을 대량 생산하고 있으니, 이들이 튼튼한 기반을 닦고 시적 수련을 쌓기 이전에 등단의 절차를 밟게 되니까, 자연적으로 수준 이하의 작품을 쓰거나 새로운 것이 없는 작품을 양산할 수 밖에 없다고 본다. 그렇게 되니까 치열한 현실인식이 없이 과거에 집착한다거나 현실에의 성찰・도전의식이 없이 늙은 문학의식에 사로잡혀 있거나 꾸준한 자기 개발, 변화없이 똑같은 내용과 유사한 표현을 반복하고 있다[8]는 비판의 소리를 들어 왔고, 앞으로 21C에도 이러한 비판을 계속해서 받으리

---

8 김준, 새천년 시조의 변용과 방향, 「시조문학」 1999년 겨울호, 60쪽.

라 예견된다.

  그러면서도 시대발전과 이념의 변화에 따라 21C의 한국 시조는 현재의 모습과는 상당히 변모 발전된 양상을 보여 줄 것이다. 그것은 과거의 사대부 중심의 시조에서 평민 중심의 시조로 확대되어 왔고, 노래하는 창 중심의 시조에서 그것을 배제한 문자 중심의 시조와 시각적 효과를 최대한 살려보려는 여러 유형의 시조로 변모되어 왔고, 단시조 중심에서 사설시조와 연시조 중심의 시조로 변모 발전된 모습을 살펴보면 능히 짐작되는 바이다. 그렇기 때문에 21세기의 한국 시조는 정보화시대, 남북화해와 협력시대, 통일 지향 시대, 환경파괴와 대기오염시대에 적응도 하고 비판도 하면서 변증법적으로 상생 발전되리라 전망된다. 게다가 멀티미디어와 사이버 매체에 의한 시조시인들과 일반 대중과의 거리감이 훨씬 좁혀지면서 시조의 대중화, 일반화, 교양화 시대가 오리란 것도 조심스럽게 점쳐본다.

15. 여주지역의 문학과 예술 활동의 전개

  여주지역의 대표적인 문학 단체로는 1994년 7월 17일에 창립임시총회를 열고, 같은 해 9월 24일 창립총회를 거쳐 정식으로 출범한 한국문인협회 여주지부가 있다. 이 단체는 시조시인 원용문을 초대 지부장으로, 시인 박찬수를 사무국장으로 선출하면서 출발하였다. 그리고 예술 단체로는 먼저 한국예총 여주지부를 들 수 있다. 여주 예총은 사단법인 한국문인협회 여주지부, 한국미술협회 여주지부,

한국사진작가협회 여주지부 등 3개 산하단체로 구성되어 2년간의 준비 과정을 거쳐 2001년 4월 7일 창립총회를 갖고 2001년 4월 20일 한국예총의 인준을 받아 설립되었다. 이 단체는 박찬수 목아박물관장을 초대 지부장으로, 한국화가 이진구를 사무국장으로 선출하면서 출발하였다. 그리고 한국민족예술인 총연합 여주지부가 있는데, 이 단체는 1995년부터 준비 과정을 거쳐 1998년 9월 26일 창립총회를 갖고 고석근을 초대 지부장으로, 김남준을 사무국장으로 선출하면서 출발하였다.

1) 문학 활동의 성립과 전개

광복 이후 여주에 정식으로 문인협회가 결성된 것은 뒤의 일이지만, 이보다 먼저 동인회 성격의 작은 모임은 있었다. 1980년대 후반 전 여주문화원장 안금식과 시인 이일섭이 주도한 '영릉촌문학 동인회'는 시화전 개최, 동인지 발간, 시조 백일장, 여강 세미나, 청소년 문화강좌 등의 사업을 진행하였다. 이러한 사업의 일환으로 1989년 12월에 발간한 '영릉촌 문학동인지'를 보면 안금식, 원용문, 이일섭, 한춘섭, 송길자, 서영수, 정수자 등의 작품을 실었다. 그 후 전 문화원장 안금식과 시인 정길량이 '여강문학 동인회'를 결성하고, 묵사 류주현에 대한 현창 사업을 전개하였으나 현재는 중단된 상태다. 1993년 7월 15일에는 강태희, 이일섭, 정기명, 이문현, 박찬수 등이 여주 군민회관 문화사랑방에 모여 '여주문학 동인회'를 결성하였다. 이들은 매월 자작시 낭송회, 동인 시화전을 가졌다.

1994년 5월 14일에서 5월 16일까지는 제597돌 숭모제전 기념 및 제2회 여주문학 동인회 시화전을 개최하였다. 장소는 여주 군민회관 문화사랑방, 참석자는 이일섭, 강태희, 정기명, 이문현, 고석근, 박찬수, 권동수 등이다. 이러한 모임과 활동들이 모체가 되어, 1994년 7월 17일에는 한국문인협회 여주지부 창립을 위한 임시총회를 개최하였다. 고문에 원중재, 유선, 지부장 원용문, 부지부장 강태희, 이일섭, 정기명, 사무국장에 박찬수 시인이 선출되었다. 이 단체가 한국문인협회 여주지부로 정식 등록된 것은 1994년 8월 20일이다. 1994년 9월 24일에는 한국문인협회 본부 임원진, 경기도문인협회장 김진식씨 등 내외귀빈 100여 명이 참석한 가운데, 정식으로 한국문인협회 여주지부 창립총회를 거행하였다.

1994년 10월 11일에서 10월 13일까지 여주 군민회관 문화사랑방에서 시화 작품 50점, 도자기 10점, 서화 2점 등의 시화전을 열었고, 이듬해 5월에는 제598돌 세종대왕 숭모제전 기념, 제4회 한국문협 여주지부 회원들의 시화전을 열었다. 이 시화전에는 원용문, 유선, 강태희, 이일섭, 정기명, 구홍서, 박찬수, 이문현, 고석근, 김정인, 임춘봉, 장명숙, 경규희, 서영수, 민경성, 김동환, 배선규, 임정섭, 송길자, 김문자 등이 참여하였다.

1995년 12월에는 드디어「여주문학」창간호가 발간되었고, 12월 29일에는 관내 유지분들을 모신 가운데 창간호 출판기념회를 가졌다. 창간호의 내용은 원용문 지부장의 발간사, 조무호 문화원장의 축사, 박용국 여주군수의 축사, 한국문인협회 김대규 경기지회장의 축사로 시작되었다. 그 내용은 시, 동시, 수필, 기행문, 논단, 동화, 단편소설, 주부백일장 당선 작품 순서로 게재되었다.

1996년 5월 23일부터 26일까지는 제599돌 세종대왕 숭모제전 기념 및 제5회 한국문협 여주지부 회원 시화전을 여주문화원 사랑방에서 개최하였다. 원용문, 유선, 강태희, 이일섭, 정기명, 이문현, 박찬수, 김문자, 김기자, 김동환, 김정인, 박광태, 서영수, 성흥환, 송길자, 이만준, 이영철, 이신재, 임춘봉, 조동일, 홍은숙 등의 회원 작품과 28편의 초대시 작품이 전시되었다. 1996년 11월 1일에는 한국문인협회 경기도지회의 후원으로 경기도 순회 문학강연회를 개최하였다. 이 자리에서 시조시인 원용문은 '여주문학의 현재와 미래', 소설가 김남웅은 '문학인의 길'이란 주제로 강연하였다. 이때 김문자 시인의 시집「허수아비」의 출판기념회를 동시에 가졌다. 1996년 12월 31일에는「여주문학」제2호가 발간되었다. 그 내용은 발간사, 축사, 초대시, 시, 수필, 기행문, 창작동화, 단편소설, 논단, 주부백일장 당선작 순서로 게재되었다.

 1997년 5월 19일부터 5월 23일까지 제600돌 숭모제전 기념으로 한국문협 여주지부에서는 문화사랑방에서 시화전을 열었다. 참석자는 고문 유선 초대시인 김유신 외에 회원 작품으로 원용문, 강태희, 박광태, 서영수, 성흥환, 김동환, 송길자, 이문현, 김정인, 박찬수, 이신재, 홍은숙, 배선규, 김기자, 조동일, 임춘봉, 이만준, 임희선 등이다. 1997년 12월 31일에는「여주문학」제3호를 발간하였다. 게재 순서는 발간사, 초대시, 초대글, 시, 수필, 논단, 창작동화, 단편소설, 세종대왕 탄신 600돌 기념 백일장 당선작 순으로 되어 있다.

 1998년 5월 16일에서 5월 20일까지는 제601돌 숭모제전 기념으로 여주 군민회관에서 시화전을 개최하였다. 참석자는 원용문, 강태희, 이일섭, 정기명, 박광태, 서영수, 성흥환, 김동환, 송길자, 이문현, 김정인, 박찬수, 이신재, 홍은숙, 임춘봉, 김기자, 조동일 등이다.

1998년 12월 31일에는 「여주문학」 제4호를 발간하였다. 게재 순서는 원용문 지부장의 발간사, 조무호 문화원장의 축사, 박용국 여주군수의 축사를 모두에 놓았다. 이어서 시, 동시, 수필, 고적을 찾아서, 논단, 동화, 제30회 세종문화 큰잔치 백일장대회 입선 작품 순으로 게재하였다.

1999년 5월 20일부터 5일간 제602돌 숭모제전 기념 시화전을 문화사랑방에서 개최하였다. 참여한 문인은 원용문, 강태희, 이일섭, 정기명, 이문현, 박광태, 서영수, 김동환, 송길자, 김정인, 박찬수, 성홍환, 이만준, 이경섭, 우희윤, 임춘봉, 함은수, 홍은숙 등이다. 1999년 12월 31일에는 「여주문학」 제5호를 발간하고 출판기념회를 가졌다. 목차를 보면 원용문 지부장의 발간사, 한만규 여주문화원장의 축사, 박용국 여주군수의 축사를 모두에 놓았다. 다음 초대시에 작품을 주신 분은 경규희, 김상직, 리지현, 성지월, 송병탁, 유선, 정길량, 조헌, 박지광, 심현숙, 강신정, 하보균, 정미경 등이다. 이어서 초대글, 시, 수필, 논단, 창작동화, 여주지부 연보, 여주지부 회원 명부 순으로 게재되었다.

2000년 5월 15일에서 5월 20일까지 군민회관 문화사랑방에서 제603돌 숭모제전 및 세계 도자기 박람회 기념으로 시화전을 개최하였다. 작품을 전시한 시인은 원용문, 강태희, 이일섭, 김문자, 김동환, 김정인, 김기자, 박광태, 박찬수, 서영수, 이경섭, 이만준, 이문현, 이순자, 이신재, 유경수, 윤병희, 임춘봉, 정기명, 조헌, 주동훈, 최병숙, 함은수, 홍은숙 등이다. 다시 2000년 10월 9일에서 11일까지 한글날 기념 여주문인 시화전을 문화사랑방에서 개최하였다. 2000년 12월 31일에는 「여주문학」 제6호를 발간하고 출판기념회를 가졌다. 게재 순서는 발간사, 축사, 시, 수필, 창작동화, 부록 순으로 되어 있다.

　2001년 8월 10일에서 10월 28일까지 세계도자기 엑스포 기간 중 엑스포 행사장에서 시화전을 개최하였다. 작품 전시 문인은 원용문, 강태희, 이일섭, 정기명, 이문현, 김정인, 김홍렬, 박광태, 서영수, 이경섭, 이신재, 윤병희, 조헌, 주동훈, 최병숙, 함은수, 홍은숙 등이다. 2001년 12월 31일에는「여주문학」제7호를 발간하고 출판기념회를 가졌다. 책의 게재 순서는 발간사, 축사, 시, 수필, 창작동화, 논단, 논문 등이고, 부록으로 경기동부신문 창간 6주년 기념 여주쌀 사랑 백일장대회 당선 작품을 실었다.

　2002년 5월 9일에서 13일까지 세계도자기 엑스포 행사의 일환으로 여주문인들의 시화전을 개최하였다. 그리고 2002년「여주문학」여름호를 발간하였다. 2002년 8월 16일에는 제2회 문학강연회를 실시하였다. 두 분의 강사가 발표하였는데, 장백일 교수는 "문학에서의 문학성 탐구"라는 주제로, 원용문 교수는 "문학을 공부하는 방법"이란 주제로 발표하였다. 장소는 군민회관 문화사랑방이었고, 청중은 120명 정도가 참석하였다. 2002년 11월 16일에서 17일까지는 명성황후 숭모제전 기념 시화전을 개최하였다. 작품을 전시한 시인은 원용문, 강태희, 이일섭, 정기명, 이문현, 김동환, 김문자, 김정인, 김홍렬, 민병찬, 박광태, 박찬수, 서영수, 이경섭, 이신재, 임춘봉, 윤병희, 원정숙, 조헌, 주동훈, 최병숙, 함은수, 홍은숙 등이다. 2002년 12월 31일에는「여주문학」제8호를 발간하고 출판기념회를 가졌다. 책의 차례는 발간사, 축사, 시, 수필, 창작동화, 특집, 여주지부 연보, 편집후기 순으로 되어 있다.

2003년 7월 11일에서 15일까지 여주문화원 문화사랑방에서 시화전을 개최하였다. 작품을 전시한 문인은 원용문, 강태희, 이일섭, 정기명, 이문현, 박찬수, 구홍서, 김문자, 김정인, 김홍렬, 박광태, 이경섭, 이상국, 이신재, 이장호, 임춘봉, 윤병희, 원정숙, 조헌, 함은수, 홍은숙 등이다. 2003년 6월 30일에는 「여주문학」 제9호를 발간하고 출판기념회를 가졌다. 책의 첫머리는 원용문 지부장의 발간사, 박찬수 한국예총 여주지부장의 축사, 이규택 국회의원의 축사, 임창선 여주군수의 축사, 김건중 한국문협 경기지회장의 축사, 한만규 여주문화원장의 축사, 최의석 여주교육장의 축사로 꾸미었다. 이어서 시, 수필, 창작동화, 부록으로 여주지부 연보, 여주지부 회원 주소록 순으로 게재되었다.

이처럼 한국문협 여주지부의 활동 상황을 연도순으로 정리하였지만, 만족할 만한 수준은 아니다. 그렇더라도 문협 창립 초기부터 10여 년을 매월 정기 모임을 갖고 회원 작품 낭송회, 작품 품평회, 현안 문제 논의 등을 꾸준히 해온 점은 여주문인들의 자랑거리요, 앞으로도 이어서 발전시킬 전통이라고 생각한다. 이러한 토대 위에 앞으로의 과제 즉 발전 방향을 제시하면 다음과 같다.

① 문학 강연회나 특강을 부정기적으로 실시할 것이 아니라 매년 정기적으로 개최하는 방안을 모색해야 한다.
② 일반인이나 학생들을 대상으로 하는 백일장을 매년 정례화 하는 것이 바람직하다.
③ 여주지역의 선배 문인에 대한 현창 사업이 계승되었으면 좋겠다.
④ 회원들끼리만 하는 시 낭송회가 아니라 일반인이나 학생들을

대상으로 하는 시 낭송회가 열렸으면 좋겠다.
⑤ 여주문인들 작품의 질적 향상을 위한 세미나가 1년에 한번이라도 개최되면 좋겠다.
⑥ 아무리 바쁘더라도 1년에 한번 문학기행을 하면서 견문을 넓히고 회원 상호간의 친목을 도모하는 행사가 있었으면 좋겠다.
⑦ 인근 지역 즉 이천이나 양평의 문인들과 교류할 수 있는 기회가 주어지면 좋겠다.
⑧ 행사 종류가 다양하지 못하고 몇 가지에 국한되어 보는 이들에게 색다른 감을 주지 못하는 한계가 있다.

2) 예술 활동의 성립과 전개

예총 여주지부 산하에는 한국문인협회 여주지부 외에 한국미술협회 여주지부(1997년 인준), 한국사진작가협회 여주지부(1999 인준), 한국음악협회 여주지부(2003년 인준) 등이 있다. 추후 인준을 받을 수 있는 협회는 한국무용협회 여주지부, 한국연극협회 여주지부, 한국연예협회 여주지부, 한국영화협회 여주지부, 한국국악협회 여주지부, 한국건축가협회 여주지부 등이 있다. 각 단체의 회원수는 2003년 기준으로 미술 분야 23명, 사진 분야 22명, 청소년 오케스트라 23명, 음악 분야 32명 등이다.

여주지역의 미술 활동으로는 1987년 결성된 미술교사협의회의 활동에서 실마리를 찾을 수 있다. 그 후 1990년에 강천중학교 미술교사인 장지성이 한국미술협회 여주지부를 창립하려고 노력하였으나, 지부 설립 기준에 미달하여 무산되었다. 1993년에는 여주군 강천면 이호리에 목아불교박물관이 개관되었다. 설립자는 1949년 경남 산청 출생의 박찬수인데, 그는 국가 중요무형문화재 제108호 목조각장이다. 현재 목아박물관장으로 국립한국전통문화학교 초빙교수, 예총 여주지부장 직을 맡고 있다. 1996년에는 지역 작가 모임인 미술인 공동체 '남한강 사람들'이 창립되었다. 여주에서 활동하는 회화, 조각, 공예 등 각 장르의 작가 및 미술교사들이 창립한 모임이다. 이 협회를 주도하여 창립한 이는 초대회장 이학민이다. 1997년 7월에는 여주의 미술문화 발전과 활성화를 목적으로 한국미술협회 여주지부가 창립되었다. 여주미술협회는 같은 해 12월 본부의 인준을 받았고, 초대회장에 동양화가 최중배가 취임하였다. 그러나 창립 초기 3년간은 매년 지부장(최중배, 최영기, 이영섭)이 바뀌는 어려움을 겪었으나, 2001년 신건화 지부장의 취임으로 안정을 찾았다. 이 협회의 임원 구성을 보면, 고문 박찬수, 지부장 신건화, 부지부장 김지성, 사무국장 차한별이다.

미술협회의 활동상황은 다른 분야보다는 활성화 되었다고 본다. 1990년에는 군민회관 소회의실에서 제4회 '미려전'을 개최하였고, 1991년에는 제1회 '흙 모임전', 제5회 '미려전'이 개최되었다. 1992년에는 군민회관 소회의실에서 제2회 '흙 모임전', 제6회 '미려전'이 열려 지역의 미술문화 활성화에 기여하였다. 이 '흙 모임전'은 2회의 전시회를 마지막으로 더 이상 지속되지 못하는 아쉬움을 남겼다. 1993년에는 군민회관 문화사랑방에서 제7회 '미려전'이 열렸다. 1994년에는 목아박물관에서 개관 1주년 기념행사로 "장승과 그리고 동자전"이 개최되었고, 제8회 '미려전'이 열렸다.

1995년에는 제9회 '미려전'이 군민회관에서 열렸고, 불교 소품전으로 '목아박물관 개관 2주년 기념전'이 개최되었다. 1996년에는 좀더 활발하여 목아박물관에서는 '한국민화 15인 걸작전', '한일미술 교류회 소품전', '박찬갑·이원좌' 작품전이 열리고, 군민회관 문화사랑방에서는 제 10회 '미려전', '이영섭·이서기 2인전', 신륵사 강변에서는 '남한강 미술제'가 열렸다. 1997년 7월 여주의 미술문화 발전과 활성화를 위한 여주미술협회가 창립되었다. 이로써 지난해에 창립된 '남한강 사람들'과 '여주미술협회'의 활동으로 지역 미술이 활기를 띠었다. 1997년에 개최된 행사를 보면, '이진구 개인전', '이영섭 개인전', '신건화 개인전', '제11회 미려전', '제2회 남한강 사람들전', '한국미술협회 여주지부 창립전', '목아박물관 개관4주년 기념전' 등이 다채롭게 펼쳐졌다.

1998년에는 '서종훈 개인전', '제1회 여주미술협회전', '제12회 미려전', '제3회 남한강 사람들전', '이영섭 개인전', '개관 5주년기념 특별전'(목아박물관)의 행사가 개최되었다. 이어서 1999년에는 '이정협 개인전', '제13회 미려전', '제2회 여주미술협회전', '제4회 남한강 사람들전' 등의 행사가 열렸다. 2000년에 열린 행사를 보면 목아박물관에서 '한글새김전', '중요무형문화재 제108호 목조각장 전승전', '곽동해 초대전' 등이 열렸고, 군민회관 문화사랑방에서는 '제5회 남한강 사람들전', '제14회 미려전', '제3회 여주미술협회전'이 열렸고, 그밖에도 '배진식 개인전', '숲과 마을 미술 축전'이 개최되었다.

2001년에는 목아박물관에서 '제3회 중요무형문화재 제108호 목조각장 전승전'과 '제2회 한글 새김전'이 열렸다. 그리고 도자기 엑스포장에서는 '흙 그리고 화합 2001전', '풍경 보기전', '김덕기 개인전'이 열렸다. 군민회관 문화사랑방에서는 '제15회 미려전', '제6회 남한강 사람들전', '원로중진 여류작가 초대전'이 열렸다. 2002년의 활동 상황을 보면 '제5회 여주미술협회전', '여주 예술마당 2002', '민예총 미술분과전'이 열렸다. 군민회관 문화사랑방에서는 '제7회 남한강 사람들전', '제16회 미려전'이 열렸고, 박여숙 화랑에서는 '이영섭 개인전'이 열렸다. 목아박물관에서는 '제4회 중요무형문화재 제108호 목조각장 전승전', '제3회 한글새김전'이 개최되었다. 그 외도 향토사료관에서 '제2회 풍경 보기전'이 열려 그 어느 때보다도 활발한 한해였다고 생각된다.

 2003년은 한국미술협회 여주지부의 '한중 미술교류 심포지엄', '제17회 미려전', '제8회 남한강 사람들전', '제3회 풍경 보기전', '제4회 한글 새김전', '국가 중요무형문화재 제108호 목조각장 전승전'이 열렸고, 그 밖에 학생 미술전시회, 여주군 학생미술 실기대회, 세종문화 큰잔치 그림그리기대회, 나옹 백일장 등이 열려 미술교육 활성화에 도움이 되었다. 또한 여주예총 문화센터에서는 '동양화 강좌'를 실시하여 3개월 단위로 수료생을 배출해서 미술 인구의 저변확대를 기하였다.

 여주지역의 사진 분야 활동은 1984년 'f22'와 '여주사진동우회'의 활동에서 실마리를 찾을 수 있다. 전자의 초대회장은 최청룡이었고, 후자의 초대회장은 이영완이었다. 그러나 'f22'는 와해되면서 1985년 최상권, 황명준, 박성우의 주도로 '은모래 사진동우회'를 태동시켰다. 이 동우회는 연간 10여회의 촬영대회를 갖는 등 활발한 모습을 보여주었다. 이후 1989년에는 여주군 공무원을 중심으로 한 '빛모아 사진동우회'가 결성되었다. 초대회장은 김준기였으며 창립 당시 11명의 회원으로 출발하였다. 1995년에는 월간 '영상지' 추천 작가로 구성된 '영상인 연합 여주지부'가 창립되어 초대회장 황명준을 중심으로 활동을 시작하였다. 이후 1999년에는 사단법인 '한국사진작가협회 여주지부'가 창립되었다. 성남지부에서 활동하던 여주에 연고를 둔 사진작가들이 모여 협회 창립 기념전을 갖고 중앙협회의 인준을 받았다. 사진작가협회의 출발로 예총지부 설립기준이 충족되어 2001년 비로소 여주예총이 창립되었으니, 여주의 예술 활동이 활성화될 수 있는 토대를 마련한 것이다.

그 동안에 있었던 활동들은 개인전이든 단체전이든 전시회가 주류를 이룬다. '은모래 사진동우회'에서는 1986년부터 최근까지 매년 여주 군민회관에서 회원전을 개최하여 왕성한 활동 의욕을 보여주었다. '빛모아 사진동우회' 또한 1988년부터 최근까지 매년 군민회관에서 회원전을 개최하여 다대한 성과를 거두었다. 1998년에는 군민회관에서 '사진작가협회 창립전'이 있었고, 용인문화원에서 '이영완 개인전'으로 야생화전이 열렸다. 1999년에는 군민회관 문화사랑방에서 '제2회 사진작가협회전'이 있었다. 2000년에는 군민회관 문화사랑방에서 '제14회 은모래 사진전', '제11회 빛모아 사진전', '제3회 사진작가협회 회원전'이 열렸다. 2001년의 행사를 보면 도자기엑스포장에서 '제15회 은모래 사진전', '제4회 사진작가협회 회원전'이 열렸다. 일성콘도에서는 '2/4분기 사진 강좌', '제1회 여주관광사진 공모전'이 열렸다. 이어서 군민회관 문화사랑방에서는 '제12회 빛모아 사진전'이 있었다.

2002년에는 군민회관 문화사랑방에서 '제16회 은모래 사진전', '제1회 여주 사진단체 연합전'이 열렸다. 명성황후 생가에서는 '제5회 협회 사진전', '제2회 여주 관광사진 공모전'이 열리고, 도자기 엑스포장에서는 '제13회 빛모아 사진전'이 열렸다.

여주지역의 음악 활동은 국악 분야와 양악 분야로 나누어 생각할 수 있다. 1990년대 지역의 국악 활동은 각 면과 리 단위의 연례행사 위주로 전개되었다. 그러다가 1989년 '우리문화연구회'의 창립으로 교육 및 문화활동을 할 수 있는 계기를 마련한다. 우리문화연구회의 구성원은 최창석·김영명·김남준·정덕환·전덕선·김완중 등이다. 이들은 고등학생 문화모임 '터', 문화패 '맘판', 풍물 굿패 '다스름', 전문 풍물그룹 '타래'의 태동에 중심적인 역할을 하였다. 1991년에는 우리문화연구회의 활동에 힘입어 '터' 출신들이 모여 문화패 '한길'이 창단되었다. 초대회장 곽성식, 총무 최은옥이 이 모임을 이끌어 나갔다. 그리고 1995년에는 풍물패 '다스름'으로 모임의 이름을 바꾸었다.

1993년에는 문화패 '맘판'이 창립되었다. 이 단체가 1997년 '다스름'의 회원 일부가 동참하여 여주풍물보존회로 확대 개편되었다. 2003년에는 '두들쟁이 타래'라는 이름으로 여주와 이천에서 활동하는 전문 풍물인 4인이 모여 풍물패를 구성하였다. 이외도 여주대 풍물 동아리, 농협 풍물모임, 교사 풍물모임 등이 전통문화 창달에 이바지하고 있다.

그 동안의 활동 상황을 보면 1994년에는 여주풍물보존회에서 '여주 웃다리 풍물전수', '교통 캠페인 홍보공연' 등의 행사를 치렀다. 1995년에는 여주풍물보존회 주최로 군민회관에서 연합공연 '열린 소리'를, 여주실내 체육관에서 창작 굿판 '북소리 울릴 때'를 거행하였다. 1996년에는 여주풍물보존회 주최로 도자기축제 행사장에서 '원부리얼 답교놀이 시연', '길놀이', '여주풍물전수'를 행하였고, 문화사랑방에서 '96가을맞이 풍물공연'이 있었다.

1997년에는 여주풍물보존회의 행사로 '목아 박찬수 인간문화재 지정 기념공연', '제3회 여주풍물보존회 정기공연', '여주군민의 날 축하공연'이 있었고, 여주대 풍물패의 '열림굿 전수'가 있었다. 그리고 풍물패 '다스름'에서 1997년에서 2003년까지 '우리누리 좋을씨구'를 정기 공연하였다. 1998년에는 여주풍물보존회에서 각급 학교 순회공연을 하였다. 대상 학교는 오산초등학교, 금당초등학교, 오학초등학교, 여강중학교 등이다. 그리고 제4회 여주풍물보존회 정기 공연이 있었다. 1999년에는 여주풍물보존회에서 도자기축제 개막행사 고신제, 천태종 제등행렬 길놀이 등의 행사를 가졌다. 그리고 전년도에 이어 학교 순회공연을 실시하였다. 대상 학교는 금당초등학교, 강천초등학교, 오산초등학교, 매류초등학교, 문장초등학교 등이다.

2000년에는 여주풍물보존회에서 문화의 거리 공연을 가졌다. 여주대, 한림대, 장안대, 여주여고, 여주여중, 터에서 '여름전수'와 '겨울전수'를 행하였다. '다스름'에서는 5월 5일에 '꾸러기한마당 축하공연'이 있었다. 2001년에는 여주풍물보존회에서 문화의 거리 축제 공연, 도자기 박람회 공연, 여주풍물 한마당, 여름 전수, 겨울 전수 등의 행사를 가졌다. 그리고 '다스름'에서는 '도자기 축제 축하공연', '우리누리 좋을씨구', '휘얼 훨 날려보세' 등의 행사를 가졌다. 2002년에는 여주풍물보존회에서 여주대, 한림대, 장안대, 여주여고, 여주여중, 터를 대상으로 '여름전수'와 '겨울전수'를 하였다. 그 외도 제5회 민족예술제 공연, 여주풍물 한마당 등의 행사를 하였다. 2003년에는 여주풍물보존회에서 제6회 대보름 한마당 공연, 문화의 거리축제 공연을 하였다. 그리고 7월부터 8월까지 여주대, 한림대, 장안대, 여주여고, 여주여중 등지에서 '여름전수'를 하였다. 풍물패 '타래'에서는 홍천한살림 단오제, 임진강 통일대동굿, 문화의 거리축제 공연을 하였다.

여주지역의 양악(洋樂) 활동을 보면 1989년에는 '여주군 어머니 합창단'이 창단되어 지휘자 신현영을 중심으로 창단 연주를 하였다. 1990년, 1991년까지 세종국악당에서 3회의 공연을 가졌으나 더 이상 지속적인 활동을 하지 않았다. 1996년에는 지역 내의 고등학생들이 모임을 갖기 시작했고, 1997년에는 '음악사랑'이라는 동아리를 구성하였다. 그리고 2003년 7월에는 2년여의 준비 끝에 '한국음악협회 여주지부'가 창립되었다. 박성숙, 신현영의 주도로 협회가 창립되었으며, 초대지부장은 성악가 김창욱이 추대되었다.

'음악사랑'에서는 매년 4월 신입생 환영회, 5월 청소년 장기자랑, 8월 회원 캠프, 11월 정기 공연 등의 행사를 진행하였다. 1998년에는 세종국악당에서 제1회 음악사랑 정기공연을 하였다. 1999년에는 이 모임에서 소년소녀가장 자매결연 행사공연, 관내 학교 예술제 공연, 제2회 음악사랑 정기공연 등의 행사를 하였다. 2000년 3월에는 관내 학교의 교사들이 여주교사 그룹사운드 '푸른 솔'을 창단하였다. 구성원은 2003년 현재 권기연·김진명·박병윤·김진규·안재일·김창호 등이다.

2000년에는 '여주군민을 위한 작은 음악회', '여주군 제2건국 워크샵 해변음악회', '장애인 위안잔치 공연', '음악사랑 제3회 정기공연' 등의 행사를 진행하였다. 2001년에는 '여주청소년 오케스트라'가 창단되어 단장 박성숙을 중심으로 활동을 시작하였다. 이로써 지역 음악 문화가 활기를 띠었으며 한층 발전된 모습을 보여주었다. 2001년에는 '푸른 솔'이 '여주군민을 위한 작은음악회', '여주도자기 엑스포 기념공연'을 하였다. '음악사랑'은 '제4회 정기공연', '도자기박람회 청소년 행사'를, 여주청소년 오케스트라가 여성의 날 식후 초청연주를 갖은 바 있다.
　2002년에는 '푸른 솔'에서 '세종문화큰잔치 음악공연', '오순절 평화의 마을 위안잔치 공연'을 가졌다. '음악사랑'에서는 '청소년 상담실 개소 4주년 기념공연'을, 여주청소년 오케스트라는 '제2회 정기연주회', '청소년 동아리 페스티발 초청연주' 등의 행사를 하였다. 2003년에는 음악협회의 창립으로 지역의 음악문화는 한층 발전할 수 있는 계기를 마련했고, 기존 단체들의 활동도 좀더 활성화된 모습을 보여주었다.
　"사단법인 한국민족 예술인총연합"은 1988년 12월 23일 창립되어 민족문화의 전통을 올바르게 계승하고 민족통일의 시대를 열어 나갈 것을 선포하였다. 여주지역에는 1995년경부터 민예총 활동의 공감대가 형성되어 같은 해 9월 이학민, 최창석, 김남준 등이 준비 모임을 시작하였고, 미술, 풍물, 문학, 연극 등의 갈래 모임이 형성되었다. 1998년 4월 19일 창립 준비위원장에 이학민, 준비위 사무국에 김남준을 선출하면서 민예총 여주지부 설립을 위한 행보를 시작하였다. 이러한 활동에 힘입어 1998년 9월 26일 사단법인 한국민족예술인총연합 여주지부 창립총회를 가졌다. 초대지부장에 고석근, 사무국장에 김남준을 선출하고 10월 11일에는 군민회관 광장에서 창립기념예술제를 거행하였다. 이어서 제2대지부장에 최창석, 사무국장에 박희진, 제3대지부장에 최창석, 사무국장에 박관우, 제4대지부장에 전기중, 사무국장에 박관우 등이 선출되어 민예총은 지역문화 활성화에 크게 이바지하였다.

주요 사업으로는 '대보름 한마당', '문화의 거리축제', '민족 예술제', '어려운 이웃돕기', '초청 강연회 및 시화전' 등을 정기적 또는 부정기적으로 행하였다. '대보름 한마당'은 1998년 정월대보름부터 여주종고에서 문화원과 함께 개최하였다. 이 행사에는 '체험마당', '달집태우기'를 동시에 거행한다. 회차가 거듭될수록 주민들의 호응도가 증가하였고, 군 당국의 관심과 지원도 높아져서, 이제는 여주군의 새해 벽두를 여는 대표적인 행사로 자리 잡았다.

'문화의 거리축제'는 2000년 7월에 시작되었다. 여주군의 지원 사업으로 하리 일대의 강변에 조성되었다. 이 문화의 거리에서는 공연과 체험이 어우러지는 거리축제가 실행된다. 행사 내용은 풍물 및 연극공연, 도자기 물레시연, 얼굴초상화 그려주기, 가훈 써주기 등 다양하다. 그러나 지원되는 예산의 한계로 1년에 두세 차례밖에 치루지 못하는 아쉬움이 있다.

'민족 예술제'는 민예총 여주지부의 출범과 함께 시행되는 행사다. 1년간 회원들이 갈고 닦은 풍물, 연극, 미술, 문학 등의 작품을 들고 나와 군민에게 선보이는 행사다. 처음에는 군민회관 광장에서 소규모로 실시했으나, 이제는 도자기엑스포장, 세종국악당, 명성황후생가 문예관 등지에서 2·3일간에 걸쳐 진행한다.

'어려운 이웃돕기' 행사는 지역의 도예, 회화, 조각, 사진, 서예, 목공예 작가들로부터 작품을 기증받아 전시한다. 이 작품들을 판매해서 얻은 수익금으로 어려움에 처한 동료 예술인을 돕는 사업이다. '시인 초청 강연회'는 2003년 봄에 신경림 시인을 초청하여 군민회관에서 실시하였다. "시를 읽는 즐거움"이란 주제로 행한 이 행사에는 군민과 학생 300여 명이 참여하였다. 2003년 가을에는 여주 출신 김동환 시인을 초청하여 군민회관에서 시화전을 개최하였다. 그 수익금은 어려운 이웃돕기에 사용하였다. 이처럼 여주지역 예술 활동의 성립과 활동 상황을 정리하고 마무리하면서 남은 과제 몇 가지를 제시하면 다음과 같다.

① 예총 산하에는 문인협회, 미술협회, 사진협회, 음악 협회 등이 있으나, 연예, 국악, 무용 등 다른 단체들도 조속히 협회 인준을 받아야 한다.
② 각 단체마다 활동 범위를 넓혀서 프로그램을 재미있고 다채롭게 해야 한다.
③ 문화 강좌를 많이 개설하려고 해도 공간이 부족한 것이 문제점이다.
④ 예술인 각자 작품의 질적 향상을 기할 수 있는 시스템이 필요하다. 다시 말해서 외부 강사를 초청하여 연수를 실시하고, 내적으로는 작품 품평회를 내실 있게 실시하는 등 자발적인 노력이 요구된다.
⑤ 선인들이 남겨준 문화유산 중에 소실된 것을 복원하는 사업이 이루어져야 한다.

⑥ 이미 작고한 선배 예술인들에 대한 현창사업이 실시되어야 한다.
⑦ 문화원이나 문예회관의 건립이 절실히 요구된다.

16. 여강 원용문의 삶과 문학

| 원로와의 대담 |

〈광진문학〉 제10호 출간을 기념하여 이번 호 '원로와의 대담'에는 광진문협 제2대 회장으로 본회 발전에 큰 힘을 기울이신, 현 명예회장 원용문 문학박사님을 모셨다.

온화하며 덕망 있는 모습으로 회원 간의 화합에 큰 결실을 거둔 분이시다.

5월초의 싱그러운 햇살이 이지출판사 사무실을 포근히 감싸는 분위기에서 장은수 수석부회장, 박도영 부회장과 이지출판사 대표 서용순 님이 참석한 가운데 대담의 자리를 마련했다. 시조학회의 거목으로 그간 발간된 저서만도 전공분야 서적 5권, 시조집 6권, 수필집 5권을 상재하신 저력을 가졌다. 앞으로 박사님의 문학을 집대성한 〈원용문 문학전집〉을 내고 싶은 포부를 밝히셨는데, 꼭 이루어지리라 생각한다.

교육계에서 평생을 봉직하시다 퇴임하셨고, 여주문화원 원장, 광진문화원 시와 시조반 강사로도 활약하시며 현재 '여강시가회' 상임 고문으로 후학양성에 심혈을 기울이고 계신다.

시조는 세계 유일의, 우리나라에서만이 있는 장르이기에 자부심을 가져야한다는 말씀에 공감이 간다. 마음을 비우고 넓게 가지니

걱정이 없어 장수할 것 같다는 원로님의 말씀처럼 건강하게 사시기를 진심으로 기원 드리며 질문에 임했다.

박도영 ▪ 선생님, 안녕하십니까? 이번 〈광진문학〉 제10호 발간을 기념하여 특집코너에 모시게 됨을 영광으로 생각합니다.
원용문 ▪ 감사합니다. 〈광진문학〉이 어느새 10호가 되었다니 광진문인협회의 위상이 높아지는 것 같은 기분이 듭니다.
박 ▪ 선생님의 고향과 어린 시절 이야기를 좀 들려주시지요?
원 ▪ 내가 태어난 곳은 여주군 강천면 대둔리였는데 김영삼 정부 시절(1996) 행정구역이 변경되어 지금은 원주시로 바뀌었지만 저는 여주 사람으로 행세하지요. 어린 시절 청운의 꿈을 품고 공부를 아주 열심히 했습니다.
　배경도, 돈도 없이 오로지 농사에 매달려 고생하시는 부모님의 전철을 밟지 말아야겠다는 결심으로 강천국민학교 대둔 분교에 다녔는데, 4학년 때부터 두각을 나타내어 선생님들로부터 인정을 받았지요. 그 후 6.25동란의 몇 년간 학교를 쉬는 사이 서당에 다녀 사서(논어, 맹자, 대학, 중용)까지 읽었습니다.
　그 기간의 공부가 지금까지 한문 실력의 초석이 되었다고 할 수 있지요.
장은수 ▪ 문학의 꿈은 언제부터 가지셨는지요?
원 ▪ 전쟁과 어수선한 사회 분위기의 그 시절 '학원'이나 '야담' 같은 책을 빌어다가 읽었고, 고전소설 즉 이야기책도 많이 읽었습니다. 그때 제가 낭송자로서 동네 아녀자나 노인들에게 낭독해주면 모두 즐거워하며 세상시름을 잊곤 했지요.
　어려서부터 제가 가장 잘 할 수 있는 일이 독서와 공부였고, 책을 좋아하는 성정이 자연스레 문학과 연관이 된 것 같습니다. 중학교는 문막, 고등학교는 서울에 올라와 중동고등학교를 다녔는데, 국어, 국문학사, 문법, 작문, 고문 분야에선 독보적인 위치에서 최고라는 찬사를 받았지요. 그리고 보면 어릴 적부터의 독서습관이 문학으로의 길잡이가 된 것 같습니다.

박 ▪ 여강(如江)이란 호를 갖게 된 연유는 무엇입니까?

원 ▪ 호는 원래 자기 고향의 산이나 강 이름을 따서 짓는 경우가 많지요. 내 고향 여주를 관통하는 강이 여강이고, '강처럼 순리대로 살자'는 뜻으로 지은 자작 호입니다. 한자 획수가 13획인데 본시 '13획은 학문과 예술에 대성할 획수' 라는 말이 있지요. 마음에 드는 호라 말할 수 있습니다.

장 ▪ 등단시기와 문학 여러 장르 중에서 시조를 택하게 된 동기는 무엇인가요?

원 ▪ 고3 때의 옆자리 친구가 대학을 갈 때 서울대학 역사학과를 지망한다기에 나도 덩달아 같은 과에 원서를 내려는 찰나, 평소 나의 적성에 맞춰 국문학과에 지망하게 되었지요. 대학졸업 후 처음 발령 난 곳이 원주 대성고등학교였고, 그 후 배명, 진명, 행당여중, 관악고교 등 여러 학교를 옮겨 다녔습니다. 그런데 진명여고에서 교편을 잡을 때 시조시인 이우종 선생을 만나게 되었습니다. 그분의 권유로 제가 시조의 길로 접어들게 되었습니다. 그래서 1975년 관악고등학교 재직시절 같은 해 「월간문학」 8월호에 '사슴기'라는 작품이 신인상에 당선되어 문단에 나오게 된 것입니다. 그러니까 벌써 등단한지 33년이 되었네요.

사슴기

아쉬운 뜻 늘 머물러 만지면 출렁이는 강
문득 꿈이 저문데
삶하 끈질긴 삶하
띠처럼 세월을 두르고 구비치는 저 한을....

산다(山茶) 꽃 몸 씻는 소리 바람 일 듯 뛰는 가슴
끝없이 맴도는 미망(迷妄)
파문만 겹겹이 찬다
한 자락 미소를 기루어 허위허위 뛰는 너.

새벽을 적시고 가는 목이 긴 회귀의 넋
달랠수록 크는 아픔 지긋이 잇새에 문다
물 위에 뜨는 제 모습
봄은 사뭇
머흘레.

박 ▪ 박사학위는 언제 취득하셨으며 학위 논문의 주제는 무엇이었나요?

원 ▪ 1976년 고려대 교육대학원에 들어가서 석사 졸업 후 다시 박사학위 과정에 도전하기 위하여 입학 시험공부를 시작하였습니다. 1978년 대전보건전문대학에서 교양 국어를 가르쳤는데, 환경과 여건이 공부하기에 좋은 조건이라 열심히 입시 공부를 했습니다. 그래서 1979년에 고려대 대학원 박사과정에 입학하게 되었습니다. 그 당시 국문학과에서는 5명을 선발하였는데, 몇 대 일의 경쟁을 뚫고 합격하였습니다. 그 당시의 기쁨은 이루 표현할 수 없을 정도로 대단하였습니다. 그리고 저는 고전시가 전공이라 고산 윤선도의 작품 세계를 연구해서 박사학위를 받았습니다. 논문 제목은 '윤선도 문학 연구'입니다.

박 ▪ 박사님이 존경하는 문인들과 시조의 정의는 무엇이라고 말할 수 있을까요?

원 ▪ 존경하는 문인을 고대로 올라가서는 박사학위의 주제였던 윤선도라 할 수 있고, 내려 와서는 진명여고에 계셨던 이우종 선생과 이화여대에 계셨던 월하 리태극 선생 등을 들 수 있지요. 그리고 시조에 대한 정의는 사람마다 약간씩 다르게 이야기하고 있는데, 저는 저의 저서 「시조문학원론」에서 다음과 같이 정의를 내린 바 있습니다. "시조는 고려 말경 유학자들에 의하여 만들어지고 가장 오랜 생명력을 지니면서 전승되어 오는 우리 민족 고유의 전통시가다. 아울러 3·4조 또는 4·4조를 기본 율조로 하고, 우리 민족의 사상, 감정, 체험 등을 담기에 가장 알맞은 그릇으로서, 그 형식은 3장 6구 12절의 정연한 형태를 가진 정형시이다."라고

장 ▪ 시조, 시의 경계를 구분 짓자면 어떤 점들을 들 수 있을런지요?

원 ▪ 시조와 현대시는 공통점이 많습니다. 그러나 큰 차이라고 한다면 '형식'을 들 수 있지만 '율격(리듬)'에선 확연한 차이가 나지요. 자유시는 그야말로 자유, 시조는 3장 6구 12음보를 잘 지켜야 합니다. 차이점을 구분해보자면 자유시와 현대시의 뿌리는 서양이기에 집으로 치자면 양옥이요, 음식으로 치자면 양식에 비유될 수 있지요. 하지만 시조의 뿌리는 엄연히 한국이요, 한옥에 한식, 된장찌개로 표현하면 엇비슷한 표현이 아닐까 싶습니다. 율격에서 시는 내재율, 시조는 외형률이며 음보도 정해져 있고 특히 종장처리를

잘해야 합니다. 시나 시조는 응축력이 강해야 하며, 공통점이라면 시나 시조나 표현을 잘해야 된다는 점이지요.

장▪ 고시조와 현대시조를 비교한다면 어떤 점이 다르며, 현대시조의 방향제시에 대하여 조언을 해 주신다면?

원▪ 고시조와 현대시조는 확연히 구분된다고 볼 수 있지요. 몇 가지 다른 점들을 열거하자면 아래와 같은 사항들입니다.

　　ㅇ. 고시조는 창으로 부를 수 있는, 음악성을 중요시 한다.
　　ㅇ. 인명, 지명 등 중국 영향이 크다.
　　ㅇ. 종장 첫머리에 '어즈버' '아해야' 등의 감탄사를 쓴다.
　　ㅇ. 정격을 잘 지킨다.
　　ㅇ. 작품의 제목이 없는 게 많다.

　　ㅇ. 현대시조는 음악성과는 결별이 된다.
　　ㅇ. 중국과는 결별, 서양 냄새가 난다.
　　ㅇ. 파격적이다.
　　ㅇ. 감탄사를 생략한다.
　　ㅇ. 제목이 다 있다.

그리고 현대시조의 방향 제시는 구태여 따로 하지 않아도 시대변천에 따라 변하게 되어 있습니다. 일제시대의 시조가 다르고 5, 60년대의 시조가 다르며 오늘날 2천 년대의 시조가 많이 다릅니다. 그러니까 구태여 방향 제시를 하지 않더라도 자연적으로 그 시대의 시대감각을 잘 표현하는 시조로 발전되리라 생각합니다.

박▪ 윤선도를 박사학위 논문의 테마로 선택한 이유가 궁금합니다만?

원▪ 윤선도의 생애, 즉 은은하면서도 인간적인 냄새가 짙어 매력을 느꼈습니다. 또한 그분의 시조가 너무 감동적이고 좋았습니다. 그래서 그분에 대한 작가론, 시조작품론, 한시론, 문학사적 의의 등 종합적인 연구를 하게 되었습니다. 학위 공부와 시조 공부를 하면서 저는 월하 리태극 선생님과 닮은 점이 많다고 생각했습니다. 그분이 저의 은사이기도 하시지만 저는 그분을 제 인생의 모델로 삼아, 그분의 뒤를 잇는 후계자가 되기를 은근히 바랐던 것입니다.

장▪ 보령에 있는 개화예술공원 즉 '한국육필시공원'에 선생님의 시가 일차로 시비로 세워졌는데 소개를 좀 해 주실 수 있겠습니까?

원▪ '군밤' 이라는 제목의 시조인데 소개를 하겠습니다.

군 밤

군밤 한 봉지 사들고
추억에 젖어본다

화롯가에 둘러앉아
이야기 꽃 피운 유년

그 밤알 익어가듯이
무르익던 꿈이여.

추위를 구워냈나
아랫목은 따뜻해지고

펑펑 내린 눈처럼
마음의 눈 내리더니

소복이 쌓인 행복을
　　　덮고 누운 고향 산천.

　장 ■ 그간 발간된 저서가 다수라고 알고 있습니다. 저서 소개를 좀 해주십시오.

　원 ■ 시조집으로는 〈여름일기〉〈신록 앞에서〉〈그리움의 미학〉〈거울 보는 연습〉〈시간의 징검다리〉〈아버지의 땅〉〈우물 속의 사랑-편저〉 수필집은 〈선택받지 못한 사람〉〈만나보고 싶은 얼굴〉〈우리역사 탐방기〉〈흐르는 강물처럼〉 등입니다.

　박 ■ 많은 저서를 내셨군요. 앞으로 꼭 해보고 싶은 일이라면 무엇일까요?

　원 ■ 40여 년 간을 교육계에 몸담아 왔습니다. 그간의 경험과 지식을 살려 나의 작품을 집대성한 〈원용문 문학전집〉을 만들고 싶은 포부를 가지고 있습니다.

　그 꿈을 위해 서서히 준비를 하고 있습니다.

　장 ■ 광진문화원의 '시와 시조반'에서 후배를 양성하고 계시는데, 앞으로의 계획이 있으시다면 무엇일까요?

　원 ■ 시조는 우리나라가 시초라고도 할 수 있는 세계 유일무이한 문학 장르입니다. 시조를 보급해야할 의무를 느끼지만 마땅히 배울 만한 곳이 없어요.

　'여강시가회'를 구성하여 시조 보급에 전력을 다하고 있는데, 그 여강시가회의 구성원은 교원대의 제자들과 광진문화원을 통하여 배출한 후학들로 이루어졌습니다. 하여간에 제 자신이 시조를 쓰는 일도 중요하지만, 시조를 보급하고 전파하는 일도 중요하기 때문에 앞으로도 계속해서 시조 가르치는 일을 열심히 할 생각입니다.

서용순▪ 장시간 여러 가지 질문에 응답해주셔서 감사드립니다. 하시고자 하는 꿈을 속히 이루시고, 건강하시며 즐겁고 평안한 삶 누리시기를 기원 드립니다.

17. 여주 문화계의 대부

| 여주 100인 릴레이 인터뷰 |

1994년 출범한 여주문인협회 창립 멤버이자 초대, 2대, 3대 지부장을 역임하고, 현재 제8대 여주문화원장으로 일하고 있는 원용문 여주문화원장. 원용문 문화원장은 1966년 서울대 국어국문학과를 졸업하고, 원주 대성고등학교에서 첫 교직생활을 시작했다. 이후 끝없는 학구열과 작품에 대한 열정으로 1978년 고려대학교 교육대학원 석사과정을 졸업하고, 이어 1988년 고전문학 시가 전공으로 고려대학교 대학원 박사과정을 이수함으로써 문학박사가 됐다. 한국교원대학교 제2대학 학장까지 역임했던 원용문 문화원장은 그동안 70편이 넘는 논문과 15권의 저서를 집필했을 뿐만 아니라, 7명의 박사와 100여 명이 넘는 석사를 배출하기도 했다. 그는 2004년 2월 정년퇴임 이후 지금까지도 후학 양성을 위해 서울 광진문화원에서 강의를 계속하고 있다.

또한 고희의 나이에도 작품 창작 활동을 꾸준히 하고 있어 오는 10일 여주군민의 날 행사에서 제15회 여주군문화상을 수상하게 됐다. 지난 2004년 정년퇴임과 함께 정기총회에서 만장일치로 제8대 여주문화원장에 추대된 이후, 여주문화 발전을 위해 많은 노력을 하고 있는 여주문화계의 대부 원용문 문화원장을 만나봤다. [편집자 주]

　－ 여주문화원의 역할은?

▪ 문화 자체가 너무 광범위해 여주문화원의 역할을 함축해서 말하기가 쉽지 않다. 그래도 요약해서 말한다면 여주지역에 전해져 내려오는 문화를 보존 계승시키고, 새로운 문화를 개척함으로써 여주문화를 확대 발전시켜 나가는 것이 여주문화원의 목적이다.

　－ 문화원장으로 재임하면서 가장 보람을 느꼈던 사업은?

▪ 여주는 묵사(墨史) 류주현(1921～1982, 능서면 번도리)이라는 훌륭한 소설가가 태어난 곳이다. 그는 〈남한산성〉, 〈장씨 일가〉 등을 비롯한 중·단편소설 100여 편과 〈조선총독부〉, 〈대원군〉 등의 장편소설 30여 편을 남겼으며, 한국소설가협회 창립 초대 회장으로, 아시아 자유문학상, 대한민국 문화예술상, 한국출판문화상을 수상하는 등 실록대하소설과 역사소설의 새 지평을 열었다는 평을 받고 있다.

　그럼에도 불구하고 여주에는 류주현 선생에 대한 아무런 기념사업이 없었다. 재임 중 류주현문학상 운영위원회를 구성해 류주현문학상을 만들어 2005년부터 시상을 하기 시작했다. 류주현문학상은 올해로 3회째를 맞고 있으며, 현재 3회 수상자를 심사 중에 있고, 10월 중으로 시상을 할 예정이다. 기존에 없었던 류주현문학상을 만들어 여주 문학 발전에 기여한 것에 보람을 많이 느끼고 있다.

― 여주문화원장으로 꼭 하고 싶은 일이 있다면?

- 재임 기간 중 북내면 상교리에 있는 고달사 복원 사업의 기틀을 마련해 놓고 싶다. 고달사는 신라 35대 경덕왕 23년에 창건된 절로(764년) 국보 4호인 고달사지 부도와 보물 7호인 원종대사혜진탑 등 많은 문화재가 있는 곳이다. 현재 조계종과 태고종에서 고달사 복원을 희망하고 있으며, 고달사 복원추진위원회(회장 원용문 문화원장)에서 복원 사업을 추진할 사업자를 심의하고 있다.

  지금은 발굴 작업이 종료되지 않아 복원이 불가능하지만 복원 사업자가 선정되면 발굴 작업에도 박차를 가할 수 있을 것으로 기대한다. 이 외에도 청심루, 파사성, 류주현 생가 등 복원해야 할 소실된 문화재가 많이 있다. 소실된 문화재를 복원함으로써 여주를 찾는 관광객들에게 더 많은 볼거리를 제공한다면 여주의 문화관광사업도 더욱 활성화 될 것이다.

― 여주문화원의 숙원사업이 있다면?

- 여러 곳을 다녀 봐도 문화원 건물이 없는 곳이 여주 외에는 거의 없다. 여주에도 다양한 문화강좌를 개설할 수 있도록 하루

빨리 여주문화원 건물이 생겨야 한다. 다양한 문화강좌 개설을 통해 여주군민들의 문화적 욕구를 충족시켜 주려고 해도 마땅한 강의 공간이 없어 못하고 있는 것이 안타깝다. 여주군에서도 여주군민들의 삶의 질 향상을 위해 적극적인 관심을 가져주길 바란다.

― 아직까지도 후학 양성을 위해 강의를 하고 있다고 들었는데?

- 현재 서울 광진문화원에 '시와 시조' 강좌가 개설돼 있어 매주 목요일 강의를 하고 있다. 먼저 학생들에게 시조를 써 오도록 한 다음 그 시조를 바탕으로 이론을 가르치는 방법으로, 이론을 위한 이론보다는 실제 작품 활동에 도움이 되는 이론을 가르치려고 애쓰고 있다. 여주에도 문화원 건물이 생겨 강의 여건이 마련된다면, 강좌를 개설해 강의를 할 계획이다.

  제자를 길러내는 일과 작품 창작활동은 내 기력이 다하는 날까지 해야 할 나의 숙명이다.

― 많은 논문을 집필한 것으로 아는데, 가장 애착이 가는 논문은?

- 시조 형식에 대한 논의(1991)라는 논문에서, 시조의 형식이 성리학의 기본원리에 의해 만들어졌다는 내용을 발표했다. 3줄로 돼 있는 시조 형식이 천(天), 지(地), 인(人)을 기본으로 하는 성리학의 원리에서 왔다는 내용과 함께 고려 말 유학자 우탁(1263-1342)이 최초의 시조작가라는 학설을 펴내 학계의 주

목을 받았다.

또한 '원호와 원생몽유록'(1996)이라는 논문에서 원생몽유록이 생육신 원호의 작품이라는 학설을 발표했다. 당시 선조 때 임제가 원생몽유록을 지었다는 '임제설'이 지배적이었는데, '원호설'을 펴냄으로써 지금은 학계가 원호설로 많이 기울어져 있는 상태다.

― 제15회 여주군문화상 수상자로 선정됐는데 소감은?

▪ 많은 상을 받아봤지만 여주 사람으로서 내 고장 여주에서 문화상을 수상하게 돼 더 없이 기쁘다. 앞으로 여주문화 발전을 위해 더욱 헌신하라는 의미로 받아들이고, 여주문화상 수상자로서 부끄러움이 없도록 최선을 다할 것이다.

― 마지막으로 지역에서 작품 활동하고 있는 후배 문인 및 예술인들에게 하고 싶은 말은?

▪ 문인이든 도예인이든 예술인이든 작가는 작품으로 말해야 한다. 여주에서만 알아주는 여주의 작가로 남지 말고 더욱더 좋은 작품을 만들어내기 위해 끊임없이 노력해야 한다. 전국 나아가 전 세계에서 인정받는 여주 출신 작가가 더욱 많이 배출되기를 기대하며 여주문화원도 그러한 여건이 될 수 있도록 최대한 노력할 것이다.

대담 이성주 기자 | 사진 정은숙 기자

＊이 대담은 2007년 10월 5일 금요일 '여홍신문' 제 18호에 실린 것을 그대로 옮긴 것입니다.

18. 원용문(元容文) 원로 시조시인을 찾아서

| 명인 탐방 | 이 시대의 진정한 시조 전도사(傳道師)

이광녕(李廣寧)

교원대 교수로 인문대학장을 지내시고 여주문화원장을 거쳐 광진문화원에서 후학들에게 시조를 가르치고 계신 원로 시조시인 원용문 선생님을 찾아뵙는 일은 일찍부터 가슴 설레는 일이었다. 시조문단에서는 가끔 뵙는 편이지만, 학문과 시창작의 요람인 가정을 방문한다는 것은 선생님의 본모습에 대한 궁금증을 풀어주고 얻어갈 것이 많을 것 같아 크게 기대되기 때문이었다.

물어물어 찾아간 광진구 초행길에 선생님은 벌써 길가에 나오셔서 반갑게 맞이해 주셨다. 고풍스런 기둥이 내리뻗은 독특한 건축양식의 현관으로 들어서니 강아지가 꼬리를 흔드는데 선생님의 서재로 들어서니 방안 가득히 사방으로 둘러싸인 엄청난 양의 책들이 책벽을 이루어 마치 빽빽한 서림(書林)에 들어온 듯하였다.

― 요즘 선생님의 건강과 여가 선용은 어떻게 하시며 근황은 어떠신지요?

• 우선 여기까지 방문해 줘서 기쁘고 요즘은 일상적으로 하루 40분내지 1시간 정도 늘 걷기 운동을 합니다. 이것은 규칙적으로 무슨 일이 있어도 매일 철저히 이행하고 있습니다. 그리고 건강식품도 꼭 챙겨먹지요. 최근에는 각종 세미나 참석. 후학들

과 함께 문학기행 다녀오기, 각종 문학심포지엄 참석, 이우종 선생 10주기추모식 참석, 그리고 몇몇 시인들의 시조집 서평 쓰기, 작품 집필과 출강하기, 여주생가 방문 등으로 매우 바쁜 일정을 보내고 있었지요. 특히 지난 번 모처럼 여주 생가를 방문했을 때에는 그곳 동네분들이나 거기 살고 있는 친척분들의 극진한 환대를 받고 무척 감동을 받았습니다.

그런 철저한 건강관리 때문인지 선생님은 젊은이보다 더 건장하시고 탄탄하신 모습이시었다. 그리고 아직도 젊은이 못지않은 열정으로 각종 문학 활동과 집필, 강의 활동에 온 정열을 쏟으시는 모습이 퍽 인상적이어서 후배들에게 참으로 훌륭한 귀감이 되어 보이셨다.

― 선생님의 오늘이 있기까지 밑거름이 된 성장과정과 문학과의 인연을 듣고 싶습니다.

▪ 저는 여주 대둔리 농부의 아들로 5남매 중 장남으로 태어났습니다. 그런데 유소년 때는 극심한 가난과 농사일 때문에 무척 애를 먹었지요. 부모님은 가정형편이 어려우니 공부는 걷어치우고 우선 농사일부터 도와야 한다고 하시면서 책을 불태워버리는 등 속상한 일이 많았지요. 그러나 저는 부모님의 전철은 밟지 않겠다고 단단히 결심을 하고 궁핍한 현실을 탈출하는 길은 오로지 공부밖에는 없다고 생각하고 공부에만 매달렸지요. 그리하여 결국 당시에 입학시험 4대1 비율인 원주농업중학교에 합격을 하고 다니다가 얼마 안 있어 곧 6·25사변이 터졌는

데 그 바람에 학교는 휴교령이 내렸습니다. 6·25후 다시 학교를 다니려고 했는데 부모님께서 형편상 학교 나가는 것을 반대하시는 바람에 결국 동네 서당(書堂)에 나가 한문공부만 하게 되었습니다. 사서삼경(四書三經)을 배우고 붓글씨도 배우고 이 때 한시(漢詩)짓기도 배웠습니다. 그런데 놀라운 일은 이때 배운 한시공부가 제 문학인생의 계기요 밑거름이 되었다는 것입니다. 나중에 중학교에 다시 들어가서 국어를 배우는데 서당한시를 통하여 한문을 많이 터득하여 놓았으므로 얼마나 공부가 수월한지 참으로 학교 공부가 재미 있고 쉬웠습니다. 서당에 다닌 것이 오히려 전화위복(轉禍爲福)의 계기가 된 셈이지요. 그리고 그때 배운 한시짓기의 영향을 받아 시인이 되고 고전문학을 전공하게 되고 고전시가를 연구하여 교수가 되기에 이르게 된 것입니다. 돌이켜 보면, 혼자 자취하면서 밤늦도록 공부하고 또 새벽 일찍 일어나 공부하는 바람에 너무나 지쳐서 코피 터지는 일이 다반사였습니다.

선생님의 말씀을 들으니 명사(名士)의 뒤에는 역시 숱한 고난과 역경의 연속이 점철되어 있었다는 것을 알 수 있었다. 또한 그러한 시련과정이 인생 성공의 밑거름이 되었으며 오히려 전화위복의 계기가 되었음을 선생님을 통해서 확인할 수가 있었다.

― 선생님의 문단 입문의 계기와 보람 있는 저서나 작품은 무엇이라 생각하십니까?

▪ 저는 젊을 시절 국어교사로서 학생들을 많이 가르쳤습니다. 근무 학교는 원주대성고, 배명고, 진명여고, 행당여중, 관악고 등이지요. 그런데 놀라운 것은 진명여고에서 유동 이우종선생님을 만났다는 것입니다. 이 만남은 참으로 저의 일생에서 운명적 만남이었습니다. 이우종 선생님은 같은 국어교사인 저에게 시조쓰기를 권면하셨지요. 그래서 저는 그때부터 시조를 만나게 되었던 것입니다. 이우종 선생님은 저에게 시조시인이 될 수 있도록 인도하셨으니 참으로 저의 인생으로 보아서는 실로 운명적인 인연이었습니다. 그래서 저는 1975년에 등단하게 되었고 지금까지 35년이 되었습니다.

그리고 대학 교수시절 누구보다도 많은 논문을 써서 연구업적을 쌓았습니다만, 그중 보람 있는 논문 하나를 예로 들자면, 논문 〈원생몽유록〉의 작자에 대해서 문제제기한 사실입니다. 황패강 교수는 〈원생몽유록(元生夢遊錄)〉의 작자가 임제(林悌)라고 주장했지마는 저는 임제가 아니라 생육신(生六臣)의 한 분이신 원호(元昊·1397~1463)라고 주장하는 논문을 발표했습니다. 원호는 저의 조상이기도 하기에 이 논문은 더욱 의미 있었고 그 가치는 더 소중했습니다. 처음엔 임제로 굳어졌었지만 지금은 저의 논문 영향으로 그 진실이 밝혀져 많이 원호(元昊) 쪽으로 돌아선 상태입니다.

선생님의 말씀을 들으니 박재삼 시인이 삼천포여중에서 어렵게 사환으로 근무할 당시 국어교사이던 초정 김상옥 선생님을 만나 유명시인이 된 인연이 떠올랐다. 이렇게 인생에서 만남의 인연이란 운명을 결정짓는 가장 결정적 계기라는 점을 선생님을 통하여 다시 한 번 확인할 수 있었다. 그리고 관습적 판단이나 학술적 오류로 그냥 지나쳐서 묻혀지기 쉬운 이론과 학설이 많은데 이에 대한 확실한 진실규명은 학자들의 몫이며, 시인들도 이를 위한 집중적 탐구와 연구의 필요성을 절감하면서 창작활동을 해야 할 필요가 있다고 느꼈다.

― 시조기원설(時調起源說)에 대하여 학계에서는 대체로 향가기원설(鄕歌起源說)이 정설로 알려지고 있는데, 선생님은 선생님의 저서 〈시조문학원론〉에서 시조의 기원설을 "역학기원설(易學起源說)"로 주장하셨는데 그에 대한 논리적 근거가 궁금합니다. 간단히 말씀해 주시기 바랍니다.

■ 아시다시피 성리학(性理學)은 주역(周易)에서 왔습니다. 고려 말 안향(安珦)이 성리학을 받아들인 최초의 인물이고, 그 뒤를 따라 우탁(禹倬)이 그 성리학을 연구 해득하여 널리 전파하였습니다. 이러한 성리학의 바탕은 주역(周易)이고, 주역의 원리는 천지인(天地人) 삼재설(三才說)과 음양오행설(陰陽五行說)이라 할 수 있습니다. 한 마디로 3장6구 12절의 시조형식은 이 천지인 삼재설과 음양오행설과 같은 성리학이나 역학의 원리를 본따서 만들었다는 것이 저의 생각입니다. 주역에는 천지인(天地人) 3재(三才)와 6효(六爻)가 있는데, 시조의 3장(章)은 '天地人 三才'에서, 6구(句)는 주역의 '六爻'의 원리를 본따서 만든 것입니다. 천지인 3가지를 각각 두 爻씩으로 상징하

여 6爻가 되는 것이며, 6爻라는 것은 爻가 모여서 卦가 되며, 하늘과 땅과 사람의 법칙을 보인 것입니다. 주역이란 내용이 넓고 커서 모든 것을 구비하며 천지인의 법칙이 모두 그 속에 포함되어 있습니다. 그러므로 시조 3장6구 12절의 형식은 성리학의 대가가 아니고서는 그 형식을 창안해 낼 수 없다고 보는 것입니다. 우리문화는 역학이요 성리학에서 영향을 받았다고 하는 것은 주지의 사실입니다.

  향가기원설이 많은 이들의 지지를 받고 있는데, 이두(吏讀)로 되어 있는 향가를 당시에 삼국유사의 작가 일연(一然)정도는 해독해 낼 수 있었겠지만, 고려말에 다른 사람들은 과연 해독해 낼 수 있었겠느냐 하는 의문이 들기에 향가기원설을 부정하는 입장입니다. 이 학설은 시조의 향가기원설을 주장하신 월하선생님께서도 크게 관심을 가지셨고 제가 월하시조문학상을 받는데도 크게 작용을 했습니다.

향가기원설을 지지하는 질문자의 입장으로서 선생님의 말씀을 들으니 앞으로도 더 심층 연구해야할 국문학분야가 참 많구나 하는 생각이 들었다. 그리고 역학이 우리 생활문화와 정신문화에 끼친 영향이 참으로 지대하다는 것을 새삼 깨닫게 되었다.

― 현재 시조문단은 전통을 고수하려는 보수 계열과 현대적 혁신을 도모하려는 신진 진보계열의 두 분파로 은연중에 양분되어 있다고 볼 수도 있습니다. 시조문단의 현실과 당면과제에 대한 선생님의 견해를 말씀해 주시기 바랍니다.

▪ 상당히 중요한 질문입니다. 작금의 시조문단을 볼 때, 보수와 진보의 양쪽 다 문제가 있다고 봅니다. 다는 그런 것이 아니지만 보수는 전통고수라는 집착 하에 고작해야 글자수만 세고 앉아서 자수율만 따지고, 고정된 자수틀에 글자수가 조금 넘치거나 모자라면 파격이라고 우기고 있는 한심한 작가들도 있습니다. 이는 하이꾸나 한시보다 폼이 넉넉하고 다소 여유 있는 우리 전통시조를 잘 모르는 데서 오는 소치입니다. 우리말은 교착어이며 어미와 조사가 발달되어 있어 고정된 자수틀에서 앞뒤 가변적 여유가 원천적으로 있는 말입니다. 그러므로 하이꾸나 한시처럼 고정된 틀로 못 박아 둘 수 없고 그래서 자수율 아닌 음보율도 나오고 음량률이라는 말도 나오는 것입니다. 변화하는 시대에 발맞춰 우리의 시조도 주어진 여건의 틀 안에서 운용의 묘를 살리고 내용의 변화 등으로 시대에 걸맞도록 변모해야 하는 것입니다.

그리고 진보적 경향을 지닌 시조시인들도 문제가 심각합니다. 요즘 보면 소위 실험시라는 미명하에 지나친 파격을 일삼는 시인들이 많습니다. 실험은 실험성의 범위 내에서만 끝나야지 시조의 정통성까지 무너뜨리면 시조는 사멸하고 말 것이기 때문입니다. 어떤 시조는 이게 시조인지 자유시인지 도저히 분별할 수 없는 것들이 허다합니다. 시조집에 있으니까 시조이지 다른 시집에 있으면 자유시가 되는 것입니다.

그래서 시조문단의 당면과제는 고집스러운 고정관념이나 파격 행위를 삼가고 정통성을 살리면서 내용적으로는 표현기교나 시상의 확대, 그리고 시어 구상의 현대화 등으로 새로운 창작 경향을 모색해야 한다고 봅니다. 이것은 시조시인들의 양적인 팽창보다 질적인 수준을 높이라는 뜻입니다. 특히 많은 시조시인들이 작품 수준의 질을 높이려는 노력은 안하고 자신에게 무지의 병이 들어 있는 것도 모르고 자만에만 빠져 있는 현실이 안타깝습니다. 습작에 있어서는 무엇을 쓸까보다는 어떻게 쓸까라는 문제가 매우 중요하다고 봅니다.

시조단의 지도층이나 집행부에서도 보수와 진보로 양분되어 있는 시조단의 현실을 직시하고 작가모임들 간의 화합 교류나 작품의 질 향상 세미나 등을 통하여 통합과 조화를 추구하고 시조문학의 발전을 도모하는 일이 시급하다고 생각합니다.

이 부분에서 질문자가 하이꾸나 한시처럼 국제적으로 인증된 틀 잡힌 정격을 하루빨리 정립할 필요가 있지 않느냐고 반문했지만, 선생님께서는 한시나 하이꾸와 같이 고착된 기본틀을 제시하는 것은 교착어인 우리말의 특수성 때문에 불가능한 문제라고 하시면서 주어진 여유 틀(용기) 안에서의 정격 준수만을 강조하셨다. 선생님의 말씀에 공감하며 시조단의 현실문제를 함께 걱정하는 동안 시간이 가는 줄도 몰랐다.

― 후배들에게 당부하고 싶으신 말씀 있으시다면 무엇일까요?

- 첫째, 부지런히 연구하고 습작·수련하여 실력 있는 작가가 되었으면 합니다.

많은 현역 작가들은 시조의 특성이나 이론적 배경도 모르고 스스로의 작품이 최고인 척 자만에 빠져 있습니다. 전통 고수만을 고집하는 작가들은 고작 자수 맞추기식의 이식적인 습작 관행에 빠져 있고, 실험적이라는 미명하에 현대적인 스타일만을 고집하는 일부 신진작가들은 시조도 아닌 괴이한 기형적 시조를 양산하면서 정체성마저 흔들고 있으니 이러한 점들은 하루빨리 시정되어야 할 것입니다.

둘째, 현대감각을 살려 쓰는 작가가 되어 달라는 것입니다. 주지하시다시피 시조(時調)의 '시'는 '때시 자(字)'이므로 '동시대' '현대'의 뜻도 담겨져 있습니다. 현대감각을 살려 쓰지 못하고 고시조처럼 관념의 굴레를 벗어나지 못한다면 현대시조로서의 맛과 멋은 멀어질 것입니다.

셋째, 독자들에게 울림을 주는 작품을 써야겠습니다.

일부 작가들의 시조는 도대체 작가가 무엇을 썼는지 도무지 알아들을 수 없는 것들이 많습니다. 혼자만 알고 남들은 무슨 말인지도 모르고 공감하지 못한다면 그게 무슨 작품으로서의 가치가 있겠습니까? 독자의 마음을 감동시켜서 세상을 아름답게 만들어주는 문학작품이야말로 후손에게 물려줄 가장 값진 선물일 것입니다.

넷째, 시조시인으로서 너무 튀려고 하지 말아야 되겠습니다.

이 당부는 작품을 쓸 때 작가로서의 습작 태도를 말하는 것으로써 너무 돋보이려고 일부러 기이하게 쓰려는 심리를 경계하는 말입니다. 실험정신으로 쓰는 것은 좋지만 너무 튀게 하려고 기이하게 작품을 써서 내 놓으면 시조로서의 정체성을 잃어버리고 시조문학에 큰 해독이 된다는 것을 명심해 주시기 바라는 것입니다.

선생님의 말씀은 하나하나 우리 시조시인들에게 정곡을 찔러주는 금과옥조였다. 특히 '너무 튀려고 하지 말라'라는 말씀에 촉각이 더 세워졌는데, 작품을 쓰되 너무 기이하게 써서 관심을 불러일으키려 하고 시조의 정통성마저 무너뜨리는 일부 작가들에게 큰 깨우침을 주는 말씀이었다.

― 끝으로 선생님의 앞으로의 포부나 계획이 궁금한데요.

▪ 작가의 생명은 작품이라고 봅니다. 그래서 앞으로는 현재보다 더 좋은 작품을 쓰려고 노력할 것입니다. 물론 논문이나 수필도 더 쓰려고 합니다. 그리고 필생의 목표인 내 문학전집을 계획하고 있습니다. 시기가 좀 늦을 지는 모르나 언제 나와도 나옵니다.

그리고 한 가지 꼭 내게 붙여질 걸맞는 별칭이 있다면 저는 '시조전도사'입니다. 많은 후배들을 이끌어 논문으로 석·박사 학위를 받도록 도움을 주었으며, 지금도 광진문화원을 통해 후학들을 가르치고 있습니다. 특히 광진문화원에서는 미래의 훌륭한 시조시인이 배출될 수 있도록 힘쓰고 있는데 지난 제1회 가람시조백일장에서는 저의 제자 중에서 장원을 차지하여 무척 보람을 느끼기도 하였습니다.

선생님은 이 부분에서 후학들을 가르치시는 데 대하여 큰 보람을 느끼시는지 만면에 만족감과 웃음을 띠우시면서 시조전도사로서의 사명감을 계속 강조하셨다.

  대담을 마치고 식당으로 가는 길은 시간 가는 줄 모르고 대화를 해서 그런지 어느새 어둑어둑한 땅거미가 스며들었고 대문 틈새로 기어나오는 불빛들이 젖은 길바닥에 어른거렸다.

  선생님의 안내로 도착한 식당은 퍽이나 깨끗하고 인상적이었다. 거기 도착해서도 선생님은 시조시인으로서의 사명감과 시조단의 앞날을 걱정하셨고 시조전도사로서의 긍지를 나타내셨다. 저녁 음식은 푸짐하기도 했지만 무척 정갈하고 깔끔했는데, 오늘 대담이 매우 보람 있고 맛깔나게 끝나서 그런지 음식도 그렇게 맛있게 드셨다.

  이번 명인탐방은 시조의 전도사 역할을 하시는 매우 귀하신 분을 만나, 많이 배우고 많이 느끼고 즐거웠던 보람 있는 만남이었다. 여기에 선생님의 대표 시조 10편을 소개해 선생님의 작품 세계를 들어가 본다.

II
시조 해설

II 시조 해설

1. 전통과 현대성과 언어미의 조화_ 박창수의 시조세계

시조는 고려 말 우탁 선생에 의해서 만들어진 것으로 본다. 이처럼 발생한 시조는 시대의 변천에 따라 외형적으로나 내면적으로나 많은 변신을 해왔다. 그리고 3장 6구 12음보의 평시조에서 엇시조, 사설시조, 연시조, 연작시조, 혼합시조 등 여러 형태의 시조 유형을 파생시켰다. 그러면서도 시조의 정형이나 율격은 파괴하지 않고, 원형을 그대로 지키면서 지금까지 창작되었기 때문에 시조를 우리의 전통 시가라고 하는 것이다.

이번에 발간되는 박창수 시인의 첫 시조집 「간도로 가신다더니」을 통람하면 시조가 얼마나 발전하고 변천해왔는지를 느끼게 해준다. 옛시조는 그만두고라도 바로 전 단계인 근대시조나 7·80년대의 시조와도 또 다른 모습을 보여주었기 때문이다. 그래서 이글의 제목을 "전통과 현대성과 언어미의 조화"라고 붙인 것이다. 시조의 원형은 그대로 지키면서도 율격에 다양한 변화를 주어서 새로움을 추구하였다. 표현기법 면이나 언어구사 면에서도 많은 변화를 시도해서 현대시조가 나아가야 할 방향을 제시하였다.

박창수 시인이 시조를 만나고, 시조를 쓰기 시작한 것은 90년대 후반부터라고 생각한다. 그러나 원체 열심히 노력하고 공부해서 다른 사람이 몇 십 년 걸려서 이룩한 성과를 단기간에 따라잡았다고 생각한다. 필자는 그가 시조 공부하는 과정을 옆에서 지켜보았기 때문에, 그의 시조가 어떠한 공정을 거쳐서 이룩되었는지를 누구보다도 잘 안다. 그런 의미에서 그의 작품들을 면밀히 읽고, 그의 작품세계를 논의하는 것도 뜻있는 작업이라 생각한다.

1) 역사와 민족의식 문제

나 어려 어느 날 바람처럼 가신 아버지
두만강 뒤로 하고 머무신 곳 어디 인가
한천(寒天)에
기러기 난다, 수숫대만 울던 간도.

아들을 숨겼다고 끌려가신 할머니는
솟대 끝 깃을 접는 멧새나 바라보며
유두(流頭)날
부꾸미 지지던 그날 생각 하셨으리.

우즈벡에 실려 갔단 그 소식은 바람결
허허로운 광야에서 하현달만 쳐다보며
이국(異國) 땅
바람에 누웠을 님, 천산(天山) 찾아 갈까나.

- 간도로 가신다더니, 전문

　간도는 만주의 길림성 동남부 지역으로, 중국에서는 이 지역을 연길시라고 한다. 이 지명은 병자호란 뒤에 청나라 측이 이 지역을 봉금지역(封禁地域)으로 정하고, 청국인이나 조선인 모두의 입주를 불허하는 공간지대로 삼은 뒤, 청나라와 조선 사이에 놓인 섬[島]과 같은 땅이라는 데서 유래된 것으로 보는 견해가 많다. 이 간도로 우리나라 사람들이 이주한 문제를 자세히 설명할 수는 없고, 1910년을 전후해서 일제의 침략의 손길에서 벗어나고자 또는 항일 운동의 기지로 삼고자 이주하는 사람들이 많았다고 한다. 1910년 9월부터 1911년 12월까지 이주한 우리나라 사람의 숫자가 2만 5천 명이 넘었다고 할 정도이다.
　이처럼 우리 민족과 간도와는 역사적으로나 지리적으로 밀접한 관계이고, 특히 일제시대 일제의 탄압과 착취를 피해 간도로 피해 갔던 사람들이 많았던 것은 이미 잘 알려진 사실이다. 상기 예로 든 작품에는 이러한 역사적 사실과 민족의 애환이 그대로 담겨 있다. 이 작품의 주인공 아버지는 바람처럼 가셨고, 두만강을 뒤로 하면서 넘어가셨고, 그곳은 수숫대만 울던 간도 땅이었다. 아들 대신에 끌려가신 할머니는 멧새나 바라보면서, 부꾸미 지지던 그날을 회상하셨을 것이란 이야기다. 북간도에 가셨던 아버지는 그곳에 정착하지 못하고, 다시 우즈벡으로 가게 되었고, 허허로운 광야에서 하현달만 쳐다보고 계셨을 것이라 했으니, 그 주인공의 험난하고 외롭고 고달픈 인생 역정을 한편의 드라마를 보는 것처럼 그려놓았다. 이 작품은 '아버지'라는 한 인물의 어렵고 한 많은 일대기를 축약한 것 같지만, 일제시대 우리 민족의 수난사와 항일운동 과정을 그대로 그렸다는 점에서 박시인의 역사의식을 점쳐볼 수 있는 좋은 자료라고 생각한다.

사공은 저만치 백마강에 떠있고
고란사 약수터엔 달빛이 떠있구나
낙화는
삼천 궁녀로
대신했단 말이지.

가는 세월 오는 세월 그 속에 내가 있네
고란초 굽어본다 몇 세월을 살았냐고
아무도
묻지를 말라
백제한의 이 언덕.

- 고란사 약수터, 전문

이 작품은 역사적으로 백제의 멸망과 관련이 깊고, 지리적으로는 백제의 도읍지였던 충남의 부여를 배경으로 하였다. 낙화암은 서기 660년(의자왕 20) 백제가 나당연합군의 침공으로 함락되자 궁녀 3천여 명이 백마강 바위 위에서 투신하여 죽었는데, 그 바위를 사람들이 낙화암이라 부른 데서 유래되었다. 이 암석 위에는 1929년 다시 그곳 군수 홍한표가 백화정을 지었고, 절벽 아래에는 '낙화암'이라는 글씨가 새겨져 있다는 것이다.
위의 시조는 이러한 역사적 사실과 백제의 한을 주제로 해서 형상화 되었다. 필자도 그곳을 몇 번 다녀왔지만, 백마강 위에는 항상

배들이 떠다니고 있었다. 그러한 정경을 "사공은 저만치 백마강에 떠있다."고 표현하였다.

그런데 고란사 약수터에는 달빛이 떠있다고 했으니, 이 작품의 시간적 배경을 짐작케 한다. 이 고란사의 유래는 확실치 않으나 백제시대에 왕들이 노닐던 정자였다는 설도 있고, 궁중의 내불전이었다는 설도 전한다. 그러나 고려 때 백제의 후예들이 3천 궁녀를 위로하기 위해 새로 지었다는 설만은 상당히 공감을 준다. 고란사 뒤뜰에는 한 쪽이 깨어져 나가 금방이라도 무너져 내릴 것 같은 바위가 있는데, 그 바위틈에 촘촘히 나있는 고란초는 너무 유명하다. 이러한 사실과 전설을 제재로 해서 위 작품에서는 "낙화는/ 삼천 궁녀로/ 대신했단 말이지"라 하였고, "고란초 굽어본다 몇 세월을 살았냐고" 노래하였다. 그리고 '백제한의 이 언덕'을 아무도 묻지 말라고 했지만, 사실은 그것들을 자세히 캐물어 알고 싶은 것이 시인의 솔직한 심정이었을 것이다. 그만큼 박시인은 우리나라의 역사에 대하여 깊은 관심을 가지고 있다는 반증이 되기도 하는 것이다.

하늘이 울고 금수강산도 모두가 울었다
이제는 육이오의 상흔마저 가물가물
어쩌랴
그날의 아픔을
묵상으로 달랠 뿐.

별빛 같은 임들의 눈빛은 불꽃 이었어
조국 위해 목숨을 초개같이 바친 그들
그 때의

> 동족상잔은
> 부끄러운 아픔이지.
>
> — 그때의 유월, 전문

　이 작품은 1950년 6월 북한군의 남침으로 발발한 6.25를 배경으로 하였다. 이 전쟁은 1950년 6월 25일 북한 공산군에 의하여 도발되어 1953년 7월 27일 휴전으로 잠시 총성이 멈춘 종료되지 않은 전쟁이다. 제2차 세계대전 이후 공산·자유 양대 진영으로 다시 대립하게 된 세계가 내포한 갈등이 폭발한 것으로서, 냉전인 동시에 실전이며, 국지전인 동시에 전면전이라는 복잡한 성격을 가졌으며, 우리나라 역사상 가장 비참한 전쟁 중의 하나였다. 이처럼 민족의 대 비극인 6.25를 두고, 북한의 남침이 아니라 남한의 북침이라는 해괴한 주장을 하는 얼간이들이 있으니, 큰 일 났다는 생각이 든다. 그들은 그 해 6월 25일 새벽에 야음을 틈타 삼팔선 전역에서 탱크를 밀고 내려오고, 대포를 쏘아대면서 3일 만에 수도 서울을 함락시키는 위력을 발휘하였다.

　이 전쟁으로 우리 민족이 겪은 피해와 고통은 가히 천문학적인 것이어서 수량으로 헤아릴 수 없을 정도다. 그러니 "하늘이 울고 금수강산도 모두 울었다"고 표현할 수밖에 없는 것이다. 그러한 비극의 역사가 50여 년 전 일로 되어버렸으니, 상흔마저 가물가물하고, 그날의 아픔을 묵상으로 달랠 수밖에 없는 형편이다. 그 당시 전투에 참여한 국군들의 투혼을 "별빛 같은 임들의 눈빛은 불꽃이었다."고 표현하였고, 싸우다 산화한 임들을 "조국 위해 목숨을 초개같이 바친 그들"이라 하였다. 그리고 그 때의 동족상잔의 전쟁을

'부끄러운 아픔'이라고 결론지었다. 얼마나 못났으면 동족끼리 아니 형제끼리 싸움질했겠는가. 그러니 '부끄럽다'는 표현을 쓸 수밖에 없는 것이고, 그 상처가 아직도 아물지 않았기에 '아픔'이라는 용어를 사용할 수밖에 없었다고 본다.

이 외에도 "육이오는 아픈 날 철모 쓰고 달린 임아"(6.25는), "밤마다 빨치산이 마을을 습격해 식량을 훑어가고"(죽창 시대) 등도 6.25의 아픔과 비극을 작품화한 것들이다. 박시인에게는 이처럼 역사의식을 소재로 다룬 작품이 많은데, 필자의 관견으로는 역사의식은 민족의식이 있을 때 발현되는 것이고, 그 민족의식은 역사의식이 투철할 때 발현될 수 있다고 보아, 두 가지는 서로 분리하려고 해도 분리할 수 없는 상관관계에 놓여 있다고 보는 것이다.

2) 회고적(回顧的)인 정서를 나타낸 작품

할머니 적 골목길을 달이 차지했습니다
이 골목 지나며는 어머님의 부뚜막
나는 또 쥐불놀이 하며 불길을 끌고 갑니다.

어디서 찾아왔나 코흘리개 개똥이가
까마득한 여자의 그 이름을 외쳐대고
이렇게 달이 뜬 골목은 수채화로 바뀝니다.

— 골목길은, 전문

사람은 세월이 가면 자신의 의지와 관계없이 나이를 먹고 늙어가게 된다. 늙으면 앞으로 살아갈 날보다는 지금까지 살아온 과거가 더 많기 때문에 회고적인 정서를 나타낼 때가 많다. 박창수 시인도 시의 길에는 늦게 접어들었지만 자연 연령은 고희를 바라보기에 회고나 회상을 할 때가 많았으리라 생각한다. 특히 도시에서 출생하고 성장한 사람보다는 산골이나 농촌에서 생장한 사람에게 이러한 경우가 많고, 유년시절에는 시골의 고향에서 살다가 인생의 후반기에 대도시나 서울에서 살게 되면 자연적으로 회고적인 정서를 나타낼 때가 많다.

상기 작품은 〈골목길〉이라는 제목 그대로 유소년 시절 고향에서의 골목길을 상기하면서 아름다운 추억을 되새기고 있는 것이다. 그 때는 할머니가 생존해 계실 때이었으니까 "할머니 적 골목길을 달이 차지했다"고 표현하는 것도 자연스럽게 생각된다. 왜냐 하면 그 골목길에는 달빛이 환하게 비춘 때가 있을 터이고, 그 달빛 어린 골목길을 할머니가 왕래하셨을 것이 눈에 선하기 때문이다. 그 다음 세대인 어머니도 여전히 이 골목길을 자주 드나드시면서 부엌일을 하셨을 것이고, 박시인도 이 골목을 드나들면서 성장하고 때로는 들에 나가서 쥐불놀이도 하고, 그 불길을 끌고 다녔을 것이기에, 할머니, 어머니, 본인 등 3대가 이 골목길을 이용했다는 것이 미루어 짐작된다.

제1연이 할머니, 어머니 등 가족과의 추억이라면, 제2연은 개똥이, 여자 아이 등 어린 시절의 친구들과의 추억이다. 어떤 때는 코흘리개 개똥이가 나타나서 함께 놀던 여자 아이의 이름을 외쳐대던 골목이다. 이처럼 아름다운 골목이었고, 아름다운 추억이 어려 있는 골목이었기에 "이렇게 달이 뜬 골목은 수채화로 바뀐다."는 표현을 할 수 있었던 것이다. 이 작품은 이렇게 유소년 시절의 고향의 골목길을 회고하면서, 잊지 못할 추억을 되살리려는데, 큰 의미를 부여했다고 볼 수 있다.

> 내 어릴 때 외갓집 뒤란에 돌배나무
> 까치들 부리 끝에 돌배가 익는 소리
> 목젖이 떨어져 내려 단맛이 물씬 난다.
>
> 바람에 놀란 돌배 햇볕에 살쪄가고
> 개구쟁이 팔매질에 돌배는 맛이 들어
> 어머니 까치발 들고 돌배 따고 구름 따고.
>
> 달빛에 익은 돌배 장대 끝에 걸려 있어
> 그날을 흔들기에 모자라는 나의 키
> 지금도 그때 그 맛이 입속에 침이 돈다.
>
> — 외갓집 돌배나무, 전문

작품의 제목에 나오는 '외갓집 돌배나무'는 이 시조의 중심 소재이다. 어릴 때 외갓집에 자주 다녔고, 그 외갓집의 뒤란에는 커다란 돌배나무가 한 그루 있었다. 그런데 그 돌배나무 열매가 익을 때면 까치들이 날아와서 그것을 따먹고, 그 까치 소리와 함께 남은 열매들이 익어가기 시작했던 것이다. 그러한 정경을 "까치들 부리 끝에 돌배가 익는 소리"라 했는데, 참으로 언어의 묘미를 느낄 수 있는 표현기법이다. 이러한 언어의 기법을 자주 사용했기 때문에 박시인의 작품들은 읽을 맛이 나고, 현대적인 감각을 느낄 수 있다고 보는 것이다. 얼마나 돌배나무 열매를 먹고 싶었으면 목젖이 떨어져 내린다고 했겠는가. 익을 대로 익은 돌배는 단맛이 물씬 났던 것이다.

그러나 이 돌배가 그냥 열리고, 그냥 익은 것이 아니라는 이야기
다. 바람을 맞고 비를 맞고 햇볕을 쬐며 살쪄 갔던 것이다. 그리고
심술궂은 개구쟁이들의 돌팔매질을 맞으면서 익어가고 맛이 들어
갔던 것이다. 어머니께서 그것을 따줄 때는 까치발 들고 돌배를 따
주었고, 돌배뿐만 아니라, 어떤 때는 더 높은 곳에 있는 구름까지도
따주었던 것이다. 높은 곳에 달린 돌배를 딸 때는 긴 장대를 사용하
였기에 "달빛에 익은 돌배 장대 끝에 걸려 있다"고 표현하였다. 그
때 그 시절, 그 나무를 흔들어 따기에는 모자라던 자신의 키, 그래도
따먹었을 때의 그 맛은 너무 맛이 있었기에, 시인은 "지금도 그때
그 맛이 입속에 침이 돈다."고 하였다. 그 유년 시절의 기억을 이렇
게 생생하게 되살릴 수 있는 건지, 기억만 되살리는데 그치지 않고,
거기에 살을 붙이고 맛을 더해서 이처럼 좋은 작품을 생산할 수 있
는 것인지, 박시인의 시적 능력에 놀라움을 금할 수 없다.

　　　　살구나무 가지에는 봄비가 다녀가고
　　　　어미닭 병아리는 미나리꽝에서 삐악삐악
　　　　병아리
　　　　삐악삐악 소리에
　　　　살구꽃 피어난다.

　　　　살구나무 가지에 흰 구름도 지나가고
　　　　그 밑에 개구쟁이 하루같이 모여든다
　　　　그리운
　　　　옛 이야기들이
　　　　살구꽃으로 피어난다.
　　　　　　　　　　　　　　　－ 돌담 옆 살구나무, 전문

이 작품은 문맥만 가지고는 현재 시점에서 쓴 것인지, 과거 유년시절을 회상해서 쓴 것인지 잘 파악이 안 된다. 현재 박시인은 서울 생활을 하고 있지만, 이따금 고향에 가서 머물다 오기 때문에 현재의 시점에서 쓴 것으로 볼 수도 있고, 모든 소재가 고향이나 농촌, 산골에서나 볼 수 있는 것들이기에 유년시절을 회상해서 쓴 것으로 볼 수도 있다. 특히 제2연 "그리운/ 옛 이야기들이/ 살구꽃으로 피어난다."는 종장을 보면 현재의 시점에서 썼다는 생각을 지울 수가 없다.

　그런데 이 작품을 읽으면 완전히 동심의 세계에 빠져들게 된다. 고희를 바라보는 연치에 이처럼 순수하고 어린이다운 동심이 우러나올 수 있는 것인지 의문이 간다. 그러나 나이를 먹었어도 순수한 사람이 있고, 젊었어도 때가 잔뜩 묻은 사람이 있기에 단순히 자연 연령만 가지고 파악할 일은 아니라고 생각한다. 박시인은 순수하고, 세속의 때에 물들지 않고, 인간 본연의 원심을 지니고 있었기에, 이처럼 동심의 세계에 젖어들 수 있었다고 본다. 이 작품에 동원된 시어들 〈살구나무〉, 〈병아리〉, 〈미나리꽝〉, 〈삐악삐악〉, 〈살구꽃〉, 〈개구쟁이〉란 말들이 이 풍진세상과는 거리가 먼 자연과 순수를 나타내 주는 말들이기 때문이다.

3) 현실의식이 드러난 작품

　　　송사리 몰이하던 그 냇가 어디였나
　　　저쪽에 텃밭마저 덮쳐버린 대홍수
　　　내 고향
　　　앙금다리를 멀리서 바라볼 뿐.

숟가락 하나 없이 흙탕물이 앗아가고
자식 같은 인삼밭 자갈밭이 되었구나
찢긴 옷
컨테이너 지붕에 외톨이로 떨고 있다.

바둑이 이렛만에 주인 찾아 꼬리 친다
부둥켜안고서 새우잠에 지새던 밤
라면을
한 봉지 받고 왈칵 솟은 내 눈물.

― 라면 한 봉지, 전문

이 작품은 박창수 시인의 현실 의식을 점쳐볼 수 있는 좋은 예이다. 자연 재해로 인해 얼마나 많은 피해를 입었으며, 그 고통이 얼마나 컸는지를 생생하게 일러준다. 대홍수가 지나간 다음의 고향 모습은 송사리 몰이하던 시내가 어디였는지도 모를 정도로 휩쓸어갔다. 저쪽에 있는 텃밭을 덮쳐버렸고, 앙금다리를 멀리서 바라볼 수밖에 없었던 상황이었다. 숟가락 하나 없이 가재도구들을 앗아갔고, 자식 같이 귀중하게 생각하던 인삼밭이 자갈밭으로 바뀌었고, 임시로 컨테이너 집을 짓고 떨면서 살아야 했다. 잠자리가 불편해서 새우잠을 자야 했고, 먹을 양식이 없어 라면 한 봉지로 끼니를 때워야 했다. 홍수 피해로 인한 이재민들의 모습을 생생하게 그대로 그린 것이다.

이처럼 큰 홍수로 박시인의 고향은 삶의 터전을 잃게 되었는데, 그의 작품 중에 〈루사가 할퀴고 간 내 고향〉이란 시조가 있는 것으로 보아, 바로 그 태풍 루사가 강타했을 때의 정황을 묘사한 것으로 생각된다. 루사는 2002년 8월 30일부터 9월 1일까지 강원, 충청 지역을 중심으로 하루 최고 1천mm에 가까운 폭우를 가져온 태풍을 말한다. 이 폭우로 사망 213명과 실종 33명 등의 인명 피해를 냈으며, 이재민이 9만여 명에 달했다고 한다. 이처럼 큰 피해를 준 태풍 루사가 박시인의 고향이라고 해서 조용히 지나갔을 리가 만무하다. 그래서 이 엄청난 자연 재해를 없었던 일로 그냥 지나갈 수 없어, 당시의 피해상황과 고향사람들이 당하던 고통을 소재로 위와 같은 현실 고발적인 작품을 생산해 냈을 것으로 사료된다.

다랑이에 목숨 걸다 시름만 늘어나다
봇짐 둘러메고 역에 닿은 젊은이
달동네 방 한 칸 그리며 노숙했던 첫날 밤.

지게 지고 연탄 배달 골목골목 누비며
허연 김 눈썹 가려 자국 찍힌 언덕 길
어느 날 거울 앞에 서니 연탄 닮은 검버섯만.

보건소 찾았지만 빛바랜 주민증은
주사 한 번 못 맞고 허리 휘인 그 노인
저 멀리 소실점 같은 밭두렁을 봅니다.
― 어느 인생, 전문

이 작품은 우리나라 농촌의 이농현상을 소재로 하여, 도시로 간 사람들의 어려운 삶을 고발하는 형식으로 전개하였다. 실제로 시골의 어느 마을을 가보아도 사지가 성한 젊은이들은 거의 고향을 떠나 서울이나 대도시로 이주해 갔다. 그래서 일할 만한 일꾼은 없고,

늙은이들만 빈집을 지키는 경우가 많이 생겼다. 그 늙은이마저 없는 빈집은 폐가가 되어 쓰러져 가고, 마당에는 잡초만 우거진 채 방치되었다. 그것은 농사만 지어 가지고는 먹고 살기도 힘들거니와 자식들의 교육비를 대기 힘들어 너도 나도 대도시로 이주해간 사람들이 많았기 때문에 생겨난 현상이다.

이 작품의 주인공인 젊은이도 다랑이에 목숨 걸다 근심걱정만 늘어나서 봇짐을 둘러메고 고향을 떠나는 기차역에 당도하였다. 그래서 서울로 올라와 달동네에 방 한 칸이라도 얻어가지고 살 수 있기를 바라면서 첫날밤부터 노숙자 생활을 시작한다. 좋은 직장을 구한다는 것은 엄두도 못 내겠기에 연탄장사부터 시작해서 이 골목 저 골목을 누비고 다닌다. 겨울의 혹한에는 허연 김이 눈썹까지 끼고, 눈 쌓인 언덕길을 배달하러 올라간다. 이렇게 해서 세월은 많이 흘러갔고, "어느 날 거울 앞에 서니 연탄 닮은 검버섯만" 많이 낀 늙은이의 얼굴로 변해 있었던 것이다. "역에 닿은 젊은이"로 시작했던 인생이 "허리 휘인 그 노인"으로 바뀌어 있었던 것이다. 인생무상과 허무감을 느끼게 하는 대목이다. 〈연탄 배달〉, 〈빛바랜 주민증〉, 〈주사 한 번 못 맞고〉, 〈소실점 같은〉이란 어구에서, 주인공이 얼마나 가난하고 힘들게 살았는지를 유추해낼 수 있다. 아무튼 박창수 시인은 우리 사회의 돈 없고, 힘없는 사람들의 삶에 눈길을 돌려, 그들이 얼마나 괴로운 삶을 영위해 가는지를 고발함으로써, 많은 분들에게 관심을 갖게 하고, 가진 자보다는 못 가진 자, 상류층보다는 하층민의 편에 서겠다는 그의 의지를 이 작품을 통해서 분명히 했다고 보아진다.

내 자리 바람불어 흔들리는 등잔불
해바라기 끄나풀에 줄서기로 바쁜데
그날이 언제쯤 일까 회전의자 타고 앉을.

눈 맞추고 손을 잡고 줄서는 사람들은
가슴속 야심들을 시나브로 채워갑니다
끄나풀 여러 겹 꼬아 내일로 뛰어보자.

— 끄나풀, 전문

　이 작품은 우리 사회의 웃지 못 할 단면이면서 엄연한 현실임을 풍자하고 비꼰 것 같다. 작품의 제목 〈끄나풀〉이라는 말부터 무언가 탐탁치 않다는 의미를 내포하고 있는 것이다. 이 끄나풀이라는 말은 끈, 연줄, 빽이라는 용어로 대치해도 어느 정도는 들어맞을 것 같다. "내 자리 바람불어 흔들리는 등잔불"이란 표현이 얼마나 재미있는가. 내 자리, 내 위치, 내 직장이 바람 불 때의 등잔불처럼 언제 꺼질지 모르고, 언제 퇴출당할지 모르기 때문에 불안하다는 이야기다. 그래서 요즘 '사오정'이라는 말도 생겼고, '오륙도'라는 신조어가 유행하게 되었다. 심지어는 아무리 세상이 바뀌어도 끄떡없는 자리를 '철밥통'이라고까지 할 정도이다.
　그러니 사람들은 살기 위하여 끄나풀을 찾게 되고, 줄서기를 잘하려고 온갖 비굴과 아첨과 상납을 하게 된다. 어떤 회사의 경우 업적은 자기가 훨씬 많은데, 그 비비기를 잘못하여, 업적이 시원치 않은 사람이 승진되고, 자신은 남보다 더 많은 업적을 쌓았으면서도, 제 자리에 눌러앉아야 하는 수모를 당해야 했다는 이야기를 들은 바 있다. 하여간에 줄서기를 잘하고 아첨을 잘하면 승진을 하게 되고, 승진을 하게 되면 회전의자에 앉게 되는 영광을 얻는 것이 엄연한 현실이다. 언제부터 이 '줄서기'란 용어가 생겼는지 모르지만 아마도 인류가 이 지구상에 출현한 태초부터 줄서기는 자신의 생존에 크나큰 영향을 끼쳤을 것이다. 줄서기를 잘하면 큰 자리를 얻어 부귀영화를 누리게 되고, 줄서기를 잘못하면 패가망신하거나 심지어는 목숨을 내놓아야 하는 경우까지 생긴다.

박시인은 "눈 맞추고 손을 잡고 줄서는 사람들은/ 가슴속 야심들을 시나브로 채워간다"고 본 것이다. 최근에도 우리 한국문인협회의 이사장 자리를 놓고 A팀과 B팀이 피터지게 싸우면서 한판 승부를 벌인 바 있다. 결국 B팀의 승리로 돌아갔는데, A팀에 줄섰던 사람들은 망연자실할 수밖에 없을 것이고, B팀에 줄섰던 사람들은 승리감에 도취되어 그 기세가 하늘 끝까지 뻗쳐올라가는 쾌감을 맛보았을 것이다. 그리고 임기 동안 한국문단을 휘두르고 좌지우지하게 될 것이다.

그러면 다시 박창수 시인의 〈줄서기〉라는 다른 작품을 감상해보자. "이 땅에 줄서기와/ 하늘나라 줄서기를// 밤을 새워 생각하며/ 바람소리 듣습니다.// 후두둑/ 꽃잎은 지고/ 내 자리는 흔들리고"(줄서기 전문) 이 땅위에서 줄서기가 필요하다는 것은 일찍부터 알고 있었지만 하늘나라에서까지 이 줄서기가 필요하다는 이야기는 처음 들어보았다. "후두둑 꽃잎은 지고, 내 자리는 흔들리고"라 한 것을 보면, 박시인은 줄서기를 잘 못했던 것 같다. 그러나 그 줄서기가 필요하기에 "끄나풀 여러 겹 꼬아 내일로 뛰어보자"고 했던 것이다. 그러나 이것은 어디까지나 역설이지, 그는 끄나풀을 찾아 줄서기 위해 여기저기 기웃거릴 사람은 아닐 것이라고 생각한다.

4) 자연물을 대상으로 한 작품

> 가로수의 이름표를 못을 박아 달아놓고
> 흐뭇하게 돌아 섰으리 반만 착한 사람아
> 그 나무 아파하는 소릴 듣지 못한 사람아.
>
> 먼 훗날 고사목에 날아든 산새 한 마리
> 이 나무 앓다 죽은 까닭을 알리 없고
> 제물에 겨운 노래만 털어놓고 떠난다.
>
> — 가로수 327, 전문

이 작품은 자연을 보호한다는 미명 아래 오히려 자연의 생명을 단축시키는 누를 범하는 인간의 행위를 꼬집은 것 같다. 봄이면 도시의 가로수들이 무자비하게 가지가 잘려나가고, 또 그 가로수나 정원수에 이름표를 붙여준다고, 나무에 못을 박아서 달아놓는 경우를 보게 된다. 아마 그것이 나무이니까 망정이지, 만약에 사람이었다면 팔다리가 잘려나가는 것과 마찬가지인데, 얼마나 비명을 지르면서 고통스러워했겠는가. 나무 기둥에 못을 박는 일도 사람으로 따지면 가슴에 못을 박는 것과 마찬가지인데, 그런 행위는 고문이나 형벌에 해당하는 것이다. 그래서 그러한 인간들을 '반만 착한 사람'이라 불렀고, "나무가 아파하는 소리를 듣지 못하는 사람"이라고 힐책하였다.

다음 제2연으로 와서는 그처럼 못이 박힌 나무들의 미래까지 걱정한다. "먼 훗날 고사목에 날아든 새 한 마리// 이 나무가 앓다 죽은 까닭을 알리 없을 것이다"라고 이야기하였다. 그 이유만 모르는 것이 아니라 도리어 "제물에 겨운 노래만 털어놓고 떠난다."는 예언까지 하기에 이르렀다. 이쯤 되면 시인의 상상력이 어디까지인지 모를 만큼 시공을 뛰어넘는다고 하겠다. 이 작품은 인간의 잘못된 판단 때문에 가로수가 당하는 고통을 가슴아파하면서, 인간들이 정도 이상으로 오버하는 행동을 은근히 꼬집는 일에 주안점을 두었다고 본다. 이 외도 "이듬해 감나무는 눈을 뜨지 못하고// 우듬지는 꺾이고 뿌리는 소식 없어// 사는 것 그렇게 쉬이 마침표를 찍다니."(돌감나무, 제2연)하는 내용도, 나무의 고통을 마치 자신의 고통처럼 가슴아파하면서 지은 같은 계열의 작품이라 생각한다.

> 수줍어 수줍어 숨어 피는 들꽃이다
> 귓불을 붉히며 숨어버린 누나가
> 소매 깃 맞추어가며 어울리는 뒷동산.
>
> 자주색 깽깽이 풀은 분이의 가슴 같고
> 바람에 흔들리는 원추리도 있었다
> 누나야 달이 오르면 자장가로 오거라.
>
> — 우리 들꽃, 전문

들꽃은 일반적으로 들에 피는 꽃들을 가리키는 말이다. 그 들꽃이 사람의 눈길이 잘 닿지 않는 호젓한 곳에 피었기 때문에, "수줍어 수줍어 숨어 피는 들꽃"이라고 표현하였다. 그리고 그 꽃의 색깔이 불그스레하니까 "귓불을 붉히며 숨어버린 누나"에 비유하였고, 그 누나는 소매 깃을 맞추어 가면서 뒷동산과도 잘 어울려 있다는 것이다.

그런데 이러한 들꽃이 한 자리에만 피어있는 것이 아니라 여러 가지가 어울려 있다는 것을 제시해준다. "자주색 깽깽이 풀은 분이의 가슴 같고// 바람에 흔들리는 원추리도 피어있다"는 것이다. 그런데 제2연의 종장 "누나야 달이 오르면 자장가로 오거라"하는 내용은 상당히 비약이 심하다. 시적 효과를 거두는 데는 일단 성공했지만, 독자의 입장에서는 잘 풀리지 않는 대목이다. 여기서 '누나'는 들꽃을 은유한 것으로 볼 수도 있고, 그냥 일반적인 누나를 뜻한다고 볼 수도 있다. 그 어느 쪽으로 해석하든 들꽃이 피어있는 곳의 분위기가 달이나 누나처럼 아름답고, 편안한 것을 의미한다는 느낌이 든다. 이처럼 박시인은 커다란 나무들뿐만 아니라, 작은 식물, 사람들이 눈여겨보지 않는 미세한 대상에까지 애정의 눈길을 보내고, 관심을 나타낸다는 것을 이 작품을 통하여 감지할 수 있다.

이처럼 작은 식물에 관심을 보인 경우는 "설날에 오실 손님 반기련 설빔인가// 아직도 남은 날을 손꼽아 헤나보다// 나보고/ 눈이 시려서/ 얼굴이 활짝 필지"(난의 희망, 제2연)가 있고, 사람 중에서도 큰 인물이 아닌 하층민에 관심을 보인 경우는 "장마다 리어카/ 바퀴에 덕지덕지// 진흙덩이 끌고 가는/ 할아버지 목마르다// 저 노인/ 바퀴와 더불어/ 다람쥐가 된다."(리어카 할아버지, 제1연) 등이 있다. 그런 점에서 박시인은 거창한 것보다는 작고 보잘 것 없는 것, 높고 큰 인물 보다는 별 볼일 없는 사람들, 강자보다는 약자에게 더 많은 관심과 깊은 애정을 보내는 것으로 이해된다.

  삼척에 환선굴(幻仙窟) 누가 봐도 환상이다
  석순들이 거꾸로 피어나는 이 세상

그 깊이 누가 알까만 보는 이 생각이지.

동굴 속엔 미녀폭포 비단치마 휘날리고
단장한 선녀들 절로절로 흥이 나서
지표에 생긴 비천(飛泉)은 생명이 넘쳐나고.

동굴 속 울림통은 귀청을 울려대고
신선들이 바둑 두며 세상 얘기 나누고
통방아 찧는 소리에 여기저기 계곡 운다.
- 환선굴의 신비, 전문

환선굴은 강원도 삼척시 신기면 대이리에 있는 석회동굴이다. 길이는 4km, 지층은 고생대 대석회암통에 속한다. 입구에서 600m쯤 들어가면 600평이 넘는 넓은 광장이 나타나고, 그 구석에는 한길이 넘는 폭포가 있으며, 광장 벽과 천장에는 검은 회갈색의 종유석 무리가 길게 뻗어있다. 좀더 들어가면 제2의 광장이 나타나고, 부근의 동굴류(洞窟流) 흐르는 소리 때문에 말소리를 알아들을 수 없을 정도로 장관을 이룬다. 삼척 대이리 동굴지대에 속하며, 천연기념물 제178호로 지정되었다.

이처럼 천연기념물로 지정될 정도로 아름다운 동굴이기에 "삼척에 환선굴 누가 봐도 환상이다"라는 표현을 썼던 것이다. 굴 내부에는 6개의 작은 폭포와 10개의 크고 작은 동굴호수가 형성되었다. 그래서 석순과 호수를 바라보면서 "석순들이 거꾸로 피어나는 이 세상// 그 깊이 누가 알까마는 보는 이 생각이지."라고 동굴 내부의 모습을 그리었다. 그리고 폭포를 이루면서 굴 내부를 흐르는 물길이

신기하고, 곳곳에 만들어진 종유석이 시기별로 운집되어 있어, 동굴의 생성과 성장, 퇴화의 과정을 관찰할 수가 있다. 이러한 굴속의 모습을 "동굴 속엔 미녀폭포 비단치마 휘날리고// 단장한 선녀들 절로절로 흥이 나서"라는 표현을 섰다. 특히 미녀폭포의 폭포수가 휘날리는 모습을 '비단치마 휘날린다.'고 표현한 것은 참신하면서 기발한 아이디어라고 생각한다. "비천은 생명이 넘쳐나고", "울림통은 귀청을 울려대고", "신선들이 바둑 두고", "세상 얘기 나누고", "통방아 찧는 소리"라는 어구들은 모두 이 굴이 아름답다 못해 환상적이라는 것을 은유적으로 표현한 것이다. 한마디로 이 작품은 자연미 예찬, 자연애 의식, 자연의 신비 등을 일러주기 위해서, 그 나름의 시적 형상화 과정을 거친 것이라 이해된다. 이 외에도 〈강아지풀〉, 〈나팔꽃〉, 〈정동진 해맞이〉, 〈때까치〉, 〈고란초〉, 〈빙어〉, 〈채석강〉, 〈고추잠자리〉 등 자연물을 대상으로 한 작품들이 많이 있다는 것을 첨언해 둔다.

박창수 시인의 시조세계는 형식이나 소재 면에서 전통적인 것을 많이 원용하였다. 특히 3장 6구 12음보의 시조 정형을 잘 지켜, 정격의 시인이란 칭호를 붙여줄 만하다. 요즘 시조인 중에는 자유시와 비슷하게 쓰는 것을 자랑으로 알고, 고의로 파격을 하는 사람이 많고, 이상한 몸짓을 하면서 남의 이목을 끌려는 사람이 많다. 특히 시조라고 써놓았는데, 이것이 시조인지 자유시인지 도무지 구분 안 되게 써서 많은 사람들을 헷갈리게 하는 경우도 있다. 그런 점에서 박시인은 우리 고유의 시조형을 잘 지키면서도 혁신과 발전을 꾀한다는 점에서 보편타당성을 지닌 정통파 시인이라고 할 수 있겠다.

특히 작품의 내용이나 소재 면에서도 마찬가지다. 역사의식, 민족의식, 회고적인 정서를 나타낸 작품, 향토색 짙은 작품들은 그 소재가 주로 전통적인 것, 시기적으로 오래된 것들을 많이 원용하였다. 이러한 소재들을 다루는데 있어서도, 시인 자신 특유의 시조문법을 구사해서 새로운 느낌을 주고, 읽는 이들에게 공감을 불러일으킨다. 필자는 그의 작품세계를 ① 역사와 민족의식 문제, ② 회고적인 정서를 나타낸 작품, ③ 현실의식이 드러난 작품, ④ 자연물을 대상으로 한 작품 등으로 나누어 살펴보았다. ①에서는 역사의식을 소재로 다룬 작품이 많은데, 역사의식은 민족의식이 있을 때 발현되는 것이고, 민족의식은 역사의식이 투철할 때 발현될 수 있다고 보아, 두 가지는 서로 나누어질 수 없는 불가분의 관계에 있다고 보았다. ②에서는 박시인이 유년시절의 기억을 생생하게 되살려서, 거기에 살을 붙이고 맛을 더해서 좋은 작품을 생산한다고 보았다. ③에서는 우리 사회의 힘없고 돈 없는 사람들에게 눈길을 돌려 관심을 갖게 하고, 가진 자보다는 못 가진 자, 상류층보다는 하층민의 편에 서겠다는 의지를 나타내었다고 하였다. ④에서는 거창한 것보다는 작고 보잘 것 없는 것, 높고 큰 인물보다는 별 볼일 없는 사람들, 강자보다는 약자에게 더 많은 관심과 애정을 보낸다고 하였다. 그 외도 박시인의 장기는 언어를 다루는 솜씨가 보통이 아니라는 점이다. 그가 다룬 말이나 문장에서 언어의 묘미를 느낄 수 있기 때문이다. 그래서 이글의 제목을 "전통과 현대성과 언어미의 조화"라고 붙였던 것이다. 그의 처녀시집 발간을 축하드리며 많은 발전이 있기를 기원한다.

2. 생활서정과 비유의 미학_ 김광수의 시조세계

한 작가나 그의 작품에 대하여 논한다는 것은 상당히 조심스러운 작업이다. 왜냐 하면 논자는 작가의 총체적인 것을 보고 종합해서 논의해야 되는데, 그 일부분 또는 자기가 볼 수 있는 부분만 이야기하면서도 마치 전체를 보고 이야기하는 것처럼 과장될 수 있기 때문이다. 우리 속담에 "장님 코끼리 만지듯 한다"는 말이 있는데, 우리들이 하고 있는 작가론이나 작품론이 거의 여기에 해당할 것이라고 본다. 왜냐 하면 그 누구도 한 작가의 시세계를 완벽하게 분석하고 종합적으로 평가해서 하나의 체계를 세운다는 것은 거의 불가능에 가까운 일이기 때문이다. 마찬가지로 필자가 일상 김광수 시인의 작품세계를 언급하는 것도 바로 이 경우에 해당된다는 것을 전제하면서 논의를 진행하고자 한다.

필자가 김광수 시인을 처음 만난 것은 거의 30여 년 전으로 거슬러 올라간다. 1975년 김형은 조선일보 신춘문예를 통해서 문단에 나왔고, 필자는 월간문학 신인상을 통해서 문단에 나왔는데, 그때 월하 리태극 선생님의 소개로 서로 만나게 되었다. 그 당시만 해도 문학 종합지가 몇 안 되었고, 더구나 시조 전문지는 「시조문학」 외에 발간되는 것이 없어 신인들이 작품을 발표할 지면을 얻기가 하늘의 별따기와 같았다 해도 과언이 아니었던 것이다. 그래서 자연스럽게 동인회 이야기가 나왔고, 발기인 김광수, 김효경, 윤선효, 이청화, 신현필, 원용문 등이 중심이 되어 씨얼문학회를 창립하였다. 이처럼 동인회 창립으로 인해서 만나게 되었고, 동인회 활동을 함께 함으로써 친밀하게 되었으니, 우리들의 우정은 친형제처럼 끈끈하게 이어져 왔던 것이다.

　그러한 김광수 사백이 1984년도 첫 시조집 「등잔불의 초상」을 상재한 이후 줄곧 침묵을 지켜오다가, 이번에 다시 두 번째 시조집 「길을 가다가」을 발간하시니, 반가운 마음이 앞서고, 축하의 말씀을 먼저 드린다. 아마도 다른 사람 같았으면, 지금쯤 10여 권의 시집을 냈을 텐데, 이제 겨우 두 번째 시집을 낸다는 것은 그만큼 과작하는 시인이라고 정의하지 않을 수 없다. 한 작품 한 작품에 온갖 정성과 심혈을 기울이니 자연적으로 작품 생산량이 적어지게 되고, 그 대신 각 작품은 탄탄한 구조와 표현의 묘미를 지니게 되어, 좋은 작품을 쓰는 시인이란 평을 받는다고 생각된다.

　이번의 제2시조집을 통람하면, 그 작품세계를 한마디로 규정하기는 어렵지만, 필자의 안목으로는 일상생활을 하면서 담담하게 느낀 서정을 담은 작품들이 주류를 이루고, 그런 것들은 참신한 비유를 통해서 형상화되었음을 직감하게 된다. 물론 이 외에도 여러 가지 소재들을 능란하게 소화하고 요리하여 내용의 다양성을 보여준 점도 부언하지 않을 수 없다. 필자는 송강 정철과 고산 윤선도의 작품 쓰는 스타일이 다르다고 생각하는데, 전자는 그야말로 번쩍이는 예지로 즉흥시 쓰듯 써내는 스타일이라면, 후자는 한 작품 한 작품에 뜸을 들이면서 또한 오래 두고 음미하면서 갈고 닦는 스타일이라고 이해된다. 그런데 일상 김광수 형의 작품 쓰는 스타일이 바로 고산 윤선도의 경우와 같아서 과작을 하게 되고, 그러한 연유로 해서 시집을 자주 내지 않았을 것이라 유추해 본다.

1) 생활 서정이 드러난 작품

어둠 짙은 밤바다에/ 지향 잃은 쪽배이듯
나울치는 죄업 속을/ 해와 달은 표류해도
내 영혼/ 시린 폿대 끝/ 염(念) 하나의 돛을 단다.

만파로 이는 번뇌/ 철썩이는 수천 너머
절해에 뜬 고도처럼/ 늘 외로운 가슴 깊이
은밀히/ 열병을 앓으며/ 한 생 노를 젓는다.

갈망은 푸른 파도/ 이승 녘을 허물어도
진주 빛 꿈 한 톨 빚어/ 섬 바위로 굳힌 마음
영욕 그/ 해심을 향해/ 황홀한 그물을 친다.

― 바닷가에서, 전문

    제목이 '바닷가에서'라고 되어 있지만, 바다의 정경을 노래한 것이 아니라, 인생을 살아가면서 느낀 점이나 어떤 의지 같은 것을 형상화한 것으로 생각된다. 제1수에서 "어둠 짙은 밤바다에/ 지향 잃은 쪽배이듯"이라 한 것은 비유법의 형태를 취했지만, 어쩌면 작품의 주인공 또는 시인 자신의 삶이 어두운 밤바다의 지향을 잃은 쪽배와 같다는 것을 암시적으로 나타낸 것이다. 그 다음 구절 "해와 달은 표류해도", "시린 폿대 끝"이란 말에서 주는 어감도 시인 자신의 삶의 문제와 연관 지어 표현한 것이라는 생각을 지울 수가 없다. 한마디로 이 세상의 삶이 불만족스럽고, 뜻대로 안 되고, 시리고 춥다는 것을 직접 표현하지 않고 은유적으로 나타낸 시문법이라고 하겠다.

첫수를 이런 시각으로 출발했으니, 그 다음 이어지는 내용도 크게 달라지지 않으리란 것은 예견되는 일이다. 얼마나 삶의 고뇌가 많았으면 만파로 이는 번뇌라고 했겠는가. 게다가 절해에 뜬 고도(孤島)에 비유했다면, 그 당시의 심적 상태가 어떠했는지는 설명하지 않아도 능히 짐작되는 바다. 그런 점에서 제 2수의 종장 "은밀히/ 열병을 앓으며/ 한 생 노를 젓는다."는 표현은 김시인이 자신의 삶을, 자신의 겪은 바를 시적인 표현을 통해서 나타낸 것이라 유추할 수 있다. 그는 은근히 열병을 앓으며 살아왔던 것이고, 그러면서도 한 평생 노를 젓지 않으면 안 되는 사공과 같은 삶을 살아왔던 것이다. 또한 그는 절망하거나 좌절하지 않고, 진주 빛 꿈을 빚으면서, 희망을 잃지 않으면서 살아왔던 것이고, 그 꿈의 실현을 위해 황홀한 그물을 쳐두기도 했던 것이다.

　　　　사당동 사거리에서 모처럼 만난 친구들
　　　　손을 잡고 서로가 근황을 주고받을 때
　　　　아슬한 시공 밖에는 눈이 내리고 있었다.

　　　　기억의 창을 열면 쌓여 있는 삼십년 교분
　　　　해와 달 오가는 길엔 신호등이 없는 탓일까
　　　　신록을 등진 귀 밑은 노을물이 들어 있었다.

　　　　불신의 바람이 거센 이 냉혹한 천지간에
　　　　우정의 옹달샘은 풍설에도 얼지 않아
　　　　촉촉이 가슴을 열고 정에 흠씬 젖어 있었다.
　　　　　　　　　　　　　　　　ㅡ 친구를 만나고, 전문

〈논어〉계씨편을 보면 공자가 "유익한 벗이 셋이고, 해로운 벗이 셋이다. 정직한 사람과 벗하고 성실한 사람과 벗하고 박학다식한 사람과 벗하면 유익하고, 편벽된 사람과 벗하거나 굽실거리기 잘하는 사람과 벗하거나 반말 잘하는 사람과 벗하면 해롭다."라고 했는데, 이 내용을 한자말로 손익삼우(損益三友)라고 한다. 또 〈명심보감〉을 보면 '오륜'에 대하여, "아버지와 자식 사이에는 친함이 있어야 하며, 임금과 신하 사이에는 의가 있어야 하며, 남편과 아내 사이에는 분별이 있어야 하며, 어른과 어린이 사이에는 차례가 있어야 하며, 친구 사이에는 믿음이 있어야 된다." 라는 내용이 있다. 그리고 최근에 어떤 친구를 만났더니 현대인의 오복을 ① 건강 ② 재산 ③ 아내 ④ 친구 ⑤ 할 일 등 5가지를 열거했는데, 모두 일리 있는 내용들이라 생각한다.

　이처럼 장황하게 인용한 것은 현대인뿐만 아니라 옛날 사람도 친구의 중요성을 매우 강조하고 있다는 것을 예로 들어 보이기 위해서다. 공자는 사람들에게 유익한 벗이 셋 있고, 해로운 벗이 셋 있다고 하였다. 그러니까 사람을 사귈 때 조심해서 잘 사귀라는 의미가 들어 있는 것이다. 삼강오륜이라고 하는 덕목에서는 친구와 친구 사이에는 믿음이 있어야 된다고 하였다. 역시 친구의 중요성이 내포된 말이다. 현대인에게도 나이를 먹을수록 친구가 필요하다고 했으니, 이 친구 문제는 옛날이나 지금이나 사회생활을 하는데 필요 불가결한 사항이라고 하겠다. 일상 김광수 시인의 위 작품도 친구가 얼마나 중요하고 좋은 존재인가를 단적으로 드러내 준다. 불신의 바람이 거센 이 냉혹한 세상에서, 우정의 옹달샘은 풍설에도 얼지 않는다고 했으니, 친구 없으면 못 살 것 같다는 말로 들린다. 그

친구를 만났을 때의 정경을 촉촉이 가슴을 열고, 정에 흠씬 젖어 있었다고 했으니, 이런 친구들만 만나고 산다면 굶어도 배가 부를 것 같다는 생각이 든다.

세수를 하다 말고
거울 속을 응시한다

낮 선 사나이가
나와 마주 서 있다

얼굴은 주름살 투성이
모발(毛髮) 또한 희끗하다.

어디서 무엇을 하다
저런 몰골이 되었는지

물어도 아무 말 없이
입술만 달싹이다

크렁히 동공에 고이는
무상감을 씻고 있다.

― 거울을 보며, 전문

제목을 〈거울을 보며〉라고 했지만, 〈자화상〉이라 붙여도 무방할 것 같다. 〈자화상〉이란 제목의 작품으로는 윤동주의 〈자화상〉이란 시가 유명한데, 그 외도 이런 제목의 작품을 많이 찾아볼 수 있다. 운동주의 작품은 '우물'을 매개로 해서 자기 자신을 응시하고 있는

데, 김시인의 작품에서는 '거울'이라는 매체를 통하여 자기 자신을 바라보고 있다. 윤동주의 작품에서는 "우물 속에는 달이 밝고 구름이 흐르고 하늘이 펼치고 파아란 바람이 불고, 한 사나이가 있다"고 했는데, 김광수 시인의 작품에서는 거울 속에는 낯선 사나이가 나와 마주 서 있고, 얼굴은 주름살투성이고 머리가 희끗희끗하다고 하였다. 김시인 자신을 이렇게 낯선 사나이라 했고, 주름살투성이라고 자조 섞인 말을 했던 것이다. 제2수에서는 "어디서 무엇을 하다 저런 몰골이 되었는지"라고 자문했는데, 이 말 또한 예사롭게 들리지 않고 자기가 자기를 빈정거리는 말로 들린다. 그리고 종장에서는 "크렁히/ 동공에 고이는/ 무상감을 씻고 있다"고 했는데, 이 말 또한 인생무상감을 곱씹고 있다는 말로 해석된다.

2) 어려운 삶을 대변하는 작품

    신림동 저지대에
    무허가 둥지를 짓고

    공사판을 떠돌다 온
    실업자 굴뚝새는

    유실된
    보금자리에 앉아
    부리로 허무를 쫀다.

                                        - 우후증(雨後症), 전문

  제목이 〈우후증〉이니, 비가 쏟아진 이후에 나타난 증세란 뜻이다. 요즘 위정자들의 행태를 보면, 선거 때면 국민들에게 갖은 감언이설로 국민을 위해서 일할 것처럼 목청을 높이다가 막상 당선 된 뒤에는 언제 그랬느냐는 듯이 나 몰라라 하는 것이 현실이다. 그러니 정권이 아무리 바뀌고 국회의원 당선자가 아무리 달라져도 못 사는 사람은 항상 못살 수밖에 없는 것이 구조적인 특질이다. 일상 김광수 시인은 그 어느 누구보다도 힘없고 빽 없는 사람, 가난하고 구차한 사람들에 대한 관심이 크다. 왜냐 하면 김시인 자신이 어려운 봉급자 생활을 하다가 직장을 그만 두었기 때문에, 그 어려운 사람들에 대한 연민의 정이 남다르리라고 생각되기 때문이다.

신림동 저지대에 무허가 둥지 즉 판자집 같은 것을 짓고 사는 사람이라면, 그 생활 형편이 어떠했으리라는 것은 굳이 설명을 필요로 하지 않는다. 그런 집에 사는 주인공은 공사판을 떠도는 사람이었고, 실업자 굴뚝새였다. 바로 굴뚝새란 화려하지 않고 초라하고 보잘 것 없는 새라는 의미가 내포된 것이다. 그러니 이 집은 비가 오면 침수되고, 가구와 살림이 물에 떠내려간다. 그래서 유실된 보금자리에 앉아 부리로 허무를 쫀다고 했던 것이다. 수해를 입은 사람의 입장에서는 '허무', '허탈'이라는 말 외에 달리 표현할 방법이 없었으리라고 사료된다.

  신문을 깔고 앉아
  몸을 잔뜩 웅크린 채

  관심 밖으로 밀려난
  단군의 후손들이

꾸겨진 전시품인 양
지하도를 메우고 있다.

암울한 역사를 지고
묵묵히 걸어 온 목숨

폐자재처럼 버려져도
조국의 품이라서

터트릴 분노도 없는가
눈이 희멀건 그대들은.

- 지하도를 지나며, 전문

  우리나라에는 IMF가 터지고 난 후 실업자가 유난히 많이 생기고, 그 실업자들이 가정을 떠나서 노숙자 생활을 하는 경우가 많다. 위에 예로 든 작품은 바로 이 시대의 어두운 단면인 노숙자들을 제재로 해서 형상화한 작품이다. 노숙자는 파고다 같은 공원에도 많이 몰려 있고 특히 서울역 지하도에는 집단으로 거주하는 것으로 알려졌다. 그들이 상주하는 지하도를 지나다 보면 그들은 신문이나 박스 같은 것을 깔고 앉아 있거나 누워 있다. 그 모습을 관심 밖으로 밀려난 단군의 후손들이라고 했는데, 아주 적합한 표현이라고 생각되고, 시적 표현의 묘미를 느끼게 해준다. 그들의 웅크린 모습을 꾸겨진 전시품이라 표현한 것도 역설적이면서도 재미있는 표현이라 생각된다.

  그들의 존재는 암울한 역사를 지고 묵묵히 걸어온 사람들이다. 핍박을 당해도 한번 항거해 보지 못하고 살아온 사람들이다. 한마디로 불쌍하고 가엾은 존재들이다. 그러나 우리 사회는 그들을 따뜻하게 보살펴줄 만한 장치가 마련되어 있지 않고, 체계적으로 도와주는 단체나 기관도 없다. 그러기에 폐자재처럼 버려진 존재라고 표현하는 것이 적합한 말일 것이다. 그들은 눈이 희멀겋게 살아있는 데도 마음 놓고 분통을 터뜨릴 줄 모른다. 그러니 불쌍하고 가엾은 존재들이란 이야기고, 이런 사람들이 없는 사회가 빨리 구현되었으면 하는 바람이 작품의 밑바탕에 깔려 있는 것으로 파악된다.

   부서진 벽돌 조각/ 증언처럼 널린 비탈
   통곡마저 허물어진/ 참담한 폐허에 남아
   실의로/ 아픈 일상을/ 꽃피우는 저 봉선화.

   상심의 골을 에도는/ 바람도 서러운 날
   애릿한 진홍의 숨결/ 내연하는 잎새 끝에
   무너진/ 하늘 한쪽이/ 넋을 잃고 굴렀다.

   이주할 곳 어디냐고/ 묻는 말이 귀찮은지
   할 말을 잊은 아낙은/ 안타까이 손만 흔들고
   풀벌렌/ 몸을 숨긴 채/ 긴 여름을 울고 있다.
                 — 목격(4), 전문

  이 작품은 무허가 철거촌을 목격하고 그 참담한 상황을 노래한 것이다. 이 작품의 계절적 배경은 여름이고, 공간적 배경은 무허가 건물이 철거되어진 마을이다. 더 직접적으로 표현하면 빈민촌이라 해도 좋을 것이다. 그리고 작품의 주인공은 철거당하는 집에 살던 아낙네이다. 부서진 벽돌 조각이 증언처럼 널린 비탈이란 구절에서, 이미 철거가 완료되어 부서진 벽돌들만 널려 있다는 사실을 알 수 있다. 그런데 집만 허물어진 것이 아니라 통곡마저 허물어졌다고 하는 데서 그 비참한 심정은 배가(倍加)된다. 그저 아름답게 피어 있어야 할 봉선화마저 실의로 아픈 일상을 꽃피우는 것으로 보았는데, 이러한 표현법이야말로 시를 시답게 해주는 고도의 수법이라고 인지된다. 오래 동안 시를 갈고 닦고 생활화한 시인의 경륜이 드러난 가구(佳句)라고 하겠다.

그 다음 제2수에서도 이러한 비참한 심경은 이어진다. '상심의 골', '바람도 서러운', '애릿한 숨결', '내연하는 잎새', '무너진 하늘 한 쪽'이라는 표현들에서 당시의 참담한 상황을 읽어낼 수 있는 것이다. 오죽해서 무너진 하늘 한 쪽이 넋을 잃고 굴러다닌다고 표현했겠는가. 작품 외적 화자는 작품 내적 화자인 주인공에게 어디로 이사 갈 것이냐고 물었다. 그런데 주인공인 아낙은 할 말을 잊은 채 안타까이 손만 흔들어댔다는 것이다. 이처럼 비참한 상황과는 직접적인 연관이 없는 풀벌레마저 몸을 숨긴 채 긴 여름을 울고 있다고 하였다. 이러한 내용들을 종합해보면 시인은 이 작품을 통하여 철거민의 비참한 생활상과 그 아픔을 고발하여 널리 알리려는 의지를 나타낸 것으로 이해된다. 일상 김광수 시인의 애민정신, 불쌍한 사람들을 긍휼이 여기는 어진 마음이 잘 표백된 작품이라고 하겠다.

3) 현실비판적인 작품

황소 머물다가
배설하고 돌아선 자리

> 쇠똥구리 말똥구리가
> 좌우로 편을 갈라
>
> 한 덩이
> 분구(糞球)를 두고
> 서로 엉켜 물고 뜯는다.
>
> - 상황, 전문

　작품의 제목을 〈상황〉이라 했듯이, 우리나라의 현 시대상황을 정확하게 진단하고 은근이 풍자한 것으로 해석된다. 초장에서 '황소 머물다가 배설하고 돌아선 자리'라 했는데, 아무리 생각해도 그 자리에 남아있는 것은 쇠똥밖에 없다. 그 쇠똥은 돈, 권력, 명예, 이권 등을 은유해서 표현한 말이다. 그것을 서로 차지하고 서로 먹겠다고 아귀다툼을 하는 것이 현재 우리 정치권, 또는 노사관계의 현실이다. 서로 싸우는 존재들을 쇠똥구리 말똥구리라 지칭했는데, 이것도 가진 자와 못 가진 자, 노동자와 사용자, 정계의 여와 야 등 무엇으로 생각해도 상관없다. 그러나 좌우로 편을 갈라 서로 엉켜 물고 뜯는다고 했으니, 우리 사회의 만연된 좌우, 또는 진보와 보수의 뿌리 깊은 갈등과 투쟁을 비유한 것이라 생각된다.

　하여간에 그들이 편을 갈라 서로 먹겠다고 으르렁대는 것이, 무슨 보물단지인지는 모르지만, 시인의 눈에는 한낱 똥 덩어리로밖에 여겨지지 않는 것들이다. 얼마나 하찮은 것이면 그것을 '분구'라 표현했겠는가. 그 분구를 가운데 놓고 서로 먹겠다고 으르렁대고 다투고 있으니, 그 싸우는 패거리들을 쇠똥구리나 말똥구리로 표현하는 것은 너무나 당연하다고 본다. 그러나 작품 속에서 어느 편을 든다고 밝히지는 않았지만, 소위 민주화 세력 운운하면서 갖은 비리와 횡포를 일삼는 '좌향좌'한 사람들에게 은근히 일침을 놓은 것이라 사료된다.

시병(時病)을 고칠 비책(秘策)은
필시 있을 법 한데

효험이 신통하다는
약 소문만 무성하다

지구는
중증을 앓아
갈수록 비틀거리고.

구암(龜巖)이 쓰던 약통에
잊고 둔 고약 있다면

신 벗어 들고 달려가
송두리째 빌어 와서

곪아 곧
터질 것만 같은
세환부(世患部)에 붙이고 싶다.

― 허준 생각, 전문

허준은 조선 선조 때의 한의학자며 명의다. 선조 때의 전의(典醫)로 1592년 임진왜란 때 선조를 모시고 의주에 다녀와서 가자(加資)를 받았고, 1604년 호성공신(扈聖功臣) 3등에 책록되어 양평군에 피봉되었다. 광해군이 즉위하자 무고로 성문 밖에 물러났다가 이듬해 광해군의 특명으로 해제되었다. 선조의 명령으로 의서 편찬에 착수하여 1610년 〈동의보감〉 25권을 완성하였다.

허준의 약력에 대하여 개략적으로 알아보았거니와, 그는 누구보다도 사람의 병을 잘 고치는 명의다. 그런데 김시인은 상기 예의 작품에서 사람의 병 잘 고치는 명의를 찾는 것이 아니라, 시병(時病) 즉 이 시대의 병폐를 잘 고칠 사람을 찾고 있는 것이다. 인병(人病)을 고칠 비책이 있을 수 있듯이, 시병(時病)을 고칠 비책도 있을 거라는 이야기다. 얼마나 인간사회가 썩고 부패했으면 지구가 중증을 앓는다 하고 갈수록 비틀거린다는 진단을 했겠는가.

그런데 시인의 생각에는 구암이 쓰던 약은 이 시대의 병을 고치는 데도 효험이 있을 것이라 생각하는 데서 시적 발상은 출발된다. 구암이 쓰다 둔 고약이 있다면 신 벗어 들고 찾아가 송두리째 빌어와서, 그 고약을 세환부에 붙이겠다는 것이다. 이 세상의 아픈 상처에 붙인다는 이야기는 이 세상이 그만큼 중병에 걸려 있다는 이야기다. 그 중병을 치유하기 위해서는 조선시대의 명의 허준과 같은 사람이 필요하다는 것을 은근히 내세운 것이다.

   지팡이는 통로에 서서
   휘어진 몸을 가누고

   앞자리엔 가위다리로
   눈을 감고 앉은 청바지

   양속(良俗)은

설 자리도 없어
밀려났네, 먼 옛날로.

인정은 습기를 잃고
미풍마저 사라진 토양

뿌리 없는 '코메리칸'
짙어가는 불감증을

방관할
염치도 없어
비비댔네, 시린 눈을.

– 전철에서, 전문

 요즘의 세태(世態)가 너무 잘 반영된 작품이다. 이른바 삼강오륜이라는 덕목이 유명무실해진 것은 이미 오래 전의 일이다. 우리 사회에 이기주의가 팽배하여 저만 알았지 남을 배려할 줄 모르는 사람들이 너무 많다. 가정교육이 잘못 된 것인지, 학교 교육이 잘못 된 것인지 그 원인을 찾을 수 없지만 잘못 된 풍조인 것만은 틀림없다. 이건 위아래도 없고 어른과 아이의 질서도 없고, 오직 목소리 큰 자만이 제일인 개판이 되어버린 것이다.
 위에 예로 든 작품은 바로 우리 사회의 도덕과 예의와 염치가 무너진 사실을 반증해 주는 것이다. 지팡이를 짚고 있는 이는 노인이고, 눈을 감은 채 청바지를 입고 있는 이는 젊은이다. 옛날 같았으면 젊은이가 일어나서 노인에게 좌석을 양보했을 것이다. 그러나 그 좌석을 양보하기 싫어서 청바지를 입은 젊은이는 두 다리를 꼬고 앉아서 눈을 감고 못 본 체하는 것이다. 그래서 이러한 상황을 미풍마저 사라진 토양이라 했고, 뿌리 없는 코메리칸의 불감증이라고 꼬집었던 것이다. 오죽해서 방관할 염치도 없어 시린 눈을 비비댔다고 했겠는가. 김광수 시인은 본성이 불의를 보면 못 참는 성격이다. 그리고 아무리 힘 있는 자라도 그가 잘못하고 있다면 모르는 척하지 않고 반드시 짚고 넘어가는 성격이다. 이러한 그의 성격이 위 작품에 그대로 반영되었음을 상기시켜 보았다.

4) 표현의 묘미

빽빽이 산 비알을
관객마냥 메운 나무들

철새 떼 어지러이 나는
여의도를 바라보다

변해야 산다는 말에
옷깃마다 물들었나.

뒤틀리는 잎새 끝에
단골로 이는 안개

먼발치 한수에 놀던
숭어는 자취 없고

잡어들 설치는 등살
견디다 못해 피멍 졌나.

침묵을 깔고 앉아
신음하는 바위틈에

뿌리를 내리고서
지친 육신을 추슬려도

철 되면 도지는 시병
그 화열에 데었나.

　　　　　　　　　　－ 관악 단풍을 보며, 전문

　'시조를 잘 썼다 못 썼다'를 판가름 하는 기준은 그 내용이 어떠하냐는 문제보다는 그 표현을 어떻게 했느냐가 중요한 기준이 된다. 초보자들이 쓴 작품을 보면 내용들은 다 좋은 내용을 썼는데, 잘 쓴 작품이라는 소리를 못 듣는다. 그 원인은 표현이 서투르고 산문식 서술법을 사용했기 때문이다. 그래서 시조는 어디까지나 비유로 시작해서 비유로 끝내야 한다는 것이 필자의 생각이다.

　이런 전제를 놓고 위에 인용한 작품을 읽어보면 그야말로 표현의 묘미를 실감하게 된다. 제목 그대로 관악산의 단풍을 보면서 느낀 감상을 노래한 것인데, 작품의 어디를 봐도 관악산의 단풍이 '아름답다'느니, 단풍이 '절정을 이뤘다'느니 하는 말은 없다. 그러나 작품을 자세히 읽어보면 단풍이 들대로 들어 절정에 이른 것을 은유적으로 표현했음을 감지하게 된다. 제1수에서는 '변해야/ 산다는 말에/ 옷깃마다 물들었다'고 했는데, 이 구절은 단풍이 너무 곱게 물들었다는 의미이다. 제2수에서는 '잡어들/ 설치는 등살/ 견디다 못해 피멍 졌나'라고 했는데, 이것은 단풍이 빨갛게 물든 것을 피멍 진 것에 비유한 것이다. 제3수에서는 '철 되면/ 도지는 시병/ 그 화열에 데었나'라고 했는데, 이것도 빨간 단풍을 보고 뜨거운 불길에 덴 것이라 본 것이다. 그 비유가 참신하면 참신할수록 그 표현의 묘미를 절감하게 된다는 것을 상기 작품을 통하여 실증해 본 것이다.

　　새벽 닭 홰를 쳐도
　　잠 못 이루는 대숲 바람

　　멀리 두고 그리던 산천
　　시들프기 타관(他關)만 같아

　　조각진
　　마음 싸안고
　　홀로 설령(雪嶺)을 넘는다.
　　　　　　　　　　－ 서천(西天) 달, 전문

　제목이 〈서천 달〉이니까 새벽녘에 서녘으로 넘어가는 달을 노래한 것이다. 그래서 새벽닭이 홰를 친다 했고, 대숲 바람이 잠을 못 이룬다고 하였다. 어쩌면 김시인 자신이 이런 생각 저런 생각으로 해서 새벽녘까지 잠 못 이룬 것을 은유적으로 표현한 것이라 해석할 수도 있다. 중장 전구에서 '멀리 두고 그리던 산천'이 있다고 했는데, 그 그리던 산천이란 김시인의 고향 경남 하동을 염두에 두고 썼을 것이다. 그렇다면 초장에서 잠 못 이룬다고 한 것은 바로 두고 온 고향 생각 즉 향수 때문에 잠을 이루지 못했다는 해석이 가능하게 된다.
　그런데 그 그리운 고향이 이제는 시들퍼져서 타관과 같다고 했으니, 시인의 심적 상태가 그만큼 황량하고 쓸쓸하다는 것을 의미한다. 그리고 종장에서의 "조각 진/ 마음 싸안고/ 홀로 설령을 넘는" 존재는 1차적으로 서녘 달이라 하겠지만, 2차적으로는 김시인 자신을 은유한 것이다. 그러니까 홀로 설령(雪嶺)을 넘는 존재는 그러한 삶을 영위하고 있는 김광수 시인 자신이고, 그러한 해석이 가능할 때 위 작품 〈서천 달〉은 작품의 격이 한 차원 높은 좋은 시라는 평가를 받을 수 있으리라고 본다.

   목 늘여 환상(幻想)을 좇다
   뜬구름에 혼을 앗겨

   허공(虛空)으로 펼친 나래
   푸른 한 철을 퍼덕이다

   갈대꽃
   하얗게 지는
   강 언덕에 앉은 어옹(漁翁)
           - 재두루미, 전문

 제목이 〈재두루미〉이니까 그 재두루미를 노래했을 것으로 간주하고 이 작품을 읽을 수밖에 없다. 그러나 초장의 전구 '목 늘여 환상을 좇다'라는 구절이나, 후구 '뜬구름에 혼을 앗겼다.'는 구절을 음미해 보면, 단순히 그런 날짐승만을 노래한 것이 아니라는 사실을 감지하게 된다. 왜냐 하면 재두루미라고 하는 무정의 동물이 환상을 좇을 리도 없고, 무엇에 혼을 뺏길 리도 없겠기 때문이다. 그러니 김시인 자신이 자기감정을 재두루미에게 감정 이입시켜 자기 생각을 펼쳐 나간 것으로 해석할 수밖에 없다.

중장에서는 허공으로 펼친 날개가 푸른 한 철을 퍼덕거렸다고 했는데, 재두루미도 강가에만 있는 것이 아니라 푸른 하늘을 비상할 때도 있었고, 푸른 강위를 날아다닐 때도 있었고, 푸른 계절 즉 여름에 마음대로 날아다닐 때도 있었을 것이니, 중장의 내용은 너무나 당연한 것으로 받아들여진다. 그러나 이 작품의 백미(白眉)는 단연 종장에 있다. 그 재두루미를 갈대꽃이 하얗게 지는 강 언덕에 앉아 고기잡이하는 어옹이라 비유했기 때문이다. 갈대꽃이 하얗게 질 때면 계절적으로 늦가을이다. 그 늦가을처럼 고기 잡는 어부도 늙은이이다. 아마도 그 재두루미도 늙은 재두루미였을 것이다. 하여간에 재두루미를 강가에 앉아 낚시질하는 어옹에 비유한 것은 참으로 놀랍다는 말밖에 달리 표현할 말이 없다. 그런데 그 어옹은 다른 사람이 아닌 일상 김광수 시인 자신을 은유했을 것이라는 생각도 든다. 왜냐 하면 누구보다도 낚시를 좋아하고, 밤을 새워 낚시질에 심취하기도 하고, 이따금 낚시하러 호수나 바다를 찾는 일이 있었기 때문이다. 이처럼 김시인은 자기 자신을 은유하는 작품을 많이 생산했는데, 그 밑바탕에는 자아 성찰이나 자기반성과 같은 의식이 자리해 있었기 때문에 그런 작품들을 생산해냈을 것이라는 생각을 해본다.

요즘 우리 시조단은 크게 두 가지부류로 나뉘어져 있다는 생각이 든다. 전자는 시조의 기본형을 파괴하고 시조인지 자유시인지 구분 안 되게 쓰면서 시조를 발전시키는 역군으로 자처하는 사람들이 있다. 후자는 가능하면 시조의 율격, 음보, 정형을 지키면서 내용의 혁신이나 표현기법의 향상을 통하여 시조의 발전을 꾀하려는 사람들이다. 전자는 시조 문장의 문체나 문법에서 자유시와 별 차이가 없도록 쓰는데 반하여 후자는 이런 면이나 격조 면에서 시조답게 쓰는 것을 자랑스럽게 생각한다. 전자는 비유법을 쓰되 너무 파격적이고 의미의 단절을 가져오고 유추가 불가능하게 쓰는 것을 자기들의 특권인 양 생각하고 있는데, 후자는 시상의 통일이나 의미 맥락의 연결을 중시하면서 비교적 유추가 가능한 비유법을 주로 쓰는 사람들이다. 전자는 작품을 쓰기는 잘 썼는데 독자들에게 공감을 주는 것이 드물고, 후자는 평범하게 쓰면서 비교적 독자들이 공감하게 쓰는 사람들이다.

  필자의 이러한 진단이 오류인지는 모르지만, 전자에 속한 사람들은 오만하고 불친절하고 자기도취에 빠져 있다. 필자가 생각할 때 일상 김광수 시인의 작품 경향은 후자의 부류에 속한다. 지킬 것은 지키면서 개혁과 발전을 도모하자는 쪽이다. 그의 이번 두 번째 시조집의 내용을 1. 생활서정이 드러난 작품, 2. 어려운 삶을 대변하는 작품, 3. 현실비판적인 작품, 4. 표현의 묘미라는 항목 등으로 나누어 살펴보았는데, 그 살펴본 결과도 필자가 모두에서 이미 밝힌 바 있는 내용들과 별반 다르지 않다는 결론을 얻었다. 그의 작품 세계에는 생활서정을 담은 것들이 많고, 현실 세계의 부조리와 모순을 꼬집는 작품들도 상당수 있었다. 그러나 그는 누구보다도 정격의 시인이고, 시조스러운 작품을 쓰는 분이고, 참신한 비유법을 통해서 시조의 격을 높이는데 기여하는 시인이란 결론을 얻었다. 김시인은 마치 벽돌을 한 장 한 장 쌓아올려 가면서 튼튼한 집을 짓는 건축사와 같다는 생각을 하게 되었다. 이번의 작품집이 시조에 관심 있는 분들에게 많은 관심과 호평 받기를 기대하면서 이만 장황한 무사를 줄인다.

3. 자연 친화 의식과 생활서정의 세계_ 김석철의 시조세계

시의 본질에 대하여는 많은 선학들이 논의했는데, 그 중 몇 분의 이론을 들어보면 다음과 같다. "시적이라 할 때 우리는 정서적이고 상상적인 것으로 이해한다."(Hudson), "시는 미의 운율적 창조이다."(Poe), "시적 진실은 먼저 예술가치로서 정서적 감동이다. 감성으로서 받아들이고 감성으로 표현하며 감성에 자극하는 것이 시의 정통적 본질이다."(조지훈), "시에 있어서 실질적 장면이나 사건은 배제되고, 사실의 묘사와는 다른 시적 직감력에 의해 체험이 재구성되고, 이렇게 해서 된 체험의 합성이야말로 곧 시의 특성이다." (이재선) 이처럼 제가들의 견해를 들어보았지만, 일반적으로 시는 인생의 표현이요 생명의 해석이라고 한다.

그렇기 때문에 시는 자연을 노래했건 사회를 노래했건 현실을 노래했건 어디까지나 인간의 구경적인 표현이 되어야 한다. 이처럼 인간을 나타내는 것이기에 옛날부터 "글은 곧 그 사람이다."라고 했다. 작품을 읽어보면 대체로 인간생활과 밀접하게 관련되어 있었다. 그리고 시의 대상은 자연과 인간이다. 고전문학을 읽거나 현대문학을 대하거나 그 소재가 자연이나 인간을 벗어난 것은 드물다. 좀더 의미를 확대하면 인간도 자연의 일부이니까 시의 대상은 자연이라 할 수 있다.

그래서 그런지 김석철 시인의 이번 작품집을 통람하면 자연을 대상으로 했거나 자연 친화적인 내용이 많다. 「논어」를 보면 '인자요산'이란 말이 나오는데, 어진 사람은 천명을 좇고 욕심에 움직이지 않는 고요한 마음이 흡사 산과 같아서 산을 좋아한다고 하였다. 결국 자연을 사랑한다는 이야기는 마음이 착하고 어질고 순수하고 바르다는 이야기가 된다. 이런 마음 바탕과 올바른 정신세계를 지닌 사람이 시를 썼을 때 문학적 성과를 거둘 수 있다고 본다. 그렇지 못한 사람의 글은 마치 가화와 같아서 헛것 또는 가품이 될 수밖에 없고, 아울러 독자들에게 감명을 줄 수 없는 것이다. 필자가 접해본 바로는 김시인의 작품 속에는 진실성, 순수성, 창의성이 충분히 함유되어 있다. 실제로 작품을 읽으면서 이런 문제들을 탐구해 보고자 한다.

1) 자연 소재들의 형상화

가슴에 숨어 살던 꿈
하늘에서 반짝인다

만상들 어루만지는
다사론 어진 눈빛

저렇듯
아슴하여도
키우는 꿈 밝아라.

풍진에 지친 일상
찌든 때도 씻어주고

입혀주는 제 빛깔은
신령스런 마법의 손

세월이

억겁이라도
한결같은 꿈인 걸.

- 별빛, 전문

　이 작품에서는 가슴에 숨어살던 꿈이 바로 〈별빛〉이라는 등식이 성립된다. 그 별빛은 만상을 어루만지는 다사론 눈빛과 같다고 하였다. 종장에서는 '저렇듯/ 아슴하여도/ 키우는 꿈 밝아라.'라고 했는데, 이 구절에서는 별빛의 속성이나 꿈의 속성을 잘 나타내 주었다. 둘째 수의 내용도 마찬가지다. 우리들이 지니고 있는 〈꿈〉은 풍진에 지친 일상에 찌든 때를 씻어주는 역할을 한다. 그리고 그 꿈은 신령스런 마법의 손 역할을 한다. 그러니 세월이 억겁이라도 한결같은 꿈이라 할 수 있었던 것이다.
　시에서 가장 중요한 것은 비유법을 잘 쓰는 일이다. 이 작품에서는 자아가 지니고 있는 꿈을 밤하늘에 반짝이는 별빛에 비유하였다. 그래서 이 작품은 별빛에 대하여 이야기한 것 같기도 하고 꿈 즉 희망에 대하여 이야기한 것 같기도 하다. 시골에서 유소년 시절을 보내는 사람들은 밤하늘에 반짝이는 별을 바라보면서 자신의 꿈을 키워나간다. 그러한 꿈이 있었기에 희망을 갖고 최선을 다해서 공부하고 노력하였던 것이다. 그리고 별빛과 같은 꿈이 있었기에 힘과 용기를 갖고 만난을 극복하면서 성공할 수 있었던 것이다. 아마 김석철 시인도 유소년 시절 고향에서 밤하늘의 별을 바라보면서 자신의 꿈을 키워나갔을 것으로 사료된다. 그 결과 희망과 꿈이 결실을 맺어서 한평생 교육계에 종사하면서 교장선생님까지 되고, 한편으로는 별처럼 빛나는 작품을 빚어내는 시조시인이 되었다고 생각한다. 이처럼 소재는 자연에서 취해오고 이야기는 자신의 이야기를 펼쳐나가는 것이 시의 중요한 기법이란 것도 아울러 밝혀둔다.

    시름의 실타래로
    추적추적 내리는 비

    지나온 발자국엔
    아쉬움만 고이고

    올올이
    서러움 배어
    야윈 가슴 적신다.

    우울이 깃을 펴고
    왼 하늘을 덮더니

    스산한 빈 뜨락에
    내리치는 찬비구나

    아서라
    관절 시린 한
    비켜갈 순 없을까.

                                - 가을 비, 전문

그 어느 계절의 비보다도 가을비는 처량한 느낌이 든다. 그런데 제1수 초장을 보면 추적추적 내리는 비를 시름의 실타래 푸는 것에 비유하였다. 또 이처럼 비 내리는 날 감상에 젖을 때는 지난날을 돌아보고 회상하게 된다. 이렇게 자신의 과거를 회고하면 아쉬움과 미련만 남는 것이 인생이라고 하겠다. 그 가을 비 내리는 것을 보고 얼마나 슬픈 감정을 느꼈으면 올올이 서러움 배어 야윈 가슴을 적신다고 했을까. 실제로 이 가을비는 사람에게 즐거움이나 만족을 주기보다는 서러움과 슬픔을 주는 경우가 많다. 제2수에서 '우울이 깃을 펴고/ 왼 하늘을 덮더니'라 한 것은 비가 내리기 직전의 먹구름이 덮힌 하늘의 상태를 가리킨다. 그리고는 스산한 빈 뜨락에 찬비가 내리친다고 하였다. 그냥 〈내린다〉는 말과 〈내리친다〉는 말은 어감면에서 상당한 차이를 가져온다. 그리고 종장에서는 '관절 시린 한/ 비켜갈 순 없을까'라고 했는데, 그 의미망이 정확하게 떠오르지는 않지만, 나쁜 것, 불길한 것, 한스러운 것은 겪지 말고 피해 갔으면 좋겠다는 의지를 나타낸 것으로 이해된다.

이 작품을 읽어보면 그 내면 의식이 밝지 못하고 어둡다는 것을 감지할 수 있다. 〈시름〉, 〈아쉬움〉, 〈서러움〉, 〈야윈〉, 〈우울〉, 〈스산한〉, 〈찬비〉, 〈시린 한〉 등의 시어가 주는 이미지는 독자들을 울적하게 만든다. 역시 이 작품도 표면적으로는 가을비라고 하는 자연물을 노래한 것 같지만 내면적으로는 그 가을비를 통해서 자신의 울적한 심정을 노래했다고 보는 것이 온당할 것이다.

　　버려둔 박토에도
　　자생하는 질긴 근성

　　환생의 미소 마냥
　　돌 틈에 내민 얼굴

이거야
천지신명의
비밀스런 조화로세.

모진 가뭄
폭우에도
맨몸으로 다스린 삶

눈물 같은 이슬 먹고
바람으로 흔들린다

그렇지
삶은 그토록
아름다운 꽃일레.

— 들풀·2, 전문

  이 세상에는 식물의 종류도 많다. 그 식물 중에는 사람들의 사랑을 받는 것도 있고, 사람들의 필요에 의해서 값이 나가는 것이 있고, 들풀처럼 존재 가치를 인정 못 받는 것도 있다. 들풀은 존재 자체가 미미해서 누가 알아주는 것도 아니고 누가 보아주는 것도 아니다. 그러나 버려둔 박토에도 자생하는 질긴 근성을 가지고 있다. 돌 틈 서리에 나서 겨우 생명만 부지하는 것들도 있다. 그러나 봉래산의 낙락장송이든, 많은 사람들의 칭송을 받는 매죽국란이든, 봄날 화사하게 피어 많은 사람들의 눈길을 끄는 목련이든 생명의 귀중함이란 면에서는 동일시될 수밖에 없다. 오히려 이러한 들풀의 존재에서 생명의 귀중함, 자연의 신비스러움, 천지신명의 조화 같은 것을 느낄 수 있는 것이다.

그 열악한 환경 속에서 살아가는 자체가 너무 힘들게 느껴진다. 그래서 모진 가뭄, 폭우에도 맨몸으로 다스린 삶이라 인식하였다. "눈물 같은 이슬 먹고/ 바람으로 흔들린다."는 이야기는 들풀의 생존을 위한 처절한 몸부림을 그렇게 표현한 것 같다. 그처럼 처절한 삶을 부지하기에 아름답게 느껴졌고, "삶은 그토록/ 아름다운 꽃일 레"라고 노래했던 것이다.

이 작품은 들풀에 감정이입을 시켜 시인 자신이 하고 싶은 이야기를 들풀에 의지해서 토로해 나갔다. 어쩌면 들풀은 시인 자신을 은유한 것이라 볼 수 있지만, 그렇지 않다 하더라도 시인은 들풀이란 자연물에 무한한 애정을 보내고 있는 것이다. "환생의 미소", "비밀스러운 조화", "아름다운 꽃" 등의 표현이 그러한 태도를 증명해 준다. 이 밖에도 김시인이 자연을 소재로 형상화한 작품을 예로 들면 다음과 같은 것들이 있다.

① 연분홍 그리움이/ 가슴 가득 출렁여도(진달래꽃, 중장)
② 소르르 눈 뜨는 새싹/ 경이로운 산하여라(봄날에5, 1수 종장)
③ 감추듯 여민 열정/ 선홍으로 벙글었네.(동백꽃, 중장)
④ 용케도/ 뿌리 내려/ 한 살림 차린 풀꽃(생명1, 중장)
⑤ 하늘의 영기 받아/ 산신령이 내렸던가.(칠갑산, 중장)
⑥ 섭리로 받아들여/ 서사시를 지었것다.(채석강, 2수 종장)
⑦ 살며시 불러 모으는/ 보이지 않는 손짓(꽃향기, 초장)
⑧ 눈 시린 쪽빛 하늘/ 머리 위에 받쳐 이고(가을 산책1, 1수 중장)
⑨ 청청한 숲 그늘에/ 풍류를 즐기더니(낙엽, 중장)
⑩ 하늘을 우러르며/ 심성을 맑히우고(삼각산 소나무, 2수 초장)

이밖에도 얼마든지 예를 들 수 있지만 번거로울 것 같아서 생략한다. 김석철 시인이 이처럼 자연 소재를 많이 선택하고, 그것들을 시적으로 형상화하고, 자신의 느낌이나 의지를 개진하는 것은 그만큼 자연을 사랑하고 친화적인 태도를 지녔기 때문이다. 인간은 자연에서 와서 자연으로 돌아가게 되어있다. 그러니 자연의 순리를 따르고 그 자연을 사랑하고 자연을 대상으로 노래하는 것은 당연하다고 본다.

2) 생활 서정의 표현

그래도 이제 까진
버틸 만큼 버텼것다

빈주먹 억한 가슴
속울음을 삼키면서

올해만
또 올해만을
신앙처럼 믿었니라.

말로만 들었거든
실감이 안 나리라

해마다
쌓이는 빚
허리 굽는 애늙은이들

이 지경
한심한 꼴이

어느 누구 때문인지.

― 다시 고향에서, 전문

　위 작품은 제목 그대로 김시인이 고향에 가서 보고 듣고 느낀 점을 노래한 것이다. 그러니까 시인 자신의 이야기가 아니고 자기 고향의 현실을 작품화한 것이다. 김시인 고향의 이야기라고 했지만 사실은 우리나라 농촌 전체의 당면과제라 해도 과언 아니다. 일년 내내 농사를 지어도 농자금, 자녀들의 학자금 문제로 빚을 안 진 가정이 없다는 것이다. 더구나 근래에는 농산물 개방 정책이 추진되어 피해를 본다는 것이 농촌 사람들의 하소연이다. 그만큼 그들의 빚 문제가 심각하니까 대선 때마다 농가 빚 탕감 문제가 이슈로 떠올랐다고 하겠다. 이처럼 농촌의 현실이 절박하니까 이제까지는 버틸 만큼 버텼다고 했는데, 이 말의 내면에는 '더 버티지 못하겠다.' '더 참을 수 없다.'는 의미가 함축된 것이다. 아무리 힘들여 일을 해도 남는 것이 없으니까 빈주먹 억한 가슴에 속울음을 삼킨다고 이야기할 수밖에 없는 것이다. 오늘은 비록 힘들더라도 내일은 좀 낫겠지 하면서 살아가는 것이 인간이다. 그래서 "올해만/ 또 올해만을/ 신앙처럼 믿었니라"라고 노래하였다.

　사실 농가의 부채 문제, 농촌의 어려운 문제는 도시인으로서는 말로만 들어왔지 실감이 안 났었다. 그러나 실제로 농촌에 가서 보고 듣노라면 해마다 쌓이는 빚에 허리가 굽지 않은 사람이 없다. 이런 현실을 "이 지경/ 한심한 꼴이/ 어느 누구 때문인지"라고 한탄했는데, 위정자들이 말로는 농촌을 위하겠다고 하면서, 사실은 농촌 문제를 등한시하기 때문에 그런 결과가 온 것이다. 누구 때문이냐고 항변했지만 어디다 책임을 물을 수도 없으니 더욱 답답한 것이다. 그러니 막연하게 구조적 문제라고 이야기할 수밖에 없는 것이 오늘날의 농촌의 현실이다.

    어둠을 밀쳐내고
    개벽하는 새 아침

    은혜로운 금빛 햇살
    만상들에 뿌려주면

    어느 새
    활기를 찾는
    새 천지의 눈부심.

    지난 밤 꿈결에도
    헤매던 어둠의 길

    신통한 해법으로
    길은 다시 트여지고

    새로이
    꾸미는 설계
    윤기 더욱 빛나리.

                                      - 새로운 일과, 전문

  같은 일을 반복하더라도 하루가 지나고 새날이 오면 새로운 일과가 시작되는 것이다. 위 작품은 그러한 새로운 일과를 맞는 감회를 노래하고 있다. 제1수 초장에서 "어둠을 밀쳐내고/ 개벽하는 새 아침"이라 이야기했지만, 실은 어제의 밤이 지나가고 오늘의 새 아침이 다가오는 것이다. 그 새 아침의 해가 떠서 광명한 금빛 햇살이 온 누리의 만상을 비춰주는 것이다. 그렇게 되면 새 천지는 눈부신 광경을 연출하고 삼라만상은 활기를 되찾게 된다.

  제2수는 새로운 이야기를 하는 것이 아니고 제1수의 내용을 반복한다는 느낌이 든다. 지난 밤의 어둠을 꿈결에도 헤매던 어둠의 길이라고 표현하였다. 동이 트기 시작하면서 어둠이 사라지는 것을 신통한 해법으로 길은 다시 트여진다고 표현하였다. 다음에는 새로운 일과가 순조롭게 진행되고 성과를 거두기 바라면서 "새로이/ 꾸미는 설계/ 윤기 더욱 빛나리."라는 구절로 마감을 하였다. 하여간에 이 작품을 통해서는 김시인의 밝고 긍정적인 인생관을 감지할 수 있다. 내용 자체가 새로운 일과를 이야기해서 그렇지만, 밝은 면, 역동적인 면, 희망적인 면을 이야기해서 전반적으로 긍정적인 느낌을 갖게 한다.

      한탄강 물길 따라
      기암절벽 급류지대

      고석정 고석바위
      철원 팔경 뽐내는데

      아뿔사
      철의 삼각지
      박힌 상처 어쩔까.

풍운객 임꺽정도
예서 한때 노닐던 곳

뜨고 진 일월 속에
산천은 의구한데

이제는
전적기념관
길손들만 오가네.

— 고석정, 전문

    고석정은 철원군 동송읍 장흥리에 위치했다. 1977년 국민관광지로 지정된 고석정은 한탄강 중류에 위치한 철원 팔경 중에서도 으뜸이다. 강 중앙에 10m 높이의 거대한 기암괴석이 있는데 이것을 고석암이라 한다. 이 암봉 주변의 경치를 즐기기 위해 신라의 진평왕이 고석정이란 정자를 지었다는 전설이 전한다. 고석정은 조선조 초기 임꺽정의 활동 무대로도 알려져 있으며, 이곳에는 철의 삼각지 관리사무소가 있어 안보관광을 할 수 있는 관광의 최적지이다.
    이 작품은 고석정을 다녀와서 쓴 기행시조이다. 앞에서 고석정에 대한 자세한 소개를 했는데, 바로 그러한 내용들을 작품화하였다. 이미 밝힌 대로 고석정은 단순히 경치만 아름다운 것으로 그치지 않고, 6.25 당시 격전지였던 철의 삼각지에 해당되는 곳이기도 하다. "아뿔사/ 철의 삼각지/ 박힌 상처 어쩔까"라고 했는데, 그 전쟁이 끝난 지 50년이 되었지만, 그 당시의 전흔과 아픈 상처는 아직도 아물지 않고 있는 것이다. 또 "이제는/ 전적기념관/ 길손들만 오가네."라고 했는데, 이 전적기념관을 관람하면 6.25 당시의 전쟁사를 한눈에 볼 수 있다. 바로 그런 것들을 보기 위하여 많은 사람들이 이곳을 찾고 있으니, 길손들만 오가네라고 노래했던 것이다.

고석정은 빼어난 경관을 볼 수 있는 명소이면서 6.25전쟁의 전흔과 상처를 볼 수 있는 역사유적지이다. 그런 의미에서 이 작품은 김석철 시인의 나그네 의식이나 역사의식을 점쳐볼 수 있는 좋은 예라고 생각한다.

3) 불교적 소재들을 노래함

각황전 괘불탱
4사자 3층 석탑

치장했던 화엄석경
그 파편은 말이 없고

숲 짙은
그늘 아래로
중생들의 푸른 기원.

골물소리 목탁소리
여울지는 독경소리

솔바람 한 올에도 깨우침은 실려 오고

노스님
무량심 속에

천년 깊은 화엄경.

  - 화엄사에서, 전문

 화엄사는 전남 구례군 마산면 황전리에 있다. 그러나 일반적으로는 지리산 노고단의 서쪽 기슭에 있다고 생각하면 된다. 지리산은 국립공원 제1호로 지정되었고, 전남 구례군, 전북 남원군, 경남 함양군, 산청군, 하동군 등 3도 5개 군의 경계를 이루는 한국 최대, 최고의 산이다. 이 절은 조선조 제16대 인조 8년 벽암대사가 대중수를 시작하여 7년 만에 폐허의 화엄사를 다시 일으켰고, 그 뜻을 이어받아 성능선사가 국보인 각황전을 완공하였다. 대개의 절은 대웅전 중심의 가람 배치를 하지만, 이곳은 각황전이 중심을 이뤄 비로자나불을 주불로 모신다. 이곳에는 국보급 문화재가 3점 있는데, 석등, 4사자 3층 석탑, 각황전 등이다.

 이처럼 불교적 소재들을 작품화했다는 것은 김시인이 불교 신자이든 아니든 불교에 대한 지대한 관심이 있다고 이해된다. 다시 말해서 불교에 대하여 상당한 호감을 갖고 있다는 이야기다. 앞에서는 〈화엄사〉에 대하여 개략적인 설명을 했는데, 그곳에 가면 각황전, 괘불탱, 4사자 3층 석탑, 화엄석경을 볼 수 있다는 것이 제1수의 내용이다. 그러나 여기서 시인이 정말로 하고 싶은 이야기는 종장의 "숲 짙은/ 그늘 아래로/ 중생들의 푸른 기원"이다. 중생들이 불심과 자비심을 갖고 열심히 불공드리고 기도하는 자세를 가졌으면 좋겠다는 이야기다.

 또한 화엄사는 지리산 노고단의 서쪽 산자락에 위치해 있기 때문에 이곳에 가면 골물소리, 목탁소리, 독경소리를 들을 수 있다. 이런 것들은 단순한 소리가 아니고 중생들을 깨우쳐주고 구원해주는 중요한 요소가 된다는 것이다. 그리고 〈무량심〉, 〈화엄경〉 등의 용어가 등장하는데, 전자는 수량으로 헤아릴 수 없을 만큼 많고 큰 부처님의 자비심을 가리키고, 후자는 크고 방정하고 넓은 이치를 깨달은 부처님의 꽃같이 장엄한 경전이란 뜻이다. 한마디로 이러한 불교 전문 용어를 동원하여 작품을 썼다는 것은 김시인이 그만큼 불교에 대한 관심과 의식이 남다르다는 것을 증명해 주는 것이다.

   남도의 끝자락
   해남 두륜산 기슭

   터널 같은 구림 숲길
   구곡구교 돌아들면

   작설차
   따르는 소리
   적막 속에 길을 낸다.

   일주문 넘어서니
   고승대덕의 부도밭

   초의선사 마중하고
   미소 짓는 서산대사

   천불전
   넘치는 가피
   대도량에 물결 일고.
                - 대둔사, 전문

대둔사는 전남 해남에 위치한 구 대흥사를 가리킨다. 해남읍에서 동남으로 12km 지점에 위치했고 두륜산 서쪽 계곡에 자리 잡았다. 「古記」에는 중국 곤륜산맥의 줄기가 동쪽으로 흘러서 백두산을 이루고 이곳 해남에 이르러 그 줄기가 다했다고 전한다. 곤륜의 〈崙〉과 백두의 〈頭〉를 따서 두륜산(頭崙山)으로 불리다가 언제부터인가 두륜(頭輪)으로 표기하게 되었다는 것이다. 두륜산에는 아름다운 계곡이 많고 그 골짜기들에는 아름다운 이름의 다리가 놓여 있다. 그것을 구곡(九曲), 구교(九橋)라고 부른다.

경내에는 북암마애여래좌상 등 보물 4점과 천연기념물 125호인 왕벚꽃나무, 천불상과 천불전 등의 지방문화재, 서산대사유물관 등이 있다. 총 90여 평의 이 현대식 유물관에는 서산대사의 평생의 행적을 엿볼 수 있는 50여 점의 유물들이 전시되었다. 또 다도(茶道)와 대흥사(大興寺)는 깊은 관련이 있다고 한다. 기록에 의하면 조선조 후기에 대흥사의 초의선사가 우리나라 최초의 다서(茶書)를 저술하고, 다를 재배 법제하여 널리 펴는 등 다도의 이론적인 면이나 실제적인 면에서 크게 정리하고 닦음으로써 한국의 다도를 중흥하였다.

이제까지 대둔사의 중요한 사적과 관련 인물에 대하여 소개하였거니와, 위 작품은 이러한 내용들을 소개하면서 작자 자신의 감흥을 덧붙였다. 얼마나 대둔사의 차가 유명하면 작설차 따르는 소리가 적막 속에 길을 낸다고 했겠는가. 이곳이 서산대사와 초의선사의 유적이 많은 곳이니까 초의선사 마중하고 서산대사 미소 짓는다고 하였다. 특히 지방문화재로 지정된 천불전과 천불상은 이 절의 명물이라고 한다. 그래서 천불전의 넘치는 가피 대도량에 물결 인다고 했던 것이다. 이 작품 또한 김석철 시인의 불교에 대한 관심을 어느 정도 짐작케 해준다는 점에서 중요한 의미가 있다고 본다.

> 합장으로 승천한 빛
> 타래로 내리는 밤
>
> 새도록 고요 감싸고
> 떠다니는 외로운 섬
>
> 지성껏
> 올린 기원이
> 연꽃 받쳐 떠있네.
>
> — 연등1, 전문

연등회는 고려 때의 풍속으로 왕궁, 서울, 시골 할 것 없이 매년 정월 보름날에 이틀 밤을 등불을 켜던 행사였다. 그리고 1010년 현종 때부터는 매년 2월 보름에 연등회를 베풀었다. 그 후 공민왕 때부터는 4월 8일 궁중에서 연등하고, 조선시대에도 국초부터 반세기 전까지 왕궁에서 여러 가지 등을 만들어 불을 켰다. 서울 종로에서도 각 상점마다 승벽으로 여러 가지 이상한 등을 만들고 불을 켜서 4월 초파일을 흥미 있게 맞이하였다.

위 작품은 바로 이러한 연등 행사를 제재로 해서 쓴 것이다. 비록 장소가 어디인지 밝히지는 않았지만 어느 절간에서 밤새도록 등불을 켜놓은 것을 보고 지은 것이다. 그래서 시간적 배경은 4월 초파일 밤이고 공간적 배경은 어느 사찰이라고 생각한다. 그런데 그 연

등 행사가 진행되는 시간은 합장으로 승천한 빛이 타래로 내리는 밤이었다. 중장에서는 "새도록 고요 감싸고/ 떠다니는 외로운 섬"이라고 했는데, 여기서 〈섬〉이란 바로 〈연등〉을 비유했다는 생각이 든다. 그런데 그 연등은 불자들이 정성껏 올린 기원이 연꽃으로 되어 공중에 달아놓은 것이었다. 그래서 "연꽃 받쳐 떠있네"라고 표현했던 것이다. 이밖에도 불교적 성격을 지닌 작품들을 예로 들면 〈동자승〉, 〈연등2〉, 〈봉은사에서〉, 〈향일암〉 등이 있다.

4) 인물이나 사물들을 노래함

이십에 뜻을 세워
구순 넘게 일군 시업

시조단의 자랑으로
우뚝 솟은 봉우리여

오늘도
그 푸르름이
햇살 타고 뻗히는 걸.

어둡던 그 시절
단심으로 길을 열어

지극 정성 꽃을 피운
천금보다 귀한 시상

무지개

수틀을 이뤄
　　꿈속까지 밝히는 걸.

　　　　　　　　　　　　　- 오늘도 그 푸르름이, 전문

　이 작품에는 '황산 고두동 선생 5주기에'라는 부제가 달려 있다. 고두동 선생은 1903년 출생이고 6세 때부터 한문과 한시를 배웠으며, 13세 때에는 한시를 지을 수 있었다. 1948년에는 25여 년 간 몸담았던 공직 생활을 청산하고 문학 및 고대사 연구에 전념하였다. 1970년부터 향토문화 연구회 회원과 1973년에는 고대사 연구회 부산 지부장을 지냈다. 만년에는 사람들과의 왕래가 드물어 고독하게 지냈으며, 1994년 12월 9일 향년 92세로 생애를 마치었다.
　고두동은 1924년 동아일보에 〈월야〉와 〈추천〉이 춘원의 심사를 거쳐 발표된 후 본격적인 시작 생활을 하였다. 1925년에는 유치진, 박명국 등과 함께 〈토성〉이라는 지방 문예지를 창간하였다. 일생 동안 시조만 고집했지만 한때는 황석우 시인이 주재하던 〈장미촌〉에 자유시를 발표하였다. 그의 시조 창작에 많은 영향을 준 분은 가람이다. 그는 동아일보에서 펴낸 「가람 시조집」을 구해 읽고 감명을 받아 가람과 교유를 시작 했다는 것이다. 고두동은 수많은 시조를 창작 발표했을 뿐 아니라, 시론, 시평, 시조론 등을 써서 이론면에도 남다른 경지를 보여주었다.
　상기 작품은 황산의 시조에 대한 열정과 업적을 기리면서 5주기를 추모하는 추모시다. 그분을 시조단의 자랑으로 우뚝 솟은 봉우리라고 칭송하였다. 그 업적이 빛나기 때문에 오늘도 그 푸르름이 햇살 타고 뻗친다는 것이다. 황산의 작품에 대하여 지극 정성 꽃을 피운 천금보다 귀한 것이라고 하였다. 그러니 무지개가 수틀을 세워 꿈속까지 밝힌다는 평가를 내릴 수 있었던 것이다. 하여간에 김 시인은 고두동의 인간과 작품에 대하여 최고의 찬사를 아끼지 않았다는 것이 필자의 생각이다.

    초탈한 한과 번뇌
    홀가분한 자유의 멋

    미련 없이 잎을 버린
    정갈한 가을 나무

    안으로
    깨어 있는 삶
    샘물처럼 맑은 걸.

    축복의 갈 햇살에
    연히 익은 과육 마냥

    홍그런 홍안의 미소
    바람결에 무늬 인다

    고결한
    목숨의 빛깔
    곱게 여민 매무새.

                                        - 수녀·1, 전문

수녀는 가톨릭교에서 특별히 수도하는 여자이다. 독신으로 청빈과 동정과 복종을 서약하여 지킨다는 것이다. 하여간에 물질만능주의와 부귀영화를 추구하는 현실 세계를 떠나서 오로지 심신의 도를 닦고, 깨끗하고 지조 있게 일생을 사는 것이 그들의 생활 태도라고 하겠다. 오늘날처럼 혼탁하고 무질서하고 퇴폐적인 세계에서는 이런 분들이 많으면 많을수록 살기 좋은 세상이 이루어지리라고 본다. 그러니 수녀에 대하여 좋은 이미지를 갖고 칭송하는 것은 당연지사일 것이다.

그래서 수녀들은 한과 번뇌를 초탈하여 홀가분하게 자유를 누리면서 사는 사람들이라 보았다. 그것은 마치 미련 없이 잎을 버린 정갈한 가을 나무와 같다는 것이다. 수녀를 가을 나무에 비유했는데, 참신하고 좋은 표현법이다. 그들의 정신세계 또한 맑고 깨끗하기에 "샘물처럼 맑은 걸"이란 구절로 종장을 마무리 하였다. 수녀들을 기리는 내용은 그 다음 수에도 이어진다. "축복의 가을 햇살", "연하게 익은 과육", "홍안의 미소", "고결한 목숨의 빛깔" 등이 모두 아름답게 칭송하는 표현들이다. 수녀에 대한 이러한 마음가짐이 "누구에도 들키지 않은/ 작은 가슴의/ 타는 불길/ 아무도/ 근접치 말아요/ 성스러운 저 둘레"(수녀・2)라는 찬사로 이어졌던 것이다. '성스러운 저 둘레'라고 한 것은 수녀에게서 느낄 수 있는 분위기를 묘사한 것이지만, 인간을 두고 한 말 중에서는 최고의 찬사라 아니 할 수 없다.

　　내 가장 친근한 척
　　목을 죄는 이놈은

예절 바른 자태로
매양
날 훈계하며

한 치의
구김도 없는
떳떳한 삶을 주문한다.

비틀거리는 나를
바로바로 곧추 세워

규율 잡는 이놈은
필시 귀족의 후손

오늘도
환한 얼굴로
출근길을 앞서간다.

— 넥타이, 전문

  사무직에 종사하는 사람은 주로 넥타이를 매고 근무한다. 사무직이 아니라 하더라도 양복 입고 와이셔츠에 넥타이 매는 일을 한번도 안 해본 사람은 드물 것이다. 그 넥타이를 가장 친한 척하면서 목을 죄는 〈이놈〉이라고 하였다. 여기서 〈이놈〉이라 표현한 것은 비하하기 위해서 쓴 것이 아니고, 친근감을 더해주기 위하여 쓴 표현으로 본다. 넥타이를 매는 일은 매지 않았을 때보다는 상대방에 대한 예의를 갖춘 것으로 보기 때문에 "예절 바른 자태로/ 매양/ 날 훈계한다."고 보았다. 그처럼 훈계해주고 깨우쳐주니까 한 치의 구김도 없는 떳떳한 삶을 주문하는 것으로 해석한 것이다.

　김석철 시인은 넥타이를 "비틀거리는 나를/ 곧추 세워주는 존재"로 보았다. 또한 규율 잡아주는 존재로 보았고, 귀족의 후손일 것이라고 보았다. 하여간에 넥타이를 부정적으로 본 것은 아니다. 비록〈이놈〉이란 말을 반복해서 썼지만, 호감을 갖고 긍정적으로 본 것은 틀림없다. 종장에서 "오늘도/ 환한 얼굴로/ 출근길을 앞서간다."는 구절에서 더욱더 그러한 확신을 갖게 한다. 그러니 김시인은 〈넥타이〉라는 사물을 통해서 자신의 반듯하고 떳떳하고 긍정적인 인생관을 표출시켰다고 보는 것이 온당할 것이다.

　이제까지 김석철 시인의 새로 발간되는 시조집을 통해서 그의 작품세계를 살펴보았다. 한 시인의 작품세계를 알아보려면 그가 발표한 작품 전체를 대상으로 해야 되는데, 이번에 발간되는 시조집만 대상으로 했다는 데서 한계점이 있다. 그러나 티끌을 모아 태산을 이루고, 벽돌을 한 장씩 쌓아서 큰 건물을 짓듯이, 이러한 소론들이 모여 나중에는 종합적인 평가를 내릴 수 있을 것이다. 옛날부터 "글은 곧 그 사람이다."라는 말을 많이 들어왔는데, 이번 시조집의 내용을 통해서도 그러한 말이 맞는다는 것을 실감할 수 있었다. 그 작품 하나하나에 김시인의 인간적인 면, 사회를 바라보는 눈, 사물을 대하는 관점, 자연관, 긍정적인 인생관 같은 것을 찾아볼 수 있었다.

　그리고 논의의 편의상 몇 단락으로 나누어 살펴보았는데, ① 자연 소재들의 형상화, ② 생활 서정의 표현, ③ 불교적 소재들을 노래함, ④ 인물이나 사물들을 노래함 등이다. ①의 내용을 제시하면 소재는 자연에서 취해오고, 이야기는 시인 자신의 이야기를 펼쳐나가는 중요한 시적 기법을 나타낸 것으로 보았다. 또한 자연 소재를 많이 선택하고, 그것들을 시적으로 형상화하고, 자신의 느낌이나 의지를 나타낸 작품이 많은 것은 그만큼 자연을 사랑하고 친화적인 태도를 지녔기 때문이라고 보았다. ②는 생활 서정의 표현이란 제목 그대로 시인이 보고 듣고 느낀 점을 술회한 작품들을 대상으로 살펴보았다. 그래서 농가 부채가 많아 어려움을 겪는 고향을 노래한 작품을 예로 들었다. 그리고 생활 서정을 그린 작품에는 밝은 면, 역동적인 면, 희망적인 면을 이야기해서 긍정적인 느낌을 준다고 하였다. ③불교적 소재들을 다룬 작품에서는 불교 전문 용어를 구사하여 작품을 썼다는 것을 알 수 있었고, 불교에 대한 관심과 의식이 남다르다는 것을 확인할 수 있었다. 그리고 〈연등1〉이란 작품은 비유법을 잘 구사해서 개성적인 표현을 했다고 본 것이다. ④인물이나 사물들을 노래한 작품에서는 먼저 황산 고두동 선생의 인간과 작품에 대하여 최고의 찬사를 아끼지 않았다고 보았다. 역시 〈수녀〉를 노래한 작품도 인간을 내상으로 한 말 중에는 최고의 찬사를 보낸 것으로 해석하였다. 그리고 〈넥타이〉를 노래한 작품을 통해서는 시인의 반듯하고 떳떳하고 긍정적인 인생관을 함축하였다고 본 것이다.

 이처럼 장황한 논의를 전개했지만 핵심은 찌르지 못하고 주변만 건드렸다는 생각이 든다. 앞으로 유능한 해설자가 나와서 김석철 시인의 작품의 본질을 규명해 주었으면 하는 바램이다. 그렇더라도 김시인은 변격이나 파격을 하지 않고 시조의 정형과 정격을 지켜서 전범을 보여주었다고 생각했다. 아울러 그의 작품 내면에는 진실성, 순수성, 독창성 등이 함유되어 있어 읽으면 읽을수록 새로운 맛을 느끼게 한다는 점도 부언해 둔다.

4. 시의 밭 일구고 가꾸는 장인 정신_ 이성욱의 시조세계

이성욱 시인은 시인으로보다는 교육자로 더 잘 알려졌다. 1969년부터 서울 시내 중고교 교사, 교육부·한국교원대학교 교육 연구관, 갑천 중·고등학교 교장, 사임당 교육원 원장 등 한 평생을 교육계에 헌신해 왔으니 교육자라 보는 것이 마땅하다. 그러나 그의 작품을 살펴보면 1960년대 초반부터 작품 활동을 하였으니 40년 이상을 문학 세계에 종사한 셈이다. 비록 빚어낸 작품수가 적고 문단 데뷔라고 하는 형식적 절차는 늦게 거쳤지만, 문학에 대한 집념을 버리지 않고 꾸준히 정진해 왔으니, 그에게는 시의 밭을 일구고 가꾸는 장인 정신이 있었던 것이다.

이성욱 시인의 문학에 대한 관심은 밀양중학교 재학 때인 소년 시절로 거슬러 올라간다. 그 당시 밀양의 남천강 둔치에는 수많은 군중들이 모였고, 그 군중들 앞에서 모윤숙 시인과 양명문 시인이 환상적인 시 낭송을 하였다. 그 자리에 참석했던 소년 이성욱은 시와 시인에 대하여 관심을 갖게 되었고, 부단히 시를 읽고 습작하면서 문학의 꿈을 키워나갔다. 그 후 대학시절 대학원 재학시절에는 미당 서정주 시인 밑에서 문학 수업을 받았고, 학교 현장에서 교사 생활을 할 때는 문예반 학생들을 지도하여 많은 인재를 배출하였고, 아울러 자신의 문학적 역량을 키워나가는 계기로 삼았다.

또 이성욱 시인은 자유시뿐 아니라 우리 시조에도 관심이 많아 이 시집의 제5부는 완전히 시조만 실었다. 아시는 바와 같이 시조는 고려 말 발생하여 7백년간 그 생명을 유지해왔고 현재까지도 많은 사람들에게 사랑을 받는 우리나라 고유의 형태시다. 영시에는 소넷

(sonnet)이란 고유 장르가 있고, 일본에는 하이쿠(俳句)란 고유 장르가 있듯이, 우리나라에는 시조(時調)가 있어 우리 민족의 대표 시가로 공인받고 있다. 이 시조에 관심을 갖고 시조를 쓴다고 하는 것은 우리의 전통 문화를 사랑하고 우리 것을 지키고 발전시키겠다는 사명감이 있을 때만 가능한 것이다.

이처럼 자유시와 시조를 함께 쓴다는 것은 이시인의 문학적 영토가 확장되었음을 의미한다. 자유시에 맞는 소재는 자유시로 쓰고 시조에 맞는 소재는 시조로 쓴다면 형식적 어려움 때문에 작품 구사를 못하는 경우는 드물 것이다. 시조는 전통성을 중시하고 자유시는 현대성을 중시하니까 전통과 현대를 어우른다는 의미도 있을 것이다. 시조는 그 나름대로 맛과 멋이 있고 자유시는 자유시 나름의 맛과 멋이 있다. 두 장르를 넘나들면서 이성욱 시인 특유의 기량과 포부를 마음껏 발휘할 수 있기를 기대해본다.

내가 이성욱 시인을 처음 만난 것은 그가 한국교원대에 교육연구관으로 재직하면서 학생 지도에 여념이 없던 시절이다. 그때 이시인은 생활관에서 학생들의 인성교육과 생활지도를 전담하고 있었다. 처음 뵈었을 때 차분하고 논리적이어서 빈틈없는 사람이라 생각했다. 또 본인이 작품 쓴다는 이야기는 전혀 안했기 때문에 그가 시인이 되고 시집을 내리라고는 예측하지 못했다. 그러던 그가 시인이 되어 있었고 시집 발간을 하게 되니, 한편 놀라우면서 반가운 일이 아닐 수 없다. 게다가 시집 원고를 읽어보니 창작 기량과 시에 대한 열정이 상당 수준에 도달했음을 느낄 수 있었다. 또한 그의 작품들은 진솔한 표현과 언어의 절제미를 통해서 독자들의 심금을 울려주고 있으니, 나름대로의 시적 성과를 거두었다고 생각한다.

1) 형식 구조의 다양성

이성욱 시인의 시집 「아름다운 사람들」은 전부 5부로 구성되었다. 작품 수는 각부마다 11~18편으로 모두 77편을 수록하였다. 제1부에서 4부까지는 자유시, 제5부는 시조시이다.

자유시는 자유시 나름의 읽는 재미가 있고 시조시는 시조 나름의 읽는 재미가 있다. 이 시집을 통해서 자유시도 만나고 시조도 만나니, 읽는 사람이 지루함이나 무미건조함 같은 것을 느낄 겨를이 없다. 다양한 변화를 주어 새로움과 호기심을 유발하고 있기 때문이다. 우선 제1부의 18편을 분석해 보면 3연으로 된 것 6편, 4연으로 된 것 6편, 5연으로 된 것 5편, 6연으로 된 것이 1편이다. 제5부 시조는 1연 1편, 2연 6편, 3연 1편, 4연 3편, 5연 1편으로 다양한 형태를 보여주었다. 특히 2연 구성의 작품이 많은데, 이것은 단시조는 호흡이 너무 짧고, 2연 이상의 연시조는 너무 길어 시조의 간결미를 맛볼 수 없기 때문에 2연 형식의 시조를 선호한 것 같다.

그러면 자유시에서 「군자란」이란 작품을 예로 들어 보겠다.

      사철
      듬직한 어깨
      활짝 펴
      베란다
      아담한 화단에
      떡 버티고
      섰던
      군자란

4월
어느 날
덕성스런
검푸런 잎새
비집고
꽃대
쑥 높이 뽑아 올려
주황색 화관
펼쳐 보이니

산수유 개나리꽃은
창 밖에서
앙증스럽다.

— 군자란, 전문

　위의 작품 「군자란」은 모두 3연으로 된 자유시이다. 1연은 8행, 2연은 9행, 3연은 3행으로 구성되었다. 각 연마다 행수를 달리한 것은 변화와 새로움을 느끼게 하기 위해서다. 특히 3연은 1·2연보다는 엄청난 격차가 벌어지게 3행 구성을 하였는데, 이것은 마치 계곡물이 밋밋하게 흐르다가 갑자기 낭떠러지를 만나 폭포수를 이루는 경우와 마찬가지 형태다. 작품에서 형식면이 되었든 내용면이 되었든 엇비슷한 요소들만 늘어놓으면 재미없다. 대담한 변화를 주어 스릴과 긴장감을 느끼게 해야 한다. 위의 작품에서 제3연을 3행으로 구성한 것도 갑자기 변화를 주어 독자들에게 긴장감 어리둥절함 같은 것을 느끼게 하기 위한 의도에서였다

　이 작품은 형식면에서만 그런 것이 아니라 내용면에서도 마찬가

지 수법을 썼다. 제1연은 베란다 위의 화단에 군자란이 자리한 모습을 형용하였다. 의인법을 써서 듬직한 어깨 활짝 폈다 하였고, 아담한 화단에 떡 버티고 섰다 하였다. 제2연 또한 군자란의 외형 묘사로 꽃피운 모습을 형용한 것이다. 그 군자란은 덕성스러운 검푸른 잎새를 지녔다 하였다. 그 꽃피운 모습을 꽃대 높이 뽑아 올린 주황색 화관이라 형용하였다. 1연과 2연에서는 이처럼 군자란 이야기로 일관하더니, 3연에서는 갑자기 창밖의 산수유와 개나리꽃으로 눈을 돌렸다. 그야말로 엉뚱한 이야기고 예측불허의 장면 전환이라 아니할 수 없다.

　이런 수법을 시의 작법에서 낯설게 하기란 말로 표현하는데, 이 문제에 대하여는 장백일 교수의 이론을 들어보고자 한다. "문학은 나물에 참기름을 칠 때처럼 나물답게 문학답게 '낯설게 하기' '돋보이게 하기' '생소화 하기' '전경화 하기'다. 문학을 낯설게 할 때 문학성은 첨가된다. 춤도 축구도 걸음걸이의 낯설게 하기다. 좋은 문학, 훌륭한 문학 또한 소재에다 참기름(문학성) 첨가의 언어로부터 낯설게 하기의 창작이다." 장백일 교수의 〈문학에서의 문학성 탐구〉란 글을 인용했는데, 그만큼 작품에서의 낯설게 하기는 문학적 성과를 거두는 요체가 된다. 인용 작품의 제3연에서 군자란 이야기를 하다가 말고 갑자기 말머리를 돌려 "산수유 개나리꽃은/ 창 밖에서/ 앙증스럽다"고 한 것은 이러한 낯설게 하기, 돋보이게 하기, 생소화 하기, 전경화 하기의 수법을 원용한 것이라 본다.

　　동천에 별빛 차고
　　서창에 달빛 스며

내 맘속 텅 빈자리
동심으로 채워지면
언제나 떠오르는 님
구름 같은 내 님아

서창을 열어두고
대문도 활짝 열어
바다 밖 꽃 소식을
귀 기울여 그리던 님
이제는 황사곡 선영
꽃이 되어 피었네

— 부모 유정, 전문

위의 작품은 형식면에서 우리의 고유시인 시조 형태를 취하였다. 2수로 된 연시조로 1수는 3434/3444/3543의 형식을 취하였고, 2수는 3434/3444/3543의 형식을 취하였다. 그 형식면이나 음수율 면에서 2수가 모두 같아 변화를 거부하고 안정감을 중시한 것 같다. 요즘 발표되는 많은 시조들을 보면 파격이 지나쳐서 시조인지 자유시인지 구분 안 되는 작품들이 많은데, 이성욱 시인은 그러한 파격을 거부하고 정격시조를 쓴 것으로 파악된다. 시조는 정형시이니까 어디까지나 시조의 틀과 율격을 지켜야지, 지나치게 파격하는 것은 시조의 발전을 저해할 위험성이 있다. 이시인은 이러한 점을 간파하고 정격의 시조, 정형률을 지키는 시조를 쓴 것으로 이해된다.

위의 작품은 돌아가신 부모님을 그리워하면서 쓴 시조이다. 제1수의 초장은 동천과 서창, 별빛과 달빛, '차다'와 '스미다'를 대립시키면서 대구법을 구사하였다. 이러한 환경에서 그 옛날 유년시절을 회상하면 언제나 부모님 생각이 간절하다는 것이다. 그 부모님은 서창을 열어두고 대문을 활짝 열어두고 바다 밖의 꽃 소식을 기다리던 임이었다. 그런데 이제는 그 임의 자취를 찾아볼 수 없고 황사곡 골짜기에 한 송이 꽃으로 피어났다는 것이다. 이 작품은 '부모 유정'이란 제목 그대로 돌아가신 부모님을 그리워하는 정이 절실하고 선영에 핀 꽃을 임의 화신이라 본 데서 작품을 형상화하는 기법이 뛰어나다고 생각한다.

이성욱 시인의 작품 소재를 보면 목련, 진달래, 군자란, 대추, 소나무, 해송, 단풍, 코스모스, 나목 등 식물적인 것이 많고, 월드컵, 기다림, 여유, 시 낭송, 등산, 교정, 전설, 만남, 합동작전, 휴가, 청람골, 대화 등 인간사와 관련된 것들이 주류를 이루었다. 또 이시인에게는 그가 즐겨 사용하는 시어들이 있는데, 예를 들면 다음과 같은 종결어미를 애용하고 있다. '살림이다', '이사다', '전화다', '것이다', '욕조다', '길이다', '마찬가지다', '일이다', '이름들이다', '열중이다', '몫이다', '상경길이다' 등 〈-이다〉형 어미를 많이 사용하였다. '보입니다', '같습니다', '기다리렵니다', '그립습니다', '만납니다', '취했습니다', '있습니다', '늦어졌습니다', '저밉니다', '했습니다', '오셨습니다', '뒤따랐습니다', '갔습니다', '없었습니다' 등 〈-습니다〉형 어미를 애용하였다. 그리고 연결어미로는 '선물이고', '날려버리고', '빛나고', '열리고', '심어졌고', '버티고', '비집고' 등 〈-고〉형 어미가 주류를 이루었음을 감지할 수 있었다. 이처럼 작품의 소재와 즐겨 사용하는 시어들을 살펴본 것도 이시인의 작품적 특성을 파악하는데 작은 보탬은 되리라고 본다.

2) 자연을 소재로 한 작품들

　이성욱 시인은 자신의 시집 「아름다운 사람들」의 내용을 5부로 나누었다. 1부는 일산에서의 삶을 정리한 것, 2부는 자연 속에서 자신을 관조하던 생활, 3부는 청년 장교시절 이야기와 교원대에서 공직을 수행하던 이야기, 4부는 부모님과 사랑했던 것들에 대한 그리움, 5부는 일상생활을 통해 자연스레 흘러내린 노래들이다. 그러나 이러한 것들을 크게 나누면 자연과 인간에 대한 것을 소재나 주제로 했다고 이야기할 수 있다. 그래서 이글에서는 ① 자연을 소재로 한 작품들, ② 인간사와 관련된 작품들 ③ 과거 회고적인 작품들 등으로 구분해서 논의를 진행해 나가고자 한다. 대부분의 사람들이 대상이나 세계를 자연과 인간으로 분류하는데, 인간도 자연의 일부이니까 더 크게 보면 자연 하나로 통합할 수 있다. 과거 회고적인 작품들을 따로 구분했지만 이것도 인간사와 관련된 내용에 통합할 수 있다. 이런 점들을 감안하면서 위와 같이 분류해 본 것이다.

　　① 달과 별이
　　　밤하늘
　　　훤히 비추듯

　　　연분홍 진달래가
　　　등불 되어
　　　촘촘히 밝히고 있다

　　　깊은 산골짜기
　　　울창한 숲 속을

다가오는 님을
　　기다리는 마음으로

　　숲 속 은밀한
　　골짜기에
　　서 있다

　　연분홍 등불을
　　켜들고
　　서 있다
　　　　　　　　　　　　- 진달래 등불, 전문

② 주위가 온통 벌거벗어도
　 소나무가 사철 품위를 지킴은
　 소나무가 소나무이기를 고집하는
　 자존심 때문이리

　 낡고 빛바랜 옷가지
　 녹슨 바늘 미미한 갈비 하나도
　 헤프게 바람결에 날리지 않고
　 갈색 누비이불 촘촘히 누벼
　 이 겨울 동상에서 자유롭다

　 어느 잡초 잡목에도 휘둘리지 않고
　 범접 못할 영역에 선을 치고
　 죽은 후도 깊은 땅 속 복령 모으며
　 천년을 다진다, 자존심을 키운다
　　　　　　　　　　- 소나무의 자존심, 전문

①의 「진달래 등불」은 제목 그대로 봄 동산에 진달래꽃이 만발한 것을 보고 등불에 비유하여 노래하였다. 어찌나 밝고 아름답던지 밤하늘에 달과 별이 환하게 비추는 것과 같다고 하였다. 깊은 산골짜기 울창한 숲 속에 피었는데, 그 모습은 임을 기다리는 여인의 마음과 같다고 하였다. 우리가 시에서 가장 중요시하는 것은 그 수법에서 비유와 상징을 써야 한다는 점이다. 그런 점에서 위의 작품은 어느 정도 시적 효과를 거두었다고 생각한다. 연분홍 진달래꽃을 불을 환하게 밝힌 등불에, 진달래꽃의 붉은 색깔을 임을 기다리는 여인의 마음에 비유한 것이 그러한 성과를 밑받침해 준다.

②「소나무의 자존심」 또한 제목 그대로 절개와 지조를 중시하는 소나무의 자존심을 의인법을 써서 나타내었다. 소나무는 어떠한 역경에서도 품위를 지키고 소나무이기를 고집한다는 것이다. 녹슨 바늘, 미미한 갈비는 소나무의 잎이나 줄기를 상징한 말이다. 갈색 누비이불 촘촘히 누볐다는 것은 소나무의 껍질들이 덕지덕지 붙은 것을 형용한 말이다. 죽은 후에도 땅속 깊이 복령을 모으며, 자존심을 지킨다고 했는데, 이런 것은 소나무의 내면 세계를 형상화한 것이라 볼 수 있다. 대부분의 시에서 소나무는 지조와 절개를 중시하는 선비에 비유한다. 선비는 부귀영화보다는 절개, 명예, 품위를 중시한다. 그렇다면 이 작품에서의 소나무는 누구를 상징한 것일까. 필자의 단견으로는 이 작품의 외적 화자인 이성욱 자신을 비유한 것이라 단언하는 바이다.

이처럼 이성욱 시인은 진달래꽃을 등불로 본다거나 소나무를 자존심 있는 선비에 비유함으로써 세계를 밝게 보고 긍정적으로 해석한다는 것을 확인할 수 있었다. 다시 말해서 작품 속에 함축된 시정신은 곧바로 이시인의 인생관이요 세계관이라 할 수 있는 것이다.

3) 인간사와 관련된 작품들

사람이 한 평생 살다보면 크고 작은 일들을 많이 겪게 된다. 좋은 일도 겪고 궂은일도 겪는다. 그럴 때마다 그에 대한 희로애락의 감정이 없을 수 없다. 그리고 그러한 감정을 표현하고 싶은 것이 인간의 본능이요 시인의 욕구다. 사실 우리 주변에서 일어나는 모든 현상이나 일들이 인간과 관련 없는 것은 존재하지 않는다. 아침 햇살, 먹구름, 거센 바람 등 자연 현상은 인간의 삶에 직접적인 영향을 미친다. 만남, 헤어짐, 사귐, 다툼, 애경사 등이 모두 인간사와 관련 있다. 이러한 인간사에 대하여 이시인은 어떻게 반응했는지 알아보고자 한다.

③ 병원과 은행
　백화점을 드나들 때
　수동으로 밀어
　자동으로 닫히는 문은
　뒤따르는 사람도
　차례로 잡아야 한다

　잡는 이가 없어
　뒤돌아보면
　벌써 두어 사람
　잡은 자를
　앞질러 가고 있다

병원과 은행
번호표도 마찬가지다
잽싼 여인들
날렵한 손길이
번득인다
섬광처럼

－그리운 여유, 전문

④ 나, 그대에게
그립다 사랑한다
말한 적 없습니다
한마디 말도 건넨 적 없습니다

언덕 너머 손닿는 곳도
아득히 먼 나라였고
천리나 떨어진 곳도
바로 옆자리였습니다

그 날, 스친 그대의
고운 눈길 깊은 호수엔
밝은 햇살이 빛났습니다
그대도 내 곁에 있음을 알았습니다

그대, 어느 하늘 가
남남으로 살아도
말없는 우리의 대화
끝나지 않아…

봄은 항시
나지막한 그 언덕으로
먼저 오나 봅니다

　　　　　　　　　－무언의 대화, 전문

⑤ 야음에 펼친
골키퍼 작전
155마일 휴전선은
헛기침 소리도 없었다

제1소대 작전 구역은
폐허의 구철원읍 시가지
동녘이었다
폭삭 주저앉은 기와지붕을
헤집고 자라난 잡초들이
키를 넘고
달도 별도 풀벌레도
옛 주인을 기다리고 있다
밤 깊어 다듬잇소리 멎고
한 집 두 집 전등도 잠들었다

새벽이 오려나
예배당 종소리 곱게 번지고
신문 배달원 빠른 발걸음
사라진 저 쪽으로
종소리 찾아가는 소녀의 뒷모습이
멀어져 간다
딸랑딸랑 두부 장수는

이쪽으로 다가오고…

긴 밤들
독침 공세를 멈추지 않던
모기떼는
적군이었나? 아군이었나?
판초우의 둘러 입었던 몸도
모두가 성하지 않았다
졸아서는 안 되는 작전
전공의 반은 모기떼 몫이다

― 합동 작전, 전문

 어떤 평론가는 우리들이 사는 도시공간을 역사보다는 일상, 생산보다는 소비, 자궁보다는 무덤, 흙보다는 콘크리트 벽, 연속보다는 단절의 이미지가 강하다고 하였다. 도시화, 산업화, 과학화로 생활의 편리함을 얻었지만, 그 부작용으로 등장한 것이 인간성의 상실이다. 어디를 가나 푸근하고 아늑한 맛이 없다. 물질만능 주의로 인해서 기존 질서는 파괴되어 위와 아래가 없게 되었고, 형제간의 우애가 깨어졌고, 빨리빨리라는 조급성이 만연했고, 저만 알고 남을 배려할 줄 모르는 이기주의가 팽배하였다. 에스컬레이터를 타고서도 가만히 서있지 못하고 뛰어올라가는 사람들이 많다. 병원, 은행, 백화점에서도 자동문이 열리면 차례대로 들어가야 할 텐데 앞사람을 앞질러 들어가는 사람들이 비일비재하다. 현관문을 열쇠로 땄으면 연 사람이 먼저 들어가야 할 텐데 대기했다가 앞질러 들어가는 사람들이 있다. 병원이나 은행에서도 뒤따라오던 사람들이 번호표를 먼저 빼드는 경우를 보게 된다.

　이성욱 시인은 위의 작품 <그리운 여유>에서 바로 우리들의 이러한 현실을 점잖게 타이른 것이다. 이런 문제들은 대수롭지 않다고 그냥 넘어갈 수 있다. 그러나 이러한 사소한 문제들이 잘 지켜지고 조화를 이룰 때 더 큰 것, 더 중요한 것들이 순리대로 합리적으로 이루어진다는 것을 깨달아야한다. 우리들에게 필요한 것이 조금은 여유를 갖고 살아가는 것이라면 이성욱 시인의 은근한 충고를 간과해서는 안 될 것이다.

　인간은 정신적 동물이기 때문에 의식주 문제만 해결된다고 행복해질 수 있는 것은 아니다. 그래서 이상과 현실이란 것이 있고 그 이상을 실현하기 위하여 부단히 노력한다. 그러한 이상 속에는 남녀 간의 사랑 문제가 중요한 화두로 떠오른다. 또 회자정리란 말이 있듯이, 사람은 만나면 반드시 헤어지게 되어있다. 헤어진 다음에는 다시 만나는 경우와 영원히 못 만나게 되는 경우가 있다. 작품④「무언의 대화」은 언젠가 한번 만났다가 다시 만날 수 없는 임을 그리워하면서 진술한 독백체로 구성되었다. 제1연에서 "그립다 사랑한다/ 말한 적 없다"라고 했는데, 사실은 너무 그립고 사랑한다는 것을 역설적으로 표현한 것이다. 그래서 제2연에서는 그 임을 생각하면 지척이 천리 같고 천리가 지척 같다고 했던 것이다. 제3연은 자아와 세계가 이심전심으로 통해서 마음의 거리가 좁혀졌음을 의미하고, 제4연은 자아와 세계가 결별한 상태로 살아가지만 이심전심의 대화는 계속되고 있음을 의미한다. "그대, 어느 하늘가/ 남남으로 살아도/ 말없는 우리의 대화/ 끝나지 않아"란 이야기는, 마치 고려가요의 서경별곡에서 "천년을 외롭게 산들/ 믿음이야 끊어지겠습니까"라는 구절을 연상케 한다. 제5연에서는 말머리를 돌려 엉뚱하게 봄 이야기를 하고 있다. 그렇더라도 자아와 세계 사이에는 무엇인가 희망적인 소식이 있을 것임을 암시하였다. 봄은 항상 나지막한 언덕으로 온다는 것이 그러한 신념을 상징적으로 표현한 것이다.

⑤ 「합동 작전」은 이시인이 장교로 군 복무하던 시절의 이야기이다. 이시인은 1960년대 초 장교 생활을 했고, 근무지는 휴전선 근처이고, 합동 작전은 야간에 이루어졌다. 얼마나 고요하고 적막했는지 155마일 휴전선에는 헛기침 소리 하나 들리지 않는다고 했다. 작전 구역은 구철원읍 시가지 동쪽 잡초만 무성한 폐허의 벌판이었다. 시간적 배경은 한밤중 근처 마을에서 들리던 다듬잇소리 멎고, 한집 두 집 소등하면서 모두가 잠들어버린 상태다. 그래도 새날은 찾아오게 마련, 예배당의 종소리가 들리고 신문 배달원이 분주하게 돌아다니고 두부장수의 요령 소리가 새아침의 적막을 일깨우고 있었다. 그러나 이 엄숙한 작전이 수행되는 동안 이성욱 시인을 괴롭힌 것은 모기떼였다. 얼마나 지독했으면 독침공세라는 표현을 썼겠는가. 판초우의를 입고 있었는데도 몸 전체가 성한 곳이 없을 정도였다는 것이다. 젊은 날 군 복무하던 시절의 이러한 이야기는 이시인에게 잊혀지지 않는 추억이 되고 중요한 경험이 되어 시적 모티프를 이루었다고 생각한다.

4) 과거 회고적인 작품들

인생을 살아가는 원리는 높은 산을 등산할 때의 원리와 같다. 오를 때는 정상을 쳐다보면서 올라가지만 내려올 때는 원점을 향하여 내리막길을 걷는다. 그런데 원점에서 우리들이 어떤 모습을 하고 있을는지 예측할 수 없으니까 이성욱 시인도 "언제인가 우리들의 원점에서/ 무엇으로 또 만날건가"라는 표현을 했던 것이다. 사람은 젊었을 때는 미래를 향하여 끝 모르는 항진을 하지만 노년기가 되면 과거를 되돌아보면서 사는 경우가 많게 된다. 그런 점에서 이성욱 시인의 작품은 미래 지향적이기보다는 과거 회고적인 작품이 주조를 이루었다고 하겠다.

⑥ 황금물결 산촌에 일렁이고
푸른 감 진홍으로 익어가던 가을 날
살 내음 땀 향기 산정에 닿던 곳
내 어이 그곳을 잊으리

나락 섬 줄줄이 이어지던
대문 앞, 집 옆, 동구 밖 타작마당
첫 닭 울어 시작한 타작
이슥한 밤 풍로질로 끝나던 곳
그곳이 지금도 아련히 떠오른다

물레 소리 새는 날 아침에 이어지고
소죽 솥 지핀 불 마주 보던 곳
내 어이 그곳을 잊으리
— 아린 고향, 전문

⑦ 희멀쑥 펴안한 보름달 옆이나
　새날 밝아오는 새벽녘 샛별자리
　내 님은 오늘도 거기 환히 웃고
　계시네

　봇물이 수런수런 마른 들판 휘돌아 적시고
　따가운 햇살에 올벼라도 익어 가면
　숲나무 그늘 아래서 만납니다
　내 님을

　지금은 풋풋한 못자리에 볍씨 뿌릴 철
　감꽃 눈처럼 내려 뻐꾹새 울면
　다가설 그리운 마을 오뉴월의
　보리밭

　저 하늘 구름 걷고 별이 빛나면
　못다 한 부자 인연 다시 잇게 하소서
　그 날에 마주 잡을 손
　닮은 손을 봅니다
　　　　　　　　　　－못다 한 부자 인연, 전문

　수구초심(首丘初心)이란 말이 있는데, 여우는 죽을 때 제가 살던 언덕 쪽으로 머리를 향한다는 뜻으로, 고향을 그리워하는 마음을 비유한 것이다. 보잘 것 없는 금수도 그러할진대 하물며 인간으로서 자기가 태어나고 성장한 고향을 그리워하지 않는 사람은 없을 것이다. 특히 고향을 떠나 대도시로 와서 청춘을 다 보낸 사람들은 더욱 향수가 짙다고 할 것이다. 작품 ⑥ <아린 고향>은 이성욱 시인의 고향을 그렸지만, 농촌 출신의 대부분의 사람들은 그러한 추억과 서정을 지녔다고 하겠다. 가을이면 풍년 든 벌판의 황금물결, 진홍빛으로 익은 감들이 주렁주렁 매달린 감나무를 볼 수 있는 곳이 이성욱 시인의 고향 마을이다. 나락 섬은 줄줄이 이어지고, 새벽에 시작한 타작이 밤늦게까지 계속되던 곳이 이성욱 시인의 고향 마을이다. 물레 소리 밤낮없이 들리고, 아침저녁으로 소죽 끓여먹이던 곳이 이성욱 시인의 고향 마을이다. 이처럼 아름답고 푸짐한 곳에서 출생하고 성장했으니, 이순의 중턱에 서있는 시인으로서는 고향 생각에 젖어들지 않을 수 없다. 얼마나 생생하고 진한 감동을 받았으면 아린 고향이란 표현을 썼겠는가. 이성욱 시인은 이처럼 고향을 추억하고 그리워하고 노래하면서 남은 생애를 더 멋지게 설계해 놓았을 것이라는 생각을 해보았다.

　송강 정철의 「훈민가」을 보면 부자유친이란 항목에 "어버이 사라 신제 셤길일란 다 ᄒ 여라/ 디나간 휘면 애둛다 엇디 ᄒ 리/ 평싱애 고텨 못홀 일이 잇ᄯᆞᆫ인가 ᄒ노라"라는 시조가 있다. 내용은 부모가 생존해 계실 때 효도를 다하라는 이야기다. 돌아가신 후에는 효도하려고 해도 효도의 대상이 없고 후회해도 소용없다는 것을 강조하였다. 이성욱 시인의 작품 ⑦ <못다 한 부자 인연>도 위의 송강 시조와 맥락을 같이한다. 비록 임은 돌아갔지만 보름달이 떴을 때, 새날 밝아오는 새벽녘에 환히 웃고 계신다고 하였다. 이때 보름달이나 샛별은 바로 임 대신 찾아온 임의 화신이었다고 본 것이다. 그 임은 봇물이 마른 들판을 적실 때, 따가운 햇살이 올벼를 익게 할 때는 숲나무 그늘에서 만날 수 있다. 그런데 시적 화자는 현재 못자리하고, 감꽃 날리고, 뻐꾹새 우는 때를 당하여 그리운 마음을 가눌 길이 없다는 것이다. 그래서 못다 한 부자의 인연을 다시 잇게 해달라고 기도드렸다. 그리고 아버지의 손을 닮은 자신의 손을 바라본다고 하였던 것이다. 한마디로 송강 정철의 시조는 누구를 가르치는 교훈성이 강조되었다면 이성욱의 시조는 돌아가신 부친을 간절하게 그리워하는 서정성이 짙은 작품이라 평가된다.

이성욱 시인의 시집 「아름다운 사람들」의 시세계를 탐독하고 주제별로 이시인의 시심과 작품 내용을 살펴보았다. 그것들을 정리하면 ① 형식 구조의 다양성 ② 자연을 소재로 한 작품들 ③ 인간사와 관련된 작품들 ④ 과거 회고적인 작품들 등이다. 그러나 단시간 내에 주마간산 격으로 살펴본 것이니, 작품의 진수는 보지 못하고 나무만 보고 숲을 보지 못한 격이 되지 않았을까 걱정된다.

그렇더라도 이시인의 작품을 읽고 느낀 점은 자연이나 인간을 사랑하는 정신이 밑바탕에 깔려 있는 점, 삶의 체험을 형상화한 작품이 많은 점, 꾸미거나 허세가 없는 진솔한 표현, 고향과 일가친지들에 대한 그리움, 청소년 시절에 보고 듣고 경험한 것들에 대한 추억, 교육자로서의 사명감과 젊은 학생들에 대한 기대감, 요즘 유행하는 현대성을 노래하기보다는 전통적 정서에 기대고 있다는 점 등을 간파할 수 있었다.

특히 다양한 소재를 작품화한 점, 자유시와 시조를 구분하지 않고 자유자재로 시상을 전개해나간 점, 각 작품을 공들여 쓰는 정공법을 선택한 점, 의미 전달과 시상의 통일을 중시한 점, 수사와 기법보다는 진솔한 표현에 주력한 점 등은 이시인의 작품적 특성이라 해도 좋을 것이다.

이성욱 시인은 문단 등단이라고 하는 형식적 절차는 늦었지만,

1960년대 초부터 시를 쓰기 시작해서 현재까지 40년 동안 한번도 시의 세계를 떠나지 않았다. 꾸준히 가르치고 공부하면서 시심을 북돋우고 문학에 대한 열정을 불태웠다. 이제 첫시집을 발간하는 이시인에게 다시 한번 격려의 박수를 보내면서 우리 시단을 빛내는 큰 시인이 되기를 기대해본다.

5. 선비정신의 구현과 서정의 세계_ 이종훈의 시조 세계

문학을 하는 사람은 부귀영화와 거리가 멀고, 부귀영화를 누리는 사람은 진정한 문학인은 아니다. 부귀영화를 누렸으면 그것으로 족해야지 거기에다가 문학인 대접까지 받으려 한다는 것은 욕심이 지나치다고 생각한다. 그런데 우리 문단에는 언제부터인가 돈 많은 사람들이 흘러 들어와서 시를 씁네 하면서 문단을 좌지우지하고 흐려놓는 예가 있으니 큰일 났다는 생각이 든다. 하여간에 제천에 사는 이종훈 시인을 대하면 조선시대 꿋꿋하게 절개를 지키면서 그 시대의 정신적 지주가 되었던 선비들을 연상케 된다. 조선시대 선비들에 대해서 개념 규정한 것을 통람한 적은 없지만, 대체로 ① 시류에 영합하지 않고 ② 부귀영화와 명리를 추구하지 않고 ③ 지조와 절개를 지키면서 ④ 의로운 언행을 하고 ⑤ 항상 공부하고 노력하는 자세를 가졌던 것으로 이해된다. 그 밖에도 선비들은 대체로 가난하다는 인식이 박혀 있는데, 오늘날 이러한 선비족에 해당하는 사람들은 시인이나 학자들이라 할 수 있는 것이다. 이종훈 시인은 위에 열거한 선비의 조건에 부합하고, 그러한 선비정신을 발휘해서 이번에 다섯 번째 시조집 「해와 달로 떠서」를 상재하게 되었다.

실제로 시조집을 5권 낸다고 하는 것은 꾸준히 연마하고 공부하는 선비 정신, 또는 신앙처럼 신념화된 프로 정신이 없으면 불가능한 일이다. 그러한 선비정신 또는 프로 정신으로 시조를 생활화하고 부단한 수련을 쌓는 가운데, 이번의 제5시조집이 출간되는 것이 기에 값지고 귀하다고 생각한다.

1) 일상적 소재의 형상화

① 올 한해
　밝힌 촛불

　어둠은/ 그대로 둔 채

　빈 가슴/ 그늘로 채우고

　추위만/ 남겨 논 채

　저문 길/ 돌던 등 뒤로

　멀어지는/ 범(寅)꼬리
　　　　　　　　　　　　　　－ 제석(除夕), 전문

② 허수아비/ 홀로 선 들녘

　철세 떼/ 날아들고

　밭머리/ 마른 수수깡이

　바람결에/ 서걱이면

　들판을/ 성큼 걸어오는
　서리 묻은
　산그늘.
　　　　　　　　　　　　　　－ 만추(晚秋), 전문

작품의 내용을 다양하게 하려면 일상적 소재를 찾아 형상화하는 길밖에 없다. 보고 듣고 느끼는 것이면 무엇이든지 시조의 틀 속에 용해시켜야 되는데, 이종훈 시인은 무슨 소재든지 담기만 하면 훌륭한 작품을 빚어내고 있다. ① 제석(除夕)은 섣달 그믐날 밤이고 이것을 달리 제야(除夜)라고도한다. 이 제석(除夕)은 누구에게나 매년 한번은 찾아오고, 그 제석은 묵은해를 마지막 보내고 새해를 맞이하는 직전이라는 점에서 일반인에게도 감회가 깊은 시간이다. 더욱이 다정다감한 시인으로서 남다른 감회를 느끼고 작품화하는 것은 당연하다고 본다.

그러나 막상 그해를 마지막 보내는 제야에 돌이켜 보면 그가 연초에 계획했던 것이 제대로 안 이뤄졌기에 "빈 가슴 그늘로 채우다" "추위만 남겨 놓는다"는 자탄의 소리를 낼 수밖에 없었던 것이다. 더구나 우리 국민들은 누구나 할 것 없이 IMF시대 1년을 지냈는데도 그 터널의 끝이 보이지 않으니, 이처럼 우울한 단어들을 나열할 수밖에 없다는 생각이 든다. 그리고 종장에서 "저문 길/ 돌린 등 뒤로/ 멀어지는/ 범 꼬리"라고 했는데, 특히 멀어지는 범 꼬리라는 구절에서 무인년(戊寅年)이 현실계에서 사라지고 자취를 감춘다는 것을 은유적으로 표현했다는 생각이 들고, 이러한 표현의 묘미 때문에 시조가 아직까지도 생명력을 유지하고 계승 발전된다고 생각한다. ② 만추(晚秋)라는 작품은 늦가을의 농촌풍경을 사실적으로 묘사하였다. 〈허수아비〉〈철새 떼〉〈수수깡이〉라는 낱말만 들어도 우리들의 상념은 어린 시절의 고향 들녘을 달리게 된다. 특히 늦가을에는 해가 짧아 산그늘이 일찍 지게 마련인데, 그것을 "들판을/ 성큼 걸어오는/ 서리 묻은/ 산그늘"이라 표현한 것은 의인법을 적절히 써서 시적 효과를 배가시킨 것으로 파악된다.

　③ 눈 귀도/ 얼굴도 없이

　　지나쳐야/ 알 수 있고

　　매임도/ 바램도 없이

　　오고감이/ 자유로워

　　귓전에
　　울리는 소리만

　　여운으로
　　남긴다.
　　　　　　　　　　　　　　　　　　　－ 바람, 전문

　④ 깊은 그늘/ 좁은 살길

　　멧새 불러/ 올려놓고

　　오르다.
　　쉬다.
　　걷다.

　　매미도/ 따라 울고

　　깊은 산/ 주름 사이로

아침햇살
곱구나.

― 산책, 전문

③ 바람은 실체도 냄새도 없는 존재이다. 그래서 눈귀도 얼굴도 없이 지나쳐야 알 수 있다고 했다. 그렇더라도 바람보다 더 자유로운 존재가 어디 있는가. 동서남북 가고 싶은 곳이면 제멋대로 갈 수 있는 존재가 바람이다. 그래서 매임도 바램도 없이 오고감이 자유롭다고 했던 것이다. 그리고 우리들이 바람을 인식할 수 있는 것은 나무나 물체들이 흔들리는 것을 보고 알 수 있고 아니면 귓전에 울리는 소리로 알 수 있는데, 그러한 내용이 위 작품의 종장을 이루었다. 위 작품은 바람을 형상화했는 데도 작품 속에는〈바람〉이란 단어가 한 번도 쓰이지 않았다는 점이 특징이고, 그러면서도 바람의 특성만을 잘 살려서 누구나 바람이란 것을 인지할 수 있게끔 작품화했다는 데에 묘미가 있다.

④ 산책은 한가로운 마음으로 이리저리 거니는 상태를 말한다. 골목길을 거닐 수도 있고, 들판을 거닐 수도 있고, 집 가까이에 있는 산 속을 거닐 수도 있다. 예의 작품은 산 속을 산책하는 것인데,〈산길〉〈멧새〉등의 용어가 그것을 증명해 준다. 역시 이 작품에서도 종장의 묘미를 느낄 수 있으니, "깊은 산/주름 사이로/아침 햇살/곱구나"라는 표현이다. 그 산자락의 모습이 마치 병풍을 둘러 친 듯하기도 하고, 여인네의 주름진 치맛자락을 펼쳐놓은 것 같기도 한데, 이러한 형상을 "깊은 산/주름 사이로"라고 표현했다.

2) 회고 의식과 사향의식

① 추위가/ 심해선지
　따스한/ 정이 그리워

　질화로/ 밑불 같은
　훈훈한 정/ 마냥 그립네.

　어머니/ 품속 같은 곳
　아랫목이
　그립네.
　　　　　　　　　　　　－올 겨울, 전문

② 빈 하늘/ 하 무거워

　주춧돌만/ 비에 젖고

　지난 영화/ 큰 기침소리도

　쑥대 속에/ 가리웠네.

　세월을/ 가늠 못하고

　무너져 내린
　한 켠 추녀.
　　　　　　　　　　　　－고가(古家), 전문

여기서는 이종훈 시인의 회고의식을 점쳐볼 수 있는 작품들을 인용하였다. ① 〈올겨울〉이란 작품은 실제로 겨울 추위도 견디기 힘들지만, 그보다는 삭막해져가는 인간 세상이 더 견디기 힘들다는 것을 주제로 하였다. 추위가 심하다는 표현을 했지만, 지금은 산업화·공업화로 인한 환경 파괴로 지구 온난화 현상이 일어나서 그 옛날의 추위와 비교하면 훨씬 완화되었다고 생각한다. 그러나 우리가 살아가는 이 세상은 어떻게 달라졌는가. 삼강오륜이 무너지고 인륜도덕이 파괴되었다. 서양문물의 영향을 받아 이기주의와 물신주의가 팽배해져서 사람들의 심성이 거칠고 흉폭해졌다. 그러니 가난했지만 서로 도와주고 아껴주고 나누어 먹던 그 옛날의 인정이 그립지 않겠는가. 그래서 그 옛날의 "따스한 정", "훈훈한 정", "어머니의 품 속 같은 아랫목"이 그립다고 위 작품은 노래했던 것이다.

다음은 ② 〈고가〉라는 작품을 살펴보자. 초장에서는 "빈 하늘이 너무 무거워서 주춧돌만 비에 젖는다"고 했는데, 이 집은 사람들이 이사간 지 오래돼서 텅 빈 집이란 것을 실감시켜 준다. 그리고 〈고가〉라는 낱말 자체가 사람이 기거하지 않고 비어있는지 오래되었다는 것을 암시해주고 있다. 그 집이 비어 있을 뿐만 아니라 퇴락해가고 폐허화됐다는 것을 중장과 종장에서 노래했다. "쑥대 속에 가리웠네", "무너져 내린 한 켠 추녀"란 말들이 그런 내용을 증명해준다. 어떻든 이종훈 시인은 이러한 과거 회고적인 작품들을 통해서 우리들의 전통적인 정서와 생활양태를 되새겨보고, 정보화시대니 첨단과학시대니 하면서 떠들어대는 현금보다는 그 시절이 더 아름다웠고 살맛나는 세상이었다는 것을 깨우쳐 주려한 것 같다.

③ 내 살던 고향마을
　물 속 깊이 잠겼는데
　햇볕은 어쩌자고
　저렇게 쏟아지는지
　물속을 들여다보면
　추억 아직 거기 있네.

　진달래 어우러진 산
　입술 붉게 꽃을 따다
　꽃문둥이 무서워서
　순이와 손잡고 뛰던
　산자락 좁은 길가엔
　그리움도 보이고.

　말매미 길게 울던 날
　방학 끝나 읍내 갈 때
　자두만한 가슴으로
　순이가 보내주던
　애절한 그 이별 모롱
　물속 환히 보이네.

－ 환히 보이네, 전문

④ 고향을 물속에 두고
　떠돌며 살아야 하네

　물에 뜬 부평초로
　뿌리 없이 살아야 하네

진달래/ 피는 산마을

두견 울듯/ 살아야 하네

고향이 물속에 잠겨
타관 타며 살아야 하네

그믐달 하늘 가듯
외롭게 살아야 하네

가을밤/ 낙엽 쌓이듯
아픔 쌓고
살아야 하네.

— 살아야 하네, 전문

 여기서는 이종훈 시인의 사향의식을 점쳐볼 수 있는 작품을 골라 보았다. 그의 고향은 충주댐 건설로 해서 이미 몇 십 년 전에 수몰되었으니, 이 시인의 고향에 대한 애틋한 정은 남다르다고 생각한다. 그래서 작품 ③은 그 수몰민의 아픔을 담담하게 술회한 것으로 이해된다. 그리고는 그 수몰된 고향에 가서 "물속을 들여다보면 / 추억은 아직 거기 있네" 라 노래했고 "꽃문둥이 무서워서 / 순이와 손잡고 뛰던 곳" 이 그립다고 하였다. 그러나 그 순이와의 사랑은 영원하지 못하고 이별의 순간을 맞이했으니, "애절한 그 이별 모롱 / 물 속 환히 보이네" 라는 종장이 그것을 증명해 준다. 하여간에 이처럼 아름다운 추억이 담긴 고향을 이제는 찾아갈 수 없고, 오로지 물속을 들여다보는 것으로 만족해야 하는 안타까움과 괴로움을 절실하게 표현했다는 데에 이 작품의 의미는 크다고 본다.

작품 ④는 고향을 잃고 외롭게 떠돌아야 하는 자신의 신세와 사향의식을 노래했다. 물에 뜬 부평초처럼 뿌리 없이 살아야 하고, 두견이처럼 슬피 울면서 살아야 하고, 그믐달처럼 외롭게 살아야 하고, 가을밤 낙엽 쌓이듯 아픔을 쌓으면서 살아야 한다고 했다. 고향을 상실한 아픔을 이보다 더 절실하게 표현할 수는 없다는 생각이 들고, 이러한 사향의식은 쉽게 치유되지 않으리라는 생각이 들고, 앞으로도 이종훈 시인은 잃어버린 고향의 노래를 계속해서 부르리라는 생각이 들어 씁쓸한 맛을 느끼게 한다.

3) 불심(佛心)과 여심(旅心)을 노래함

① 눈 쌓인 솔숲을 헤쳐
천년 세월 밟고 가면

그 숱한 숨결들이
합장하고 모인 자리

서라벌
불국정토를
염원했던 서원의 터.

속세를 잠시 잊고
구름 가는 하늘을 보며

무심을 가슴에 안고
스스로를 돌아보면

고금에

신선 따로 없지만
　　마음 열면 신선이고,

　　불이문(不二門) 지나며는
　　속세가 아득하고

　　천왕문 들어서니
　　나라 안 선찰본산

　　조계문/ 그 안에 자리한
　　중생 맞는 범어사.

　　　　　　　　　　　　　　　　　　　－ 범어사, 전문

② 조계산이 화두인가
　　청량각 물소리는
　　미명의 천년 숲길
　　극락향토 밟고 가면
　　일주문 문 없이 서서
　　법(法)과 속(俗)이 통해있고.

　　경내의 바랜 전각
　　쌓여온 세월자락
　　번뇌와 망상 털고
　　부처님 우러르면
　　자비의 미소에 안겨
　　잠시 머문 법의 자리.

　　상 지으면 허망타고
　　물소리 금강경에
　　서산에 기운 하루

무상한 인연 법에
　　　불 밝힌 회향 길에는
　　　진속이 하나였네.

　　　　　　　　　　　　- 송광사, 전문

　여기서는 이종훈 시인이 불교적 관심을 나타낸 작품을 예로 들었다. 작품 ① 범어사는 부산시 동래구 청룡동 금정산 동쪽 중턱에 위치해 있는 사찰로, 신라 제30대 문무왕 18년에 의상대사가 창건했다는 유래가 전한다. 제1수에서는 범어사가 서라벌의 불국정토를 염원했던 절이라 하였고, 제2수에서는 신선이 따로 있는 게 아니라, 마음 문을 열고 살면 신선이 된다 하였고, 제3수에서는 조계문 그 안에 자리한 범어사에서 중생들을 반갑게 맞이하는 모습을 형상화하였다. 이처럼 이시인(李詩人)이 범어사를 찬양한 것은 그 만큼 불교에 대한 관심이 지대하고 불교적 세계관에 심취해 있음을 증명해 준다고 하겠다. 작품 ② 송광사는 전남 승주군 송광면 조계산에 위치한 사찰로, 신라말경 혜린 선사가 세운 것을, 다시 고려 인종(仁宗)때 보조국사 지눌이 대찰을 중건했다는 전설이 전한다. 제1수에서는 일주문에 문없이 서서 법(法)과 속(俗)이 통해있다 하였고, 제2수에서는 부처님을 우러르니 자비의 미소에 잠시 머문 법(法)의 자리라 하였고, 제3수에서는 불 밝힌 회향길에는 진속이 하나라고 하였다. 이종훈 시인이 이처럼 전국의 유명 사찰을 탐방하고 작품화할 뿐만 아니라, 그 작품 속에 불교의 전문용어와 심오한 교리까지 함축시켰으니, 그의 불교에 대한 관심은 상당한 경지에 이르렀다고 본다.

③ 좋은 차는/ 다 지나가고
　비둘기만/ 서는 정거장
　언제나 기적소리만
　길게 남는 자리
　구름과/ 먼 산들만이
　외롭게/ 졸고 있다.

　올 사람 다 오고/ 갈 사람 다 떠나면
　역원도 돌아가고
　외등이 수줍은 밤에
　누구를/ 기다리는지
　코스모스만/ 목이 길다.

　　　　　　　　　　　　　　－ 간이역, 전문

④ 마른 바람 빈들을 가는
　끝없는 칠원 들녘
　피로 젖던 그날을 생각는지
　홀로 누운 허수아비
　젊은 넋
　들국으로 피었는가
　말없이 지고 있다.

　포연 속에 찢겼던 조국
　원한 쌓인 철의 삼각지
　무주고혼 달래며 우는
　심온사 저녁 종소리
　지뢰밭 표지판 위로
　저녁놀이 흐느낀다.

　　　　　총부리 마주 겨눈
　　　　　휴전선 영마루를
　　　　　오고가는 바람결에
　　　　　흘려보낸 반백 년이
　　　　　겨레의 가슴에 박은
　　　　　대못이여!
　　　　　티눈이여!

　　　　　　　　　　　　　　　　- 철원 들녘, 전문

　　대부분의 사람들이 여행을 즐겨하지만, 시인은 특히 여행을 좋아하는 사람들이라 생각한다. 이처럼 시인들이 여행하기를 좋아하는 것은 시심(詩心)과 여심(旅心)은 상통하는 바가 많기 때문이다. 여기서는 이종훈 시인의 여심(旅心)이 드러난 작품을 인용했는데, ③간이역은 기차여행하면서 시골 간이역에서의 견문과 소감을 적은 것으로 이해된다. 제1수에서는 간이역에 대한 상황을 설명했는데, 좋은 차는 다 그냥 지나치고 비둘기호만 서는 정류장이라고 했다. 그래서 기적 소리만 길게 남는 자리에 구름과 산들만이 졸고 있다는 것이다. 제2수에서는 올 사람 다 오고 갈 사람 다 떠나면 역원도 돌아가고 외등이 밝혀진 밤에 코스모스가 서있는 모습이 애처롭다고 하였다. 정말로 여행의 참맛을 느끼려면 밤기차를 타고 멀리 떠나는 것이 좋다고 하는데, 이종훈 시인은 그러한 여행을 몸소 실천하면서 낭만과 풍류를 즐기지 않았나 생각된다.
　　작품 ④는 철의 삼각지 철원평야를 둘러보고서 여러 가지 감회를 적은 것이다. 제1수에서 "피로 젖은 그날"이란 1950년 민족상잔의 전쟁 6·25사변을 일컫는 것이고, "젊은 넋 들국으로 피었는가"는 그 전쟁 때문에 젊은이들이 많이 희생되었음을 상기시켜 주고 있다. 제 2수에서는 그곳을 일컬어 원혼 쌓인 철의 삼각지라 하였고,, 지뢰밭 표지판 위로 저녁놀이 흐느낀다고 하였다. 제3수에서는 아직도 휴전선으로 갈라져 있는 민족의 비극적인 역사를 노래했는데, 그러한 사실을 겨레의 가슴에 박은 대못이나 티눈이라고 하였다. 이러한 작품 내용으로 미루어 볼 때에 이종훈 시인은 여느 사람들처럼 그냥 관광여행을 하는 것이 아니라, 역사 유적지를 돌아보면서 후세들을 깨우쳐 주고 교훈을 주려는 의도가 누구보다도 강한 시인이라고 생각한다.

4) 인간애 정신이 드러난 작품들

① 가난에/ 흠뻑 젖어

등마저/ 굽었는데

약 한 첩/ 못써보고

보리밥/ 물 누룽지

윗목의
멍석 날 헤아리다
새우잠을 드셨네.

— 어머니, 전문

인간애란 말 그대로 인간을 사랑하는 정신이다. 자기가 됐든 타인이 됐든, 부모와 일가친척이 됐든 그렇지 않은 사람이든 인간성을 존중하고 문화적 교양의 발전에 이바지하려는 마음가짐이다. 작품 ① 〈어머니〉는 제목 그대로 어머니를 사랑하고 어머니를 가엾게 여기고 어머니를 위해 드려야 한다는 발상에서 쓰여졌다.

특히 작품속의 어머니는 요즈음 신세대 어머니를 묘사한 것이 아니라 그 옛날 못 살고 못 먹고 시집살이가 심했던 전통적 어머니 상을 그리고 있는 것이다. 그래서 가난에 흠뻑 젖어 등마저 굽었다 하였고 몸이 아파도 약 한 첩 드시지 못하였다 하였고, 보리밥이나 누룽지를 잡수셨다 하였고, 멍석 위에서 새우잠이나 잤다고 하였다. 이러한 어머니 상은 어느 한사람의 어머니 상이 아니라, 1960년대 이전의 어머니들, 특히 농촌에서 농사짓고 가난하게 살던 모든 어머니들의 공통점이었다고 생각한다.

② 가까이 있지마는
　소식은 멀어야지
　마음이 여울지고
　생각이 포개져도
　그 사람
　가는 먼 길에
　자유 하라 참아야지.

　무덤까지 가져갈 비밀
　가슴깊이 묻어둔 채
　수시로 마음 문 열어
　그리움 에이지만

그 사람
　　번뇌를 덜게
　　내가 먼저 잊어야지.

- 인욕(忍辱), 전문

　② 〈인욕〉이란 작품에는 〈그녀에게〉라는 부제가 있어 이성간의 사랑을 주제로 한 것 같다. 제1수 초장에서 "가까이 있지마는 / 소식은 멀어야지"란 말은 실제로는 가까운 거리에 있는데, 자주 만날 수 없는 사이이기 때문에 소식은 멀어야 된다고 했을 것이다. 중장에서 "마음이 여울지고 /생각이 포개져도"라 한 것은 자주 만나지는 못하지만 그녀를 보고 싶어 하는 마음이 여울처럼 파장을 일으키고 생각이 반복해서 일어난다는 뜻 일게다. 종장에서 "그 사람/ 가는 먼 길에 / 자유 하라 / 참아야지"라 한 것은 그녀의 장래를 위해서 그녀의 뜻에 맡겨야 된다는 뜻 같고, 그래서 시적 자아는 참아야 된다고 했던 것이고, 이러한 뜻을 반영해서 제목도 〈인욕〉이라 했다고 보아진다.

　제2수 또한 제1수의 연장선상에서 생각해야 되겠는데, 자아와 세계의 관계는 "무덤까지 가져갈 비밀"이 있다 하였고, "그리움이 에인다" 하였고, "내가 먼저 잊어야 된다" 고 하였다. 이러한 내용들로 미루어 양자의 관계는 원만하지 못하다는 것이 느껴지고, 본질적으로 이 작품은 인간애 정신을 밑바탕에 깔고서 이루어졌다는 점에서 이종훈 시인의 인생관과 세계관을 점쳐 볼 수 있게 한다.

③ 당신과 같이 이룬
　우리의 이 동그란 우주
　당신과 내가 함께
　변함없는 해와 달로
　밤낮을 바꿔가며
　이 우주를 지켜왔죠.

　넘어지면 부추기는
　당신은 나의 버팀목
　일어나면 등을 털어
　힘을 돋아 주셨지요.
　이렇게 함께 한 40년
　정이요, 눈물이네요.

　두 딸과 두 아들을
　이만큼 키우느라
　모진 일 마다 않고
　적은 월급 아껴 쓰며
　그래도 자식 앞에선
　웃음 잃지 않았지요.

　한결같은 나의 믿음
　삭정이 된 당신 모습
　그래도 거울 앞에 앉아
　주름살을 사랑하는
　당신께 내 맘을 바쳐
　건강하길 빕니다.

― 아내에게, 전문

③ 〈아내에게〉란 작품에는 "예순 다섯 해 생일에"라는 부제가 달려 있다. 예부터 부부지간은 천생배필, 천정연분이라 했고 검은 머리가 파뿌리 되도록 함께 산다고 했다. 또 송강 정철은 그의 〈훈민가〉에서 "흔몸 둘헤 눈화 부부를 삼기실샤/ 이신제 흠 씩 늙고 주그면 흔듸 간다"라고 부부 노래를 불렀다. 그런데 현대를 살아가는 이종훈 시인은 그 부부관계를 우리의 동그란 우주라 표현했고, 변함없는 해와 달로 밤낮을 바꿔가며 이 우주를 지켜왔다고 하였다. 넘어지면 부추겨 주고 일어나면 등을 털어 주면서 40년을 함께 정과 눈물로 살아왔다고 하였다. 두 딸과 두 아들을 키워줬고, 적은 월급 아껴 쓰면서 자식들 앞에서는 웃음을 잃지 않았다고 했다. 이제는 늙어서 삭정이가 된 아내의 모습, 주름진 얼굴을 하고 있는 당신에게 시적 자아는 온 정성을 다하여 건강을 빈다고 했다.

이처럼 아내를 사랑하는 사람은 역시 부모에게 효도를 다하고 가족과 친척들을 사랑하는 정신을 가지고 있게 마련이다. 그리고 이러한 가족애 정신이 발전하여 인간애, 인류애 정신으로 승화된다는 점에서 여기에 인용한 작품들은 이종훈 시인의 인간애 정신을 엿볼 수 있게 해주는 작품들이라 생각된다.

5) 선비정신의 구현

① 담장 밑구멍 밖으로
　고개를 쏙 내밀고
　세상 두루 살펴보다
　형편 좋다 판단되면
　쪼르르 기어 나와서

요리 붙고
조리 붙고

항상 귀를 쫑긋 세워
이해득실 계산하여
상황이 불리하면
잽싸게 굴로 들어가
납작이 엎드려 있는
약삭빠른
골방쥐.

― 골방쥐, 전문

　골방쥐가 됐든 큰방쥐가 됐든 쥐는 우리 사람들에게 피해만 주는 동물이다. 그래서 쥐는 사람들에게 해로운 동물로 인식되었고, 가능하면 잡아서 없애 버려야 한다는 생각을 갖게 했다. 그러기에 이종훈 시인에게도 쥐는 부정적인 인상을 주어, 담장 밑구멍 밖으로 고개를 내밀고, 요리조리 바깥 세계를 살피다가, 쪼르르 기어 나와서 요리 붙고 조리 붙는 몹쓸 존재로 인식되었다. 그리고 골방쥐는 귀를 쫑긋 세우면서 이해득실을 따지고, 자신에게 불리하면 잽싸게 굴로 들어가 버리는 약삭빠른 존재라 하였다. 그러나 이러한 행위를 하는 것이 어디 골방쥐에게만 그치겠는가. 인간에게도 생쥐 같은 놈이 있어 의와 불의를 따지는 것이 아니라 상황 따라 요리 붙고 조리 붙는 놈들이 있으니 큰일이라고 생각한다. 그것도 별 볼 일 없는 사람들이 그렇게 한다면 이해하겠는데, 소위 지도자급으로 알려진 국회의원들 중에서도 이해득실을 따져 당적을 이리 옮기고 저리 옮기는 자들이 수두룩하니, 그래서 세상은 평화롭지 못하고 항상 시끄럽고 아귀다툼하게 되었다고 생각한다.

이종훈 시인은 이처럼 이해득실에 민감하고, 약삭빠르기 이를 데 없고, 지조 없이 이리 붙고 저리 붙는 소인배들을 비판하고 있으니, 이러한 비판정신은 이시인이 정의를 사랑하고, 절개와 지조를 굳게 지키는 선비정신의 소유자란 것을 증명해 주는 것이라 생각한다.

② 오랜만에 된 여당인데

　냄새를 풍기는지

　꼬리를 내리고서

　기웃대던 워리 들이

　부르자
　잽싸게 달려가니

　보나마나 X개지.
　　　　　　　　　　　　　－워리, 전문

② 워리는 감탄사로 개를 부를 때 쓰는 용어다. 특히 우리나라의 토종개나 똥개를 부를 때 '워리'라고 하는데, 윗 작품은 개 같은 인간들을 풍자한 것으로 받아들여진다. 원래 개들은 실물을 보지 않고 냄새만 맡아도 찾아가서 먹어치우는 속성이 있다. 그리고 먹을 것을 주면서 부르면 잽싸게 달려가서 받아먹는 것이 개의 속성이

다. 어떻든 이 작품도 오늘의 세태를 풍자한 것으로 보는데, 여당에는 먹을 것이 많이 있고, 그 먹을 것을 주겠다고 냄새를 풍기지 않았겠는가. 그러니까 그 기회를 엿보던 반대당의 워리들이 꼬리를 내리고서 기웃대다가 잽싸게 소속을 바꾸면서 달려가 큰 선물보따리를 받아 챙겼을 것이라는 이야기다.

어떻든 개처럼 먹을 것만 찾아다니는 자, 큰 것만 주겠다고 하면 의리와 관계없이 그 자를 따라가는 인간은 소인배들이다. 그런데 이 세상은 그런 소인배들이 너무 많고 판을 쳐서 점점 각박해지고, 아귀다툼을 하게 되고, 질서와 예의가 파괴되면서 혼란스럽게 되었다. 더욱이 서양의 물질문명의 영향을 받아 황금만능주의로 바뀌어졌으니, 사람 살아가기가 힘들게 되었다. 그런 점에서 이종훈 시인이 의리를 지키지 않고 개처럼 먹을 것만 찾아다니는 소인배들을 은근히 풍자한 것은 참으로 시의적절하다고 생각한다.

이제까지 이종훈 시인의 작품세계를 ① 일상적 소재의 형상화 ② 회고의식과 사향의식 ③ 불심과 여심을 노래함 ④ 인간애정신이 드러난 작품들 ⑤ 선비정신의 구현 등 5항목으로 나누어 살펴보았다. ①에서 이종훈 시인은 보고 듣고 느끼는 것이면 무엇이든지 포착하여 훌륭한 작품을 빚어낸다 하였고, 이러한 소재의 다양성은 작품 내용의 다양성으로 이어져서 그의 작품세계를 풍성하게 해준다고 보았다. ②에서는 회고의식과 사향의식을 나타낸 작품들을 살펴보았는데, 전자에서는 우리들의 전통적인 정서와 생활 양태를 되새겨 보고 현재보다는 그 옛날이 더 아름답고 살맛나는 세상이란 것을 깨우쳐준다고 하였다. 후자에서는 그의 고향이 수몰되었기 때문에 오로지 물속을 들여다보는 것으로 만족해야 하는 안타까움과 괴로움을 노래했다 보았고, 또 고향을 잃고 외롭게 떠돌아야하는 자신의 신세와 사향의식을 노래했다고 보았다.

③에서는 불심(佛心)과 여심(旅心)을 노래한 작품들을 인용했는데, 이시인(李詩人)이 불교에 대한 관심이 지대하고 불교적 세계관에 심취해 있다고 보았다. 아울러 유명 사찰을 탐방하고 작품화했을 뿐만 아니라 불교전문 용어까지 구사한 것은 불교에 대한 관심이 상당한 경지에 이르렀음을 증명해준다고 보았다. 그리고 후자에서 이종훈 시인은 밤기차를 타고 멀리 여행하면서 낭만과 풍류를 즐겼다고 보았고, 또 역사 유적지를 돌아보면서 후세들을 깨우쳐주고 교훈을 주려는 의도가 강한 시인이라고 하였다.

④에서는 인간애 정신이 드러난 작품들로 〈어머니〉〈인욕〉〈아내에게〉란 시조를 예로 들었다. 이러한 작품들은 그 밑바탕에 인간애 정신을 배경으로 이루어졌다는 점에서 그의 인생관과 세계관을 점쳐볼 수 있다 하였고, 아내를 사랑하는 사람은 부모에게 효도를 다하고 가족과 친척들을 사랑하는 가족애 정신의 소유자라고 하였다. 또 이러한 가족애정신이 발전하여 인간애 정신, 인류애 정신으로 승화될 수 있다고 역설하였다.

⑤선비 정신이 드러난 작품들로는 〈골방쥐〉〈워리〉를 예로 들었다. 이러한 작품들을 통해서 이종훈 시인은 이해관계에 민감하고, 약삭빠르기 이를 데 없고, 지조 없이 이리 붙고 저리 붙는 소인배들을 비판한 것으로 생각했고, 의리를 지키지 않고 개처럼 먹을 것만 찾아다니는 소인배들을 은근히 풍자한 것으로 해석했다. 하여간에 이종훈 시인은 의리가 없는 사람, 이해관계에 따라 옮겨 다니는 사람들을 꺼려하고 있으니, 그것은 절개와 지조를 중시하고, 명리보

다는 명분과 의리를 중시하는 선비정신에서 비롯되었다고 본다. 그래서 이 글의 제목을 "선비정신의 구현과 서정의 세계"라 붙였음을 밝히면서, 아울러 그의 건강과 문운이 함께하기를 빌면서 장황한 논의를 마친다.

6. 사랑과 그리움의 서정미학_ 조영두의 시조세계

　조영두 시인의 시집 "동백꽃 환한 새벽도 물소리로 지더라"를 보면, 조시인의 마음씨가 비단결 같이 곱고 아름답다는 것을 느끼게 된다. 이런 것은 그 작품에 흐르는 정서가 남성적이기 보다는 여성 쪽에 가깝고, 그 밑바탕에는 사랑, 그리움, 외로움의 정서가 깔려 있기 때문이다. 그리고 이 3가지 정서는 각기 다른 것 같으면서도 밀접한 관련을 맺고 있는 것이다. 사랑하는 사람이 없으면 외롭고, 외로우면 누군가를 그리워하게 되고, 그리워하는 사람을 만나면 사랑하게 되어 하나의 연결고리를 짓고 있기 때문이다.

　그래서 이글의 제목을 "사랑과 그리움의 서정미학"이라 붙여 본 것이다. 그 말은 이 작품집의 주류가 서정시라는 이야기다. 서정시는 본래 악기에 맞추어 부르는 노래 가사를 뜻하였다. 그러나 후에는 주로 읽기 위해서 쓰여진, 개인적인 감정을 표현하는, 짧은 시를 뜻하게 되었다. 여기서 개인적인 감정이란 개인의 정서, 상상, 또는 사상까지를 포함하는 말이다. 더러는 서정이라는 용어 때문에 오직 감정만을 노래하는 주정적인 시라고 생각하는데, 주지적인 온갖 정신 내용을 함께 표현하는 양식이 서정시인 것이다.

　그의 서정시에 바탕을 이루는 정서가 사랑과 그리움, 또는 외로움 등이라고 했는데, 이러한 정서가 풍부한 것은 타고난 천성이라 볼 수도 있지만, 그가 처했던 환경이 그렇게 만들었다고 보아도 과언은 아닐 것이다. 그는 큰 뜻을 품고 남들이 가기 싫어하는 울릉도에 가서 다년간 근무하였다. 같은 육지에서 떨어져 사는 것도 힘겨운 일인데 좀처럼 왕래하기 힘든 울릉도에서 가족을 떠나 혼자 근무했으니, 외로움을 느끼지 않았다면 오히려 이상하다는 생각이 들지 않겠는가. 외로우면 누군가를 그리워하게 되고, 그 그리움의 대상은 사랑하는 사람이 될 것이고, 이러한 정서들을 시적으로 표현하면 훌륭한 서정시가 될 것이다. 그래서 그런지 이 작품집에 실린 텍스트들은 모두 울릉도에서 썼다는 생각이 든다.

조영두 시인은 일찍이 한국교원대학교 대학원에 다니면서 고전시가를 전공하였고, 그래서 그의 석사학위논문도 시조를 대상으로 하였다. 이처럼 시조에 관한 논문을 쓰면서 많은 시조 작품을 접하게 되었고, 많이 접하다보니 시조를 좋아하게 되었고, 열심히 시조 쓰는 공부를 하게 되었다고 본다. 그가 습작한 작품들을 살펴보니 상당한 경지에 도달했다 생각되고, 그만큼 기초가 튼튼하니까 작품의 구조, 전개 방식, 시어 구사 면에서 남다른 경지를 보여주었을 것으로 기대된다.

1) 울릉도를 대상으로 한 작품

한가위 밝은 달은 어둠으로 숨어들고
물결 높은 저동항이 흰빛으로 부서지면
뭍 냄새 더 멀어지는
파도만이 드높다.

영혼의 뿌리 찾아 떠도는 삶들이
홀로 된 순간의 피안처로 향하는데
막아선 거센 바다는
목 놓아 울고 있다.

연락선 묶여 버린 비내리는 포구에는
몰아치는 파열음에 씻겨 나는 한된 바다
길길이 뛰는 파도는
뭇 가슴을 치고 간다.

— 울릉도 15, 전문

    제3부 '돌아앉는 섬 하나'는 모두 울릉도를 대상으로 형상화한 작품들이다. 이 제3부는 울릉도1에서 시작하여 울릉도32까지 연작시조의 형태를 취하였다. 그리고 이들 연작시조에는 매 편마다 부제를 달은 것이 특징이고 위에서 예로 든 작품에는 '태풍주의보'라는 부제가 달려 있다. 그러니까 위의 작품을 이해하거나 해석할 때는 울릉도의 태풍에다 초점을 맞추어 읽으면 훨씬 쉽게 접근할 수 있다고 본다.
    여기서 이해한다는 것은 작품이 진술한 일차적 의미를 안다는 말이다. 그러나 작품의 해석이란 한편의 완결된 글의 의미를 밝혀내고 그것을 다시 정확하게 알리는 것으로 전문적인 의미에서 해석이라고 말한다. 에이브럼스는 문학작품을 해석한다는 것은 분석과 패러프레이즈 즉 뜻풀이와 주석에 의하여 언어의 의미를 분명히 하는 것이라 하였다. 이러한 해석은 특별히 모호하거나 애매하거나 비유적인 구절들에 초점을 맞추는 것이 보통이다.
    이처럼 이해와 해석의 의미를 풀이해 보았지만 이 양자는 별개의 것이 아니라 서로 밀접한 관련이 있는 것으로 파악된다. 우선 1차적으로 작품을 이해해야 그 다음 해석할 수 있을 것 아닌가. 이해를 하지 못한 상태에서는 작품을 해석하기 어렵고, 해석 자체를 잘못해서 오류를 범할 가능성이 많은 것이다. 그러나 이해와 해석은 동시에 이루어져야지 따로 나누어 생각하기는 곤란하다는 것이 필자의 생각이다.

이러한 전제 하에 위의 작품을 보면 이해하기가 어렵거나 해석하기가 어려운 작품이라 생각되지는 않는다. 제1수의 종장을 보면 '뭍 냄새 더 멀어지는/ 파도만이 드높다'고 했으니, 부제의 '태풍주의보'라는 말과 합치된다고 하겠다. 태풍이 안 왔으면 파도는 낮을 것이고, 태풍이 섬에 몰려 왔으면 파도가 드높으리란 것은 상식에 속하는 문제이기 때문이다. 제2수에서도 종장에서 '막아선 거센 파도는/ 목 놓아 울고 있다'고 했으니, 얼마나 파도가 높게 일어났으면 막아선 거센 파도라 표현하고, 목 놓아 우는 것으로 형상화 했겠는가. 제3수의 종장에서는 '길길이 뛰는 파도는/ 뭇 가슴을 치고 간다.'고 하였다. 파도가 얼마나 심하게 쳤으면 길길이 뛰는 파도라 표현했겠는가. 뭇 가슴을 친다는 말에서 시인의 정서를 읽어낼 수 있다. 무엇인가 뜻대로 되는 것이 없고, 충격적인 사태에 직면했을 때 '가슴만 친다'는 말을 쓸 수 있기 때문이다. 어떻든 이 시에서의 '파도'는 자아의 이상세계를 실현하는데, 큰 장애물이 되고 있다는 것을 암시적으로 나타낸 것이 아닌가 생각된다.

> 떠나보면 안다 빗소리의 여운을…
> 절해고도(絶海孤島) 외딴 사택(舍宅) 지붕 위로 떨어지며
> 한밤중 가슴 때리는
> 아! 그리운 이여.
>
> 수백 리 뱃길 막은 파도는 허공을 치고

가뭇한 수평선 너머 푸른 꿈이 스러지면
뱃고동 가슴 에이던
서러움이 흐른다.

양철 지붕 골마루 토닥이는 영혼의 소리
한줄기 흘러가도 억겁의 세월인 듯
점점이 가슴 사무친
응어리로 번져간다.
— 울릉도 4, 전문

  이 작품에는 '빗소리'라는 부제가 달려 있다. 그러니까 울릉도에서 빗소리를 들으면서 보고 생각하고 느낀 감회를 적은 것이다. 시는 인생의 표현이요 생명의 해석이다. 허드슨도 말하다시피 "문학은 언어를 매개로 하는 인생의 표현이요" "시는 상상과 감정을 통한 생명의 해석"이다. 모든 창작 작품이 그렇듯이 시도 인간과 인생을 떠나서는 의미가 없다. 흔히 문학을 인간학이라고 하는데 이것은 곧 문학이 지닌 본질을 지적하는 말이다. 이미 있는 혹은 있을 수 있는 인생을 표현하고, 여기에 새로운 의미를 부여하는 것이야말로 문학의 영원한 과제인 것이다.

  그런 의미에서 위의 작품도 '빗소리'를 소재로 했지만, 그냥 일반적으로 듣는 자연의 빗소리가 아니라 시인이 여기에 새로운 의미를 부여한 새로운 빗소리로 보아야겠다. 그래서 지붕 위로 떨어지는 그 빗소리가 한밤중에 가슴을 때리는 빗소리로, 또는 그리운 이를 생각하게 하는 빗소리로 변용되었다. 그처럼 비가 올 때는 파도가 치게 마련인데, 그 파도는 단순한 파도가 아니라, 가고 싶은 곳을 맘

대로 가지 못하게 하는 수백 리 뱃길을 막는 파도로 인식되었던 것이다. 그 결과 푸른 꿈이 스러지게 되고, 가슴을 에던 서러움이 흐르게 된다.

그리고 셋째 수 초장의 "양철 지붕 골마루 토닥이는 영혼의 소리"도 사실은 빗소리를 그렇게 표현한 것이고, 그것이 영혼의 소리로 인식되니까, 한줄기가 흘러가도 억겁의 세월처럼 느껴졌던 것이다. 종장에서는 그 빗소리가 점점이 사무쳐서 응어리로 번져간다고 했는데, 시적자아의 좌절감, 또는 한이 가슴속에 응어리졌다는 뜻으로 이해된다.

이러한 해석이 가능하다면 상기 작품 '빗소리'의 제1수는 그리움의 정서, 제2수는 서러움의 정서, 제3수는 한의 정서가 표출된 것으로 해석된다. 그러나 그리움, 서러움, 한의 정서 등은 각기 별개이면서도, 서로 밀접한 관련을 맺고 있다고 이야기할 수 있다. 왜냐 하면 누구를 그리워하다가 뜻이 이루어지지 않으면 서러운 감정이 생기게 되고, 서러운 것이 심화되면 한이 맺혀 가슴 속에 응어리지기 때문이다.

2) 사랑의 정서를 나타낸 작품

하얀 눈/ 섬 적시는 밤 편지를 쓴다.
사랑하는 이에게 설국(雪國)의 밝음 실어
길 떠난
섬 마을의 끝
눈발을 맞으며.

돌아오지 않을 그
　　오지 않을 답신임에도
　　동백꽃 망울마다 피어나는 붉은 열정은
　　순정에
　　나부끼는 깃발로
　　빈 가슴을 에우려듯.

　　산 하나 가득/ 희디흰 눈꽃 피어
　　나마저 그림 속의 주인공으로 서는 한밤
　　표표히
　　젖는 그리움
　　별빛에 띄워본다.

- 편지, 전문

　　인간에게는 누구나 심성의 밑바탕에 사랑의 정서를 지니고 있다. 이것은 고금이나 동서를 막론하고 마찬가지라고 생각한다. 우리나라의 경우「삼국사기」고구려 본기 유리왕 3년 조에 나오는 〈황조가〉는 한편의 사랑노래로 보는 이들이 많다. "펄펄 나는 저 꾀꼬리/ 암수 서로 어울리는데/ 외로울사 이 내몸은/ 그 누구와 함께 돌아갈고"라고 되어있다. 이 노래의 내용을 보면 "그 누구와 함께 돌아갈고"라는 구절이 있는데, 여기서 그 누구란 사랑하는 사람을 지칭하는 것이다. 그 사랑하는 사람과 함께 할 수 없으니까, "외로울사 이 내몸은"이란 자탄이 나올 수밖에 없었던 것이다. 그래서 정병욱 선생은 "이 황조가는 거절당한 남자의 애절한 구애곡"이라 하였고, 제례의식 중에서 남녀가 배우자를 선정하는 기회에 불려진 사랑의 노래라고 주장하였다.

이처럼 유리왕이 지었다는 〈황조가〉를 인용한 것은 그 옛날 상고시대에도 이러한 사랑노래가 불려졌다는 것을 증명해 보이기 위해서다. 물론 현대시나 현대시조의 경우에도 사랑을 주제로 한 작품이 부지기수라는 것은 이미 잘 알려진 사실이다. 위의 작품 〈편지〉는 다른 사람이 아닌 사랑하는 사람에게 보내는 편지를 주제로 삼아서 쓴 한편의 시조이다. 그것을 증명해 주는 것이 제1수의 초장과 중장에서 "사랑하는 이에게 설국(雪國)의 밝음 실어/ 하얀 눈 섬 적시는 밤 편지를 쓴다."는 구절이다. 그리고 제2수에서는 그 사랑하는 이와의 관계를 "돌아오지 않을 그/ 답신도 하지 않을 그"라고 표현하였다. 어쩌면 이룰 수 없는 사랑, 헤어져서 다시는 재결합될 수 없는 사랑을 노래하는 것인지도 모른다. 그렇기 때문에 제2수 종장에서는 "순정에/ 나부끼는 깃발로/ 빈 가슴을 에우는 듯하다"고 하였고, 제3수 종장에서는 "표표히/ 젖는 그리움/ 별빛에 띄워본다"고 했던 것이다.

　　　　우리 산다는 건 한 가슴 태우는 사랑임을
　　　　삭이고 또 감싸 안아도 날이 선 푸른 가슴
　　　　까맣게
　　　　녹아내리는 혼
　　　　산화하는 그 날에도.

　　　　우리 산다는 건 눈물겨운 아름다움임을
　　　　두고, 안고 또 싸안다가 터지는 심장의
　　　　더운 피
　　　　외로 식는 밤

파란 그리움에 떨더라도.

우리 산다는 건 지극한 사랑임을
부르다 쓰러져 쌓이는 그렁한 눈물에
상처 난
마음의 문신
더 선명해지는 그 날에도.
― 섬을 산다는 건, 전문

　상기 예로 든 작품은 어떤 대상을 사랑하는 연가가 아니라, '사랑이란 이런 것이다'라고 설명해 주는 사랑학(學) 같다. 3수로 구성된 위 작품의 각수의 초장만 읽어보면 그런 느낌을 받게 된다. 제1수에서는 우리가 산다는 것은 한 가슴을 태우는 사랑이라고 하였다. 제2수에서는 우리가 산다는 것은 눈물겨운 아름다움이라고 하였다. 제3수에서는 우리가 산다는 것은 지극한 사랑이라고 하였다. 전부 그 주체가 되는 것은 〈나〉가 아니라 〈우리〉라고 했으니 우리 모두의 문제로 확대된 것이라 여겨진다. 각수의 중장의 '삭이고 감싸 안아도 날이 선 푸른 가슴', '안고 또 싸안다가 터지는 심장', '부르다 쓰려져 쌓이는 그렁한 눈물'이라는 구절들은 모두 사랑의 절실함을 각인시켜 주는 표현이라고 생각된다.

　① 마침내 등을 다는 지금 사랑을 알았다.(등을 다는 마음, 종장)
　② 흥건히 고인 서러움 삭혀줄 사랑 하나(사랑 하나, 2수, 종장)
　③ 차마 못 다한 사랑의 상흔을 안고(동백꽃, 중장)
　④ 진정, 무엇이 붉은지 정녕, 사랑이 무언지(겨울바람, 2수 초장)
　⑤ 다가 올 따뜻한 사랑 그날 안고 밀려간다.(여객선 터미널, 3수, 종장)

⑥ 사랑은 숨을 듯 피어나는 안개 같은 것(산으로 간다, 2수, 초장)
⑦ 아픔은 삭이는 거다, 두고 온 사랑도 녹이는 거다(산중 폐가에서, 2수, 초장)
⑧ 순연한 산의 목소리 '사랑하며 살라' 한다.(산중문답, 3수, 종장)
⑨ 사랑하는 사람을 웃으며 보내고(불혹, 그 언저리, 1수, 종장)
⑩ 때로는 사랑의 기쁨 맘에 어려 주면서(창가에서, 3수, 종장)

사랑이라는 단어를 사용해서 사랑의 정서를 나타낸 구절들을 인용해 보았는데, 상기 예문 외에도 많이 찾아볼 수 있지만, 번거로울 것 같아서 이만 생략한다. 조영두 시인의 작품집에 이처럼 '사랑'이라는 시어를 많이 사용한다는 것은 그가 누구보다도 '사랑'의 정서를 많이 가지고 있는 시인이라는 것을 증명해준다는 점에서 흥미로운 일이다.

3) 그리움의 정서를 나타낸 작품

그대가 그리웠습니다.

태초에 이는 바람이듯
가을빛 눈웃음만으로 헤어질 수밖에 없었던
그날의 깊은 생채기로 서걱이는 억새가 스칠 때면.

그대가 보고 싶었습니다.

부신 낙조(落照)에 숨죽인
가눌 수 없는 열정이 회오리로 덮여버린
그 상흔 애써 안으며 촛불로 새던 밤은.

― 도리사 가는 길, 1 · 2수

이 그리움의 정서는 막연하게 누군가를 그리워하는 경우도 있지만, 대부분 사랑하는 사람과 헤어져서 만나지 못할 때, 그리움의 정서가 가슴 속에 자리 잡게 된다. 그래서 그리움이란 사랑이라는 말과 깊은 관련이 있기 때문에 손등과 손바닥과의 관계처럼 떼려야 뗄 수 없는 사이라고 생각한다. 상기 인용 작품에서는 그리워하는 대상을 '그대'라고 지칭하였다. 그리고 첫마디에 '그대가 그리웠습니다.'라고 하였다. 어떻든 그리움이란 사랑하는 사람과 헤어졌거나 만날 수 없는 환경이란 것이 전제된다. 위 작품에서는 "가을빛 눈웃음만으로 헤어질 수밖에 없었다." 했고, 그날의 깊은 생채기로 서걱이는 억새가 스칠 때라고 했으니, 이별의 상처가 얼마나 컸는지를 미루어 짐작케 한다.

　그리고 제2수에서는 '그대가 보고 싶었습니다.'라고 하였다. 보고 싶었다는 이야기는 사랑하는 이와 헤어져 있다는 이야기고, 달리 표현하면 '그립다'는 이야기와 상통된다. 얼마나 그가 보고 싶고 그리웠으면 가눌 수 없는 열정이 회오리로 덮여 버렸다고 했겠는가. 그 상흔 애써 안으며 촛불 켜놓고 지새던 밤이 있었다고 했겠는가. 이 작품에서는 막연하게 '그대'를 그리웠다 하고, 보고 싶었다고 하고, 사랑했다 하고, 두고 간다고 했는데, '그대'의 정체가 무엇인지는 정확하게 알 수 없다. 어떤 여인이 될 수도 있고, 아내가 될 수도 있고, 제목이 '도리사 가는 길'이니까 부처가 될 수도 있을 것이다. 이 문제는 이 작품을 읽는 사람이 알아서 생각하고 자유롭게 상상할 수 있는 독자의 몫이지, 무엇이라고 또는 누구라고 단정할 수 있는 사항은 아닌 것이다.

밥상을 차린다 수저는 한 벌뿐인
창 너머 바다가 오늘 따라 장관인 날
마주할
눈빛 그윽한
그 손길이 눈물겹다.

찬통을 열어 가면 배어나는 그리움에
수백 리 뱃길 너머도 순간으로 다가선다
사는 건
한술 밥이 아닌
숨 젖는 사랑임에.
- 울릉도31 - 아침상을 차리며, 전문

    그리움의 정서는 함께 지내야 할 사람과 헤어졌거나 떨어져 살 때 일어나는 자연적인 감정이다. 조영두 시인에게 이러한 그리움의 정서가 많을 수밖에 없었던 것은 다년간 사랑하는 가족과 떨어져서 살았기 때문이다. 그것도 같은 육지에서 떨어져 사는 것이 아니라 좀처럼 왕래하기 힘든 천리타향 울릉도에 가서 혼자 살았으니 그가 누구를 그리워하면서 살 수밖에 없었던 것은 그에게 주어진 환경 때문에 어쩔 수 없는 운명이라고 생각한다.
    제1수에서는 밥상을 차리는데 수저가 한 벌뿐이라고 하였다. 그 날따라 바다의 물결마저 잔잔하여 두고 온 가족들이 눈에 선했던 것으로 헤아려진다. 그래서 종장에서는 마주할 눈빛 그윽한 그 손길이 눈물겹다고 하였던 것이다. 한마디로 뭍에 두고 온 아내의 정성어린 손길이 그립다는 뜻으로 해석된다. 제2수에서 찬 통을 열면 배어나는 그리움이 있다고 하였고, 수백 리 뱃길 너머의 가족들이 순간적으로 다가선다고 하였다. 그래서 아내의 따뜻한 사랑이 절실하게 요구된다는 것이 종장의 내용이다.

① 가슴 서늘하던 애절한 그리움이(등대는, 제2수, 초장)
② 수백 리 뱃길 넘어도 끊지 못한 그리움으로 남고(산중 폐가에서, 제2수, 종장)
③ 남루의 가슴에 새긴 그리움 삼키면서(불혹 그 언저리, 제1수, 종장)
④ 아무 일도 없이 그대가 그립습니다.(가을빛 부신 날, 제3수, 초장)
⑤ 그리움에 타는 가슴 저 바다에 던져두고(과메기 덕장에서, 제2수, 초장)
⑥ 신비한 인디아 처녀 같은 짙게 밴 그리움이 있다.(네 눈 속에는, 제1수, 종장)
⑦ 뭍을 향한 그리움을 온몸으로 앓는다.(울릉도1, 제2수, 중장)
⑧ 물기 어린 그리움을 쓸어 보는 빈 가슴(울릉도6, 제2수, 중장)
⑨ 끓어 타는 가슴, 그리움이 녹는 바다를(울릉도8, 제2수, 중장)
⑩ 솟구친 그리운 정이 암벽 위로 부서진다.(울릉도9, 제1수, 종장)

그리움이라는 단어를 직접 언급한 구절들을 모아본 것이다. 문제는 이 정도에 그치지 않고 더 많은 예를 들 수 있다는데 있다. 게다가 그리움이란 단어를 직접 언급하지 않고서 그리움의 정서를 내포한 작품까지 예로 든다면 더 많은 비중을 차지할 것이다. 하여간에 그의 시집을 보면 '그리움'이라는 단어를 빼면 작품집이 안 될 정도로 많이 사용하였으니, 그를 일러 '그리움의 시인'이라 명명해도 좋을 것이란 생각이 든다.

4) 표현의 묘미

갈대가 빛을 잃고 억새가 숨죽이는
늦가을 지는 햇살이 빈 가슴을 적실 때쯤
입동의 사원 쓸쓸함이 섬 밤을 시리 운다.

한겨울 해안 절벽
뼈만 남은 섬일지라도

하얀 눈
어둠 밝히는 등대로 서는

동백이
눈뜨는 날은
낯빛마저 붉어온다.

　　　　　　　　　　－동백이 눈뜨는 날, 전문

　시는 어떤 내용을 쓸 것이냐, 주제를 무엇으로 할 것이냐가 중요한 것은 사실이지만, 그보다는 그런 것들을 어떻게 쓸 것이냐가 더 중요하다고 생각한다. 대부분의 초보자들은 시의 문장을 너무 밋밋하게 써서 산문 문장인지 운문 문장인지 구분할 수 없게 쓰는 경우가 많다. 이럴 때 시적인 문장으로 돋보이게 하려면 표현기교를 구사하는 것이 필수적이다. 시를 구성하는 요소가 시어와 리듬과 이미지라면 시를 표현하는 예술적 기교로서는 비유와 상징을 들 수 있다. 그러니까 비유와 상징을 독창적으로 또는 개성적으로 잘 쓰면 좋은 작품이라 하고, 그렇지 못하면 그 반대의 평을 듣게 된다.
　상기 작품에서는 특히 둘째 수가 직접적인 언급을 피하고 비유적인 표현을 했다고 본다. 초장에는 이 작품의 계절적 배경과 공간적 배경이 제시되어 있다. 계절은 한겨울이고, 장소는 바닷가에 있는 섬이다. 그 해안 절벽이 있는 섬에 등대가 어둠을 밝혀주듯이 하얀 눈이 쌓여 섬 전체를 밝혀주고 있다는 것이다. 이처럼 흰눈이 쌓여 있는 섬에 동백꽃이 피어있는 모습을 "동백이/ 눈뜨는 날은/ 낯빛마저 붉어온다"고 표현하였다. 동백이 눈을 뜬다는 말은 동백꽃이 핀다는 것이고, 낯빛마저 붉어온다고 한 것은 그 동백꽃의 색깔이 붉다는 것을 은유적으로 표현한 것이다. 이제까지 이 작품에 대하여 여러 가지 말을 동원해서 설명했지만, 작자의 의도는 "섬에서 눈 위에 핀 동백꽃이 아름답다"는 메시지를 전해주는 것이라고 생각된다.

  너를 보면
  나는 꼭 울게 된다

  차마 못 다한
  사랑의 상흔을 안고

  뚜욱 뚝
  온몸을 던져
  오열하는 그 주검에.
           - 동백꽃, 전문

 앞에서 논의한 작품 〈동백이 눈뜨는 날〉은 동백꽃이 피는 모습을 형상화한 것이라면, 바로 상기 작품 〈동백꽃〉은 동백꽃이 수명을 다해서 지는 모습을 형상화한 것이다. 동백꽃이 떨어지는 것을 사람에 비유하면 사람이 죽는 것에 해당한다고 볼 수 있다. 그러니

"너를 보면/ 나는 꼭 울게 된다."고 표현할 수밖에 없었던 것이다. 그것도 그냥 떨어지는 것이 아니라 "차마 못 다한/ 사랑의 상흔을 안고" 떨어진다고 했기 때문이다. 그렇다면 그 '동백꽃'은 사람의 '사랑'을 비유했거나 상징한 것으로 보아진다. 어떻든 동백꽃이 떨어지는 것을 사람의 죽음에 비유했다는 것은 종장의 "뚜욱 뚝/ 온몸을 던져/ 오열하는 그 주검에"라는 표현에서 확실해진다. 하여간에 이 단시조는 비유로 시작해서 비유로 끝났다는 데에 그 묘미가 있다는 것을 첨언해 둔다.

조영두 시인의 이 작품집에는 위에서 예로 든 것 외에도 "그립다/ 짧은 한마디에/ 눈을 뜨는 동백 마음"(돌아앉는 섬 하나), "사랑에 메는 가슴 눈 속에도 뜨거워서"(울릉도3), "내 안에/ 섬 하나 건질/ 푸른 대를 던진다"(낚싯대를 드리우며), "비어서/ 넉넉한 고적함이/ 한 가슴을 채워간다"(설국에서), "폭포처럼 쏟아지는 타는 목마름에"(새벽을 열며), "동백꽃/ 붉은 선혈이/ 별빛으로 박힌다"(차운 밤 홀로 깨어) 등이 표현의 묘미를 살린 가구(佳句)라고 생각된다.

이제까지 조영두 시인의 작품 세계를 ① 울릉도를 대상으로 한 작품, ② 사랑의 정서를 나타낸 작품, ③ 그리움의 정서를 나타낸 작품, ④ 표현의 묘미 등으로 나누어 살펴보았다. ①에서는 울릉도에 살면서 그곳에 있는 자연이나 사물들을 연작시조처럼 이어서 써나갔다. 그래서 〈울릉도〉라는 큰 제목에 '돌아앉는 섬 하나', '입도 단상', '동백', '빗소리', '너와집 앞에서', '촛대바위', '섬 벚나무' 등의 부제를 달아서 써나갔던 것이다. 예로 든 〈울릉도15〉는 '태풍주의보'라는 부제를 달았지만 태풍보다는 파도에 초점을 맞추어 쓴 것으로 보았다. 태풍이 오니까 파도가 높게 일 것이고, 그 '파도'에 감정 이입시켜 '목 놓아 울고 있다' 또는 '가슴을 치고 간다'는 표현을 하였다. 그래서 이 작품에서의 파도는 시적자아가 이상세계를 실현하는데 장애물이 되고 있다는 것을 암시적으로 나타낸 것이라 본 것이다. 〈울릉도4〉라는 작품에는 '빗소리'라는 부제가 달려 있다. 그 빗소리는 일반적인 자연의 빗소리가 아니라 시인이 새로운 의미를 부여한 새로운 빗소리로 보아야 한다고 했다. 그래서 이 작품의 제1수는 그리움의 정서, 제2수는 서러움의 정서, 제3수는 한의 정서가 내포된 것으로 보았던 것이다.

②에서는 사랑의 정서를 나타낸 작품으로 〈편지〉와 〈섬을 산다는 건〉의 두 작품을 감상하였다. 전자는 다른 사람이 아닌 사랑하는 사람에게 보내는 편지를 주제로 삼아서 쓴 시조다. 그리고 그들의 사랑은 이룰 수 없는 사랑, 헤어져서 다시는 재결합될 수 없는 사랑을 노래한 것이라 보았다. 그것을 증명해주는 구절이 "돌아오지 않을 그/ 오지 않을 답신임에도"라는 표현이다. 후자는 어떤 대상을 사랑하는 연가가 아니라, 사랑이 무엇인가를 설명해주는 사랑학이라 보았다. 각수의 초장을 읽어보면 그 주체가 되는 것을 〈나〉가 아니라 〈우리〉라고 했으니, 우리 모두의 문제로 확대된 것이라 본 것이다. 그리고 그의 작품집 속에서는 유난히 '사랑'이라는 단어를 많이 찾아볼 수 있기에 그를 '사랑의 시인'이라 이름 붙여도 좋을 것이라 생각했던 것이다.

③에서는 그리움의 정서를 나타낸 작품으로 〈도리사 가는 길〉과 〈울릉도31〉을 감상하였다. 전자에는 '그대'라는 말이 중심이 되었는데, 막연하게 그대를 그리웠다 하고, 보고 싶었다 하고, 사랑했다 하고, 두고 간다고 해서, 그대의 정체가 무엇인지 알 수 없다고 하였

다. 그리고 이런 문제는 독자가 알아서 생각하고 상상할 수 있는 독자의 몫이라고 하였다. 후자에서는 조영두 시인에게 그리움의 정서가 많이 나타나는 것은 그가 다년간 사랑하는 가족과 떨어져서 살았기 때문이라고 하였다. 그것도 같은 육지에서 떨어져 산 것이 아니라 좀처럼 왕래하기 힘든 울릉도에서 혼자 살았기 때문에 누군가를 그리워하면서 살 수밖에 없었던 것이 그에게 주어진 환경이요 운명이라고 했던 것이다.

④에서는 표현의 묘미를 살펴보았는데, 작품 〈동백이 눈뜨는 날〉은 비유법을 잘 구사한 작품이라 보았다. 예의 작품에서 동백이 눈을 뜬다는 말은 동백꽃이 핀다는 것이고, 낯빛마저 붉어온다고 한 것은 그 동백꽃이 붉다는 것을 은유적으로 표현한 것이라 보았다. 그리고 작품 〈동백이 눈뜨는 날〉은 동백꽃이 피는 모습을 형상화한 것이라면, 후자의 〈동백꽃〉은 동백꽃이 수명을 다해서 떨어지는 모습을 형상화한 것이라 보았다. 그리고 여기서의 '동백꽃'은 인간의 사랑을 비유했거나 상징한 것이라 보았기에, 동백꽃의 상태가 어떻게 변화하느냐에 따라, 그 사랑의 모습도 달라진다는 것이 이 작품의 내용이라고 하겠다.

지금까지 본론에서 논의한 내용을 간략하게 요약해 보았거니와, 조영두 시인의 작품적 특징은 그 형식면에서 시조의 형식이나 틀을 깨지 않는 범위 내에서, 행과 구를 자유롭게 배치하여 많은 변화를 주고 있다는 점을 들 수 있다. 그래서 시조의 틀이라는 고정관념에서 벗어나 현대감각을 살려 현대시라는 인상을 주기에 충분했다고 본다. 그리고 내용면에서는 사랑과 그리움의 정서가 많이 나타나서 마치 김소월의 시를 다시 읽는 듯한 느낌을 받았다. 이러한 연유로 필자는 조영두 시인을 '사랑의 시인' 또는 '그리움의 시인'이라는 타이틀을 붙여주고 싶은 것이다. 아무튼 이번 작품집을 통람하면 그의 시적 역량이 인정되고 가능성이 높다는 점에서 앞으로 그의 활동이 기대된다. 좋은 책 발간을 축하드리면서 문운이 승승장구하기를 기원하는 바이다.

7. 삶의 철학과 시심의 조화로운 경지_ 김상형의 시조 세계

시조는 고려 말엽 유학자들에 의하여 형성되어서 지금까지 7백여 년간 존속되어 오는 우리나라의 전통시가다. 그런데도 그 발생 시기에 대한 이론이 분분하고 더군다나 시조의 효시 작품이 어느 것인가에 대하여는 아무도 언급하는 이가 없다. 필자는 고려 충숙왕 때의 대 유학자 우탁(禹倬)이 지은 〈白髮歌〉와 〈歎老歌〉를 우리나라 시조 문학의 효시 작품으로 간주한다. 그 당시 송나라에서 정자(程子)의 학(學)이 처음 들어와 아무도 해득치 못하므로 우탁이 문을 닫고 들어 앉아 한 달을 두고 연구, 해독하여 후진들에게 가르치니 이는 우리나라 이학(理學)의 시초였다. 우탁은 경사(經史)와 역학(易學), 복서(卜筮) 등에도 통달 했다는 것이고, 그렇기 때문에 세인들은 그를 가리켜 역동선생(易東先生)이라 하였다. 그처럼 별호를 역동선생이라 할 만큼 성리학의 대가가 아니고서는 3장6구 12절의 시조형식을 만들어 낼 수 없다는 것이 필자의 생각이다. 그 고려 말 우탁, 이조년, 성여완, 이색, 길재, 정몽주, 정도전, 원천석 등의 의하여 불리어졌던 시조가 21세기의 문턱 오늘날까지 계승되어 동산(東山) 김상형(金相亨) 시인에까지 전수 되었고, 동산(東山)은 이번에 그 4번째 시조집 「아침에」을 출간하게 된 것이다.

현재 우리나라에는 현대시의 대표격이라 하는 자유시와 전통시임을 긍지로 삼으면서도 자유시에게 밀리고 있는 정형시 즉 시조가 공존하고 있다. 필자는 이 두 부류를 좋아하는 음식에 비유하겠는데, 자유시를 쓰는 사람은 요즈음 젊은이들에게 인기가 많은 피자를 즐겨 먹는 사람들이고, 시조를 쓰는 사람은 우리의 전통 음식인 김치, 깍두기나 된장찌개를 즐겨 먹는 사람에 비유 할 수 있다. 그러니 동산시인(東山詩人)이 자유시나 기타 장르를 쓰지 않고 고집스럽게 시조만을 쓰는 이유를 알 것 같다. 삶의 철학인 기독교와 전통시가의 맥을 잇기 위한 시심을 조화롭게 하는 장인정신을 지녔기 때문이다. 또 누구보다도 민족시인임을 자부하기 위해서는 자유시보다는 시조를 써야 명실 공히 그러한 평가를 받을 수 있는 것이다.

김 상형 시인의 작품세계에 대해서는 이미 그의 「화갑기념논문집」(華甲紀念論文集)에서 여러 사람들이 호평을 한 바 있다. 이 책에서 홍재휴는 "시조집 「十字架」은 東山詩人의 天賦的 기품과 강인한 의지로써 생활해온 체험과 확립된 생활관과 깊은 신앙심과 생활에서 부닥쳐 일어나는 갖가지 뜻과 감정과 정서를 일초일목(一草一木)과 일사일물(一事一物)에다가 의탁하여 가식 없이 진술하게 표현한 가편(佳篇)들"이라고 평했는데, 지금 발간하는 동산(東山)의 제4시조집의 작품 내용도 똑같은 평가를 받을 수 있다고 생각된다.

1) 종교관이 나타난 작품

임의 사랑은
동토에도 꽃을 피워

내일을 잃은 이에게
새벽길을 열어주고

무거운 짐진 자들은
내게 와서 쉬라하네.

임의 사랑은
끝 간 데를 몰라라

원수의 먼 훗날도
시름하며 복을 비는

그 사랑
따스한 품에서
나는 고운 꿈을 꾼다.

— 임의 사랑, 전문

　동산시인(東山詩人)의 신앙심에 대하여 추강(秋江) 김시백(金時百)은 "그는 본시(本是) 유가(儒家)의 영향아래 생장하여 오는 중 소시(少時)에 기독교회(基督敎會) 유년주일학교(幼年主日學校)에 다닌 것과 중학교 때 신앙생활을 계속하는 동안 믿음의 뿌리를 서서히 내리기 시작하였다. 그 믿음은 뒤에 부인을 믿게 하고 노모까지도 만년(晚年)에 믿음으로 돌아오게 하는 등 가정에서부터 전도의 사명을 감당해 나가는 실천력을 드러내었다"고 설명하였다. 이처럼 유소년 시절부터 교회에 다니고 기독교 신앙을 돈독히 하였으니 그의 신앙심이 얼마나 철저했던가는 재론의 여지가 없다고 하겠다. 예로 든 〈임의사랑〉은 바로 기독교의 박애정신과 동산시인의 신앙심이 한데 어우러져 시적(詩的)으로 표현된 것이다.
　이 작품에서 〈임〉은 하나님이나 예수님을 상징적으로 나타낸 것인데, 그 임의 사랑은 동토에도 꽃을 피워 낼만큼 불가능한 것이란 없다는 이야기다. 또 좌절하고 방황하는 이들에게는 희망을 주고,

고통과 시름에 겨운 사람들에게는 안식처를 제공해 준다고 하였다. 그 임의 사랑은 끝 간 데를 모를 만큼 무한대 하다는 것이고, 원수의 먼 훗날도 결정해서 복을 빌어 줄만큼 박애사상을 기본 모토로 하고 있다는 것이다. 한마디로 상기 작품은 기독교의 근본사상을 이해하기 쉽게 풀어놓았다는 생각이 들고, 그러면서도 "동토에도 꽃을 피워" "새벽길을 열어주고" "나는 고운 꿈을 꾼다"등의 비유법을 써서 시적인 감칠맛을 나게 하였다.

　　아침은 어두움을
　　조용히 밀어 내고

　　만물에 빛을 주며
　　내일을 안겨주며

　　꿈꾸는
　　찬란한 길을
　　경건히 열어 준다.

　　이 세상 거친 풍파에
　　표적이 흔들려도

　　삭신 저민 아픔을 참고
　　하루하루를 가꿔 가면

　　즐거운
　　꽃핀 아침을
　　맞이하게 되리라.

만 갈래 시름을 접고
　　임의 발자국을 따르며

　　청산도 사랑하고
　　녹수도 사랑하고

　　큰 능력
　　주시는 자 안에서
　　필승의 길을 나선다.

　　　　　　　　　　－아침에, 전문

　〈아침에〉라는 작품을 인용했는데, 이 제목은 그대로 이 시집의 제목으로 사용되고 있으니, 바로 이 작품집의 대표작품으로 간주해도 좋다. 그러니까 이 〈아침〉이란 용어는 이 작품을 쓴 시간을 의미해 주기도 하고, 그 아침처럼 시인 자신이 희망과 꿈을 가지고 이 세상을 생활해 나간다는 의미도 함축되었다. 그래서 제1연에서는 이 아침이 어둠을 밀어내고 삼라만상에 빛을 주고 희망을 주고 찬란한 길을 열어준다고 하였다.
　제2연에서는 세상의 거친 풍파에 표적이 흔들려도 참고 꿈을 키워나가노라면 즐겁고 좋은 아침을 맞이하게 될 것이라고 확신하였다. 동산시인(東山詩人)은 이 시집의 자서(自序)에서 "어려울 때는 내일의 희망에서 즐거이 살고, 괴로울 때에는 내일의 웃음을 찾으며 기쁘게 살아간다. 그러므로 나의 삶은 항상 희망에 찬 아침이다"라고 하였는데, 이러한 삶의 자세가 위 작품의 제1연과 제2연으로 나타났다고 본다. 희망과 꿈을 가지고 열심히 노력하면서 살아가는 자세, 이 세상을 부정적으로 보지 않고 긍정적으로 보고 이해와 관용을 베푸는 태도, 이러한 삶의 자세에서 김시인의 고결한 인품을 느낄 수 있는 것이다.

  그리고 김시인의 이러한 긍정적 인생관과 개방적 생활관은 모두가 그의 종교관과 관련이 깊다고 하겠으니, 그래서 제3연에서는 만 갈래 시름을 접고 임의 발자국을 따른다 하였고, 청산도 사랑하고 녹수도 사랑한다 하였고, 큰 능력 주시는 자 안에서 필승의 길을 나선다고 하였다. 동산시인의 임에 대한 반응이 얼마나 투철한 가를 그대로 증명해 주는 좋은 예라고 생각한다.

      눈이 밝아
      비밀한
      밑바닥도 뚫어보고

      안으로
      다스린 몸
      열매한 양 고개 숙여

      아직은
      평범한 뜰에
      한가로이 섰어라.

      가을 해
      뉘엿뉘엿
      서녘으로 기울기에

      무한의

은총 입은
스스로를 어루만지며

오늘도
내일을 위해
애태우는 이 하루.

잠깐 후
새날이 오면
동산(東山)에 봄이 들어

새들은
노래하고
나무들이 손뼉 치면

사랑한
임의 손잡고
나는 울어 보리라.

- 자화상, 전문

  사람에게는 두 가지 부류가 있는데, 하나는 자기 자신을 정확하게 파악하여 경거망동하지 않는 사람이 있고, 다른 하나는 자기 자신을 잘못 알고 과신하거나 지나치게 비하하는 사람이 있다. 여기서 전자에 해당하는 삶은 성공하거나 성공하지는 못하더라도 실패하는 경우는 드물게 된다. 그러나 후자에 해당하는 사람은 하는 일마다 그르쳐서 성공하는 사례가 드물게 되고, 어쩌다가 성공하더라도 그 이룩한 것을 유지하지 못하고 추락하게 된다. 위 작품은 동산시인의 자화상인데, 타인이 동산을 보고 이야기한 것이 아니라 자신이 동산자신을 보고 이야기했으면서도 그 정곡을 찔렀다는 데에 의미가 있다. 제1연에서는 눈이 밝아 비밀한 밑바닥까지도 꿰뚫어본다고 하였다. 이것은 사물을 육안(肉眼)으로만 보는 것이 아니라 심안(心眼)으로도 볼 수 있기 때문에 가능한 것이다. 한편 안으로 자기 수양을 게을리 하지 않았고 겸양의 미덕을 가지고 생활해 왔다는 것이 중장의 내용이다.

그런데도 아직은 평범한 뜰에 한가로이 서있는 존재에 불과하다는 것이다. 그러나 이 종장의 내용은 역설법을 쓴 것이기에 액면 그대로 받아들일 수는 없다. 그는 교육자로서는 최고의 경지 즉 교장선생님이 되었고 종교인으로서는 교회의 최고 지도자인 장로가 되었다. 그런데 누가 동산(東山)을 가리켜 평범한 뜰에 한가로이 서있는 존재라고 보아주겠는가. 그의 생활 철학인 겸양의 미덕을 시적 표현에까지 적용하고 있음을 실증적으로 드러낸 것이다.

제2연에서 가을해 뉘엿뉘엿 서산으로 기운다고 한 것은 자신의 연륜을 상징적으로 표현한 것이다. 그처럼 고희(古稀)를 넘긴 나이에도 하느님의 은총을 입었다고 자위하면서 또 내일을 위해서 열심히 노력한다고 하였다. 이처럼 착하고 밝게 살고, 노력하면서 살다보면 동산에도 봄이 찾아 올 것이라는 이야기고, 삼라만상이 함께 기뻐해줄 것이라는 이야기고, 그렇게 되면 임의 손을 잡고 마음껏 울어 보겠다는 것이 제3연의 내용이다. 한마디로 이 작품에서도 "무한의/은총 입은/스스로를 어루만지며", "사랑한/임의 손잡고/나는 울어보리라"라는 구절 등이 동산시인의 종교관을 짐작케 해주는 좋은 예라고 생각한다.

2) 인생관을 드러낸 작품

　　인생은
　　탑을 쌓으면
　　내일에 살아간다.

　　그 탑이
　　무너지면
　　내일에서 돌아선다.

　　언제나
　　천신만고 끝에
　　높이 솟을 금자탑인데.

　　인생은
　　눈여겨보면
　　가시나무와 포도나무

　　가시나무는
　　가시를 내어
　　마침내 불에 타고

　　포도는
　　단 즙을 내어
　　왕의 상에 오르고.

　　　　　　　　　　　　　　　　- 인생은, 전문

〈인생은〉이란 작품을 인용했는데, 제목 그대로 동산시인의 인생관이 잘 나타나리라 예견된다. 결국 사람이 이 세상을 살아가는 것이 장인(匠人)이 탑 쌓는 일과 마찬가지라는 이야기다. 그래서 인생은 탑을 쌓으며 내일에 산다고 하였다. 그런데 그 탑이 무너지면 내일에서 돌아선다고 하였으니 모든 것이 허사가 되고 희망을 잃게 된다는 이야기가 아닌가? 어떻든 그 탑을 쌓는 일이 그냥 쉽게 되는 것이 아니라 천신만고 끝에 이루게 된다는 이야기고, 그렇게 해서 완성된 탑은 하늘 높이 솟은 금자탑이 된다고 하였다.

동산은 "겸손과 노력은 나의 삶의 철학"이라고 이야기한 바 있는데, 그처럼 꾸준히 노력하면서 살면 무엇인가 후세에 길이 남을 업적을 남길 수 있다는 것을 위 작품의 제1연은 말해주고 있는 것이다. 그리고 제2연에서는 인생을 눈 여겨 보면 가시나무와 포도나무 등으로 비유 될 수 있다고 하였다. 그래서 가시나무에 해당하면 마침내 불에 타는 비극을 맞게 되고, 포도나무에 해당하면 단즙을 내어 왕의 밥상에 오르는 영광을 얻게 된다고 하였다. 동산은 이 책의 서문에서 "심은 대로 거두리라"는 진리 위에서 청산도 사랑하고 녹수도 사랑하면서 살아간다고 하였는데, 이러한 그의 인생관이 이 작품의 제2연으로 승화되었다. 우리 속담에 "콩 심은데 콩 나고 팥 심은데 팥이 난다"는 격언이 있는데, 바로 이 제2연은 그러한 인과응보의 원리를 가르쳐 주고 있는 것이다.

비바람
찬 서리를
고루 겪어 다스리고

흐뭇한

열매 이뤄
자랑도 할 만한데

말없이 고개 숙이고 선
아름다운 자세여!

- 겸손, 전문

〈겸손〉이란 작품 전문을 인용하였다. 사람이 겸손하거나 겸양의 미덕을 지닌다면 얼마나 아름다운 일인가? 우리 속담에 "빈 수레가 요란하다"는 말이 있는데, 별로 아는 것도 없고 잘나지도 않은 사람이 더 큰 소리치고 세상 시끄럽게 하니 가소롭지 않는가. 예부터 벼는 익을수록 고개를 숙이고, 사람은 잘난 사람일수록 겸양지덕을 발휘한다고 하였다. 위작품은 바로 그 겸양지덕을 노래하고 있는 것이다. 비바람 찬 서리를 고루 겪어 다스렸다는 이야기는 인간세상의 모진 풍파를 골고루 겪고 그것을 이겨냈다는 뜻이다. 그러니 흐뭇한 열매를 맺어 자랑을 할 만한데, 그것을 자랑하지 않고 오히려 말없이 고개 숙이고 있으니 아름답다는 이야기다.

〈겸손〉이라고 하는 추상적인 낱말을 인간 수련의 과정을 예로 들면서 비유법을 써서 표현했다는 데에 이 작품의 묘미가 있다. 어떻든 오만불손한 사람은 덜된 인간, 겸손하거나 겸양지덕을 발휘하는 사람은 참된 인간이라고 생각한다. 동산시인의 겸양지덕은 위 작품 외에도 여러 곳에서 찾아 볼 수 있으니 예를 들면"겸손히 내일 앞에서 /오래 참고 걷다 보면"(묵시), "나는 내일 앞에서/겸손의 나무를 가꾸며"(내일), "무지의 비웃음을 /겸손으로 긁어내고"(독백), "안으로 다스린 몸/열매한 양 고개 숙여"(자화상) 등이다.

기쁨이 기쁨을 낳고
웃음이 웃음을 낳으니

어렵고 괴로워도 기쁨으로 살 바이며 슬프고 외로워도 웃음으로 살진저 내일은 그 괴롬이 저 멀리 물러가고 슬픔도 저 멀리 하늘가로 밀려나 기쁨이 깃들이면 웃음꽃을 피우리라

오늘도 기쁨을 안고
웃으면서 살래요.

— 삶, 전문

이 작품은 사설시조 형태를 취하고 있다. 사설시조가 정확하게 어느 시기에 발생했는지 모르지만 대체로 송강 정철의 〈장진주사〉를 효시작품으로 간주한다. 동산시인이 이 사설시조 형태를 취한 것은 평시조 일변도로 가는 것보다는 다양성과 파격성을 부여하기 위해서다. 어떻든 위 작품에도 동산시인의 인생관이 자연스럽게 드러나고 있으니, 기쁨이 기쁨을 낳고 웃음이 웃음을 낳는다고 하지 않았는가. 그렇기 때문에 어렵고 괴로워도 기쁨으로 살아야 하고 슬프고 외로워도 웃음으로 살아야 한다고 했다. 그러니 기쁨을 안고 웃으면서 살자는 것이 동산의 인생관이다. 동산은 "심은 대로 거두리라"라는 진리를 믿고, 기쁨을 심고 웃음을 심으면서 살아가고 있는 것이다.

3) 자연물을 소재로 한 작품

아직
졸고 있는
여윈 가지 위에

찾아온
이른 봄의
기침하는 소리에

개나리
까암짝 놀라
노오란 눈을 뜬다.

- 화신, 전문

　91년도 「대구문학」 8월호에 게재된 작품이다. 이 작품은 단시조 형태를 취했는데, 정말로 시조다운 맛과 묘미는 이 단수시조에 있는 것이다. 그리고 이 단시조의 기준음수율은 초장 3·4·4·4, 중장 3·4·4·4, 종장 3·5·4·3이라고 한다. 그런데 위 작품을 보면 초장 2·4·2·4, 중장 3·4·4·3, 종장 3·5·3·4의 음수율을 취하였다. 그런 점에서 동산(東山)은 시조의 정형에 맞게 작품을 썼으면서도 그 나름대로의 독창성과 개성적인 리듬을 구사하여 이 작품을 형상화했다고 본다.
　위 작품은 주로 의인법을 써서 표현했는데, "졸고 있는 여윈 가지", "이른 봄의 기침 하는 소리", "개나리 까암짝 놀라", "노오란 눈을 뜬다." 등이 이에 해당한다. 한마디로 이 작품의 소재는 개나리꽃이다. 그 개나리꽃이 졸고 있는 여윈 가지 위에 피었는데, 그냥 핀 것이 아니라 이른 봄의 기침 소리에 깜짝 놀라서 눈을 뜨듯이 피었다는 것이다. 개나리꽃이 피는 모습을 노오란 눈을 뜬다고 한 것, 이것이 바로 동산시인(東山詩人)의 개성적인 표현법이라 해도 좋을 것이다.

　　　유난히
　　　밝은 달밤
　　　외로이 걸으면서

　　　은밀히
　　　달과 함께
　　　세상이야기 했더니

　　　엿들은
　　　많은 별들도
　　　모두 깜짝 놀라네.

　　　　　　　　　　　　　　　　－ 월야독보, 전문

　월야독보(月夜獨步)란 달 밝은 밤에 지은이가 혼자 거닐면서 또는 산책하다 느낀바 있어 이 작품을 썼다는 뜻이다. 초장을 보면 유난히 밝은 달밤 외로이 거닐었다고 했는데, 바로 이 초장의 내용을 한자숙어로 만들어, 그 제목을 〈月夜獨步〉라 했던 것이다. 중장에서는 은밀히 달과 함께 세상 이야기를 나누었다고 했다. 세상 이야기 속에는 정치, 경제, 사회, 문화, 역사 등 각 분야의 이야기가 모두 함축 되었으리라. 그리고 그 이야기 속에는 외부로 누출되어서는 곤란한 비밀스런 내용도 포함되었으리라. 그만큼 달은 동산에게 있어서 무슨 비밀 이야기라도 다 털어 놓고 이야기할 수 있는 상대라고 생각되었던 것이다. 그 대화 내용에 비밀 이야기가 있었다는 것은 "엿들은 많은 별들도/모두 깜짝 놀라네"라는 종장의 내용이 그것을 증명해 준다.

왜냐하면 공개적으로 털어 놓아도 좋을 이야기라면 굳이 엿들은 많은 별들이 모두 깜짝 놀라지는 않았을 것이기 때문이다. 그 옛날 고산(孤山) 윤선도(尹善道)는 이 〈달〉에 대하여 "쟈근거시 노피떠서 만물을 다 비춰니/ 밤듕의 광명이 너만ᄒ니 또 잇ᄂ냐/ 보고도 말 아니ᄒ니 내벋인가 하노라"라고 하면서 침묵의 달을 찬양했는데, 20세기 말엽의 동산(東山) 김상형(金相亨)은 그 〈달〉을 비밀스런 이야기까지 다 털어놓고 말할 수 있는 좋은 벗이라고 노래하였다. 이 두 분은 시간적으로는 350여년 이상 차이가 나고, 공간적으로 영남과 호남이라고 하는 차이가 있으나 그 달을 믿음직스러운 친구라고 인식했다는 점에서는 공통점을 지녔다고 하겠다.

    나비들 고운 날개로
    정답게 찾아오는

    춘삼월 좋은 철을
    금욕으로 다스리고

    낙목한 한천을 기린
    청조로운 자세여!

지레 깨어 단장한
봄꽃과는 꿈이 달라

찬 서리 아픔을 딛고
내일을 다독여 온

그 보람 곱게도 피어
오늘에사 화사롭네.

- 국송(菊頌), 전문

  이 작품은 〈국화〉를 소재로 했는데, 그 국화의 성품과 자태를 칭송하고 있다. 이 국화는 매화, 난초, 대나무와 함께 그 고결함이 군자와 같다는 뜻에서 예로부터 사군자(四君子)라는 칭호를 받았다. 남종화파(南宗畵派) 중에서 특히 청결하고 높은 절개를 지키는 본인이나 화가들이 이 소재들을 즐겨 썼다고 한다. 동산시인 또한 이러한 문인이나 화가들처럼 국화의 고결한 자태를 칭송하고 있는 것이다. 그 국화는 춘삼월 좋은 시절을 금욕으로 다스리고, 낙목한천을 기려 청조로운 자세를 지녔다고 하였다. 금욕이란 정신적, 육체적인 욕구나 욕망을 억제하고 금함으로써 종교나 도덕상의 이상을 실현하려는 행위다. 낙목한천(落木寒天)이란 나뭇잎이 다 떨어진 추운계절을 의미한다. 이처럼 국화는 춘삼월을 금욕으로 다스리고 낙목한천을 기려서 꽃을 피운다고 했는데, 국화의 이러한 고결한 자세는 바로 이 작품을 쓴 동산시인의 인품을 상징한 것이라 보아진다.

  둘째 연에서도 국화를 칭송했는데, 봄꽃과는 근본적으로 그 성격이 다르다 했고, 찬 서리 아픔을 딛고 내일을 다독여 왔다고 했다. 그래서 그 보람으로 현재는 곱고 아름다운 꽃을 피워 화사롭기 이를 데 없다는 것이다. 이 둘째연의 내용도 누구보다도 고난과 역경을 이겨내고 큰 보람과 결실을 맺은 동산시인 자신을 화사하게 피어있는 국화꽃에 비유하여 표현했다는 점에서 시적 성과를 거두었다고 생각한다.

4) 희망과 꿈을 노래한 작품

삼동의
그 아픔을
안으로 안으로 접고

한 조각
고운 꿈을
다독이며 오던 봄

살포시
무릎을 꿇고
잔디밭에 앉는다.

바야흐로
조국은
새 하늘을 열어가고

꽃가진
잠을 깨어
기지개 켜는 소리

내일이
화려한 동산
임의 사랑을 입었네.

- 득춘부(得春賦), 전문

　득춘부(得春賦)란 봄이 왔음을 노래한 것이 아니라 봄을 얻었음을 노래한 것이다. 이 〈봄〉은 계절적인 봄을 가리키기도 하지만, 희망과 꿈을 비유적으로 표현한 낱말일 수도 있다. 그래서 제1연에서는 한조각 고운 꿈을 다둑이며 오던 봄이라 했던 것이고, 그 새봄이 왔음을 가장 실감나게 하는 것이 잔디 싹들이기에 살포시 무릎을 꿇고 잔디밭에 앉는다고 하였다. 이처럼 제1연에서는 계절적인 봄을 노래했지만, 제2연에 와서는 조국의 현실과 동산시인 자신의 이야기로 전이(轉移)되었다. 바야흐로 조국은 새 하늘을 열어가기에 희망적이라는 이야기고, 내일이 화려한 동산 임의 사랑을 입었다고 하는 말은 하나님의 은총을 받아 매사가 순조롭게 잘 풀린다는 이야기다. 여기서 종장의 〈동산〉은 실제로 초목들이 자라는 동산을 뜻하기도 하지만, 김상형 시인 자신을 상징적으로 나타냈다는 점에서 중의법(重義法)을 쓴 것으로 간주된다.

산산이 부서진 꿈
안으로 부끄리며

조용히 돌아가려
망설이던 길목에서

진실한 임의 말씀은
다시 일어서라네

한번 겪어 얻은 지혜
내일의 스승 삼아

내 고장 경상좌도에
사랑을 쏟으면서

새로이 꿈을 보듬고
즐거이 선 이 아침.

- 재기(再起), 전문

 재기(再起)란 좌절이나 불운을 딛고 다시 일어선다는 뜻이다. 제1연에서는 산산이 부서진 꿈을 안으로 부끄러워하면서 조용히 돌아가려고 망설이고 있을 즈음, 진실한 임의 말씀은 "다시 일어나라", "재기하라"는 내용이었다는 것이다. 그야말로 임께서 꿈과 희망과 용기를 북돋아 주었다는 이야기다. 그러나 그 실패와 좌절이 완전히 헛된 것은 아니다. 그 값진 경험을 통해서 얻은 지혜를 내일의 스승으로 삼아 자신의 고장 경상좌도를 위해서 몸 바쳐 일하겠다고 하였다. 바로 그러한 결심을 한 것이 새로이 꿈을 보듬고 즐겁게 지내는 아침 시간이란 것이 제2연의 내용이다. 어떻든 동산시인은 실의와 좌절 속에서도 그냥 패배하고 마는 것이 아니라, 그 경험을 되살려 더 이상의 값진 성과를 거두어내는 저력을 지닌 분이다. 그것은 그가 고희(古稀)를 지냈음에도 불구하고 항상 꿈과 희망을 잃지 않고 밝은 미래를 창조해 나가는 개척정신을 지녔기 때문에 가능했을 것으로 사료된다.

>응달진 골짜기에서
>허리 한번 못 피어도
>
>무거운 멍에를 메고
>즐거이 살아가는
>
>그 보람
>고운 빛 되어
>산자락을 꾸미네.
>
>양지 밭 기름진 땅은
>분복에 없는 영역
>
>가고의 이랑마다
>찬란한 꿈을 피워
>
>낭랑한
>웃음소리가
>온 산을 흔든다.
>
>― 산국(山菊), 전문

 이 작품은 제목 그대로 산국화를 노래하였다. 그 산국화가 응달진 골짜기에서 허리를 못 펴고 지냈다는 것이고, 무거운 멍에를 메고서도 즐겁게 살아간다고 하였다. 그런데 그 보람이 고운 빛 되어 산자락을 꾸며 준다고 했으니, 고진감래(苦盡甘來)란 말을 실감나게 한다. 제2연 초장에서 양지 밭 기름진 땅은 분복에 없는 영역이라 한 것은 산국(山菊)이 처해있는 현실적 처지를 의미하고, 중장에서 각고의 이랑마다 찬란한 꿈을 피웠다는 이야기는 어려운 처지에서도 노력의 노력을 거듭해서 찬란한 결실을 맺게 되었다는 이야기다. 그래서 낭랑한 웃음소리가 온 산을 뒤흔들었다고 했는데, 그것은 성공을 거둔 다음에 이어지는 환희와 축복이 아니겠는가. 이 작품 〈산국〉은 산국화의 생태과정(生態過程)을 세밀하게 관찰하고 그것을 작품화했다고 생각되지만, 이것을 비유적인 작품으로 간주한다면 〈산국〉은 바로 동산시인 자신을 의미한다고 해석된다.

이제까지 김상형 시인의 작품세계를 ① 종교관이 나타난 작품 ② 인생관을 드러낸 작품 ③ 자연물을 소재로 한 작품 ④ 희망과 꿈을 노래한 작품 등으로 나누어 고찰하였다. 그가 취한 작품 형태는 주로 평시조였고, 평시조 중에서도 연시조를 즐겨 썼고, 사설시조도 2편 선보였다.

이처럼 다양한 시조 형태를 적용해 본 것은 읽는 이에게 단조로움을 깨고 신선한 느낌을 주기 위해서다. 그렇더라도 평시조가 되었든 사설시조가 되었든 시조의 정형률을 지켰지, 요즈음 일부 시인들의 행태처럼 의도적으로 파격을 일삼지는 않았다. 김시인은 그러한 정격(正格)의 시인이면서도 율격상의 다양한 변화를 추구함으로써 전통적인 것과 현대적인 것을 잘 조화해나갔다. 내용면에서는 기독교인답게 임의 은혜에 감사하는 작품이나 구절들이 많았고, 어둡고 괴로운 면보다는 밝고 희망찬 내용들을 주로 노래하였다. 그것은 동산시인이 부정적 인생관보다는 긍정적 인생관을 가지고 세상을 살아왔기 때문에 가능했던 것으로 풀이된다. 그리고 역경을 딛고 보람을 거두어내는 밝은 미래를 약속하는 작품과 그의 생활 철학인 겸손과 노력을 강조하는 내용들이 여러 편 있었다. 그러면서도 이따금 세태풍자와 비판적인 내용의 작품들도 선보였으니 그가 무조건 현실에 순응하는 태도를 보여준 것만은 아니란 사실을 분명히 해야겠다.

그 다음은 작품의 표현 면이다. 문학작품에서는 형식, 내용, 표현 등이 삼위일체를 이루어 잘 조화되었을 때 그 작품을 성공작이라 할 수 있다. 표현 면에서는 상징과 은유를 잘 써야 좋은 작품을 이룰 수 있다는 이야기다. 동산시인의 작품에 쓰인 수사법은 은유, 상징 의인법등이라고 생각한다. 그리고 시어 면에서도 상당히 갈고 닦아 품위 있는 말들만 골라 쓴 것으로 파악되었다. 한마디로 동산시인은 겸손과 노력을 그의 생활철학으로 삼았는데, 이러한 면은 그의 작품세계나 창작세계에 그대로 반영되었다. 왜냐하면 그 모든 작품이 단단한 구조를 지녔기에 한 작품 한 작품이 각고의 노력을 한 결정체라고 보여 지기 때문이다. 그리고 그의 작품이 밝고 맑고 진솔한 것은 동산(東山) 자신의 신분이 교육자요 종교인이었기 때문에 가능했던 것으로 이해된다. 동산의 4번째 시조집「아침에」의 출간을 다시 한 번 축하드리고, 앞으로도 더 건강하시고 문운이 왕성하시기를 빌면서 이글을 맺는다.

8. 향토적 서정과 숭조정신_ 원수연의 시조세계

원수연 시인은 원주의 터줏대감이다. 어느 때 원주로 이사 왔는지 모르지만 그는 원주를 떠나서는 살 수 없는 사람이다. 원주 중에서도 특히 치악산을 사랑한다. 치악산은 원수연 시인의 정신의 본향이다. 그래서 그의 작품집을 일별하면 '치악산'이란 고유명사가 자주 등장한다. 고려 말 운곡 원천석 선생이 치악산에 은거하면서 농사를 짓고 부모를 봉양하고 제자들을 가르치고 시문을 지으면서 일생을 마쳤는데, 6백년 후에 산심 원수연 시인이 운곡의 바턴을 이어받아 치악산을 맴돌면서 농사를 짓고, 양봉을 하고, 자식들을 양육하고, 우리의 전통시 시조를 창작하고 읊조리면서 즐거운 삶을 영위하고 있는 것이다.

시조는 고려 말 우탁의 〈탄로가〉를 시발점으로 근 7백년간 이어져오는 우리민족의 전통시, 겨레시, 민족시이다. 그러기에 시조는 우리나라에만 존재하고 다른 나라에는 없다. 그래서 시조를 우리 민족 고유의 정형시라고 한다. 아울러 우리 민족의 사상과 감정을 담기에 가장 알맞은 그릇이라고 한다. 우리나라 사람들은 김치와 깍두기를 즐겨 먹는다. 명절 때나 특별한 행사 때는 한복을 즐겨 입는다. 하여간에 한식, 한복, 한옥은 우리의 것이다. 시조는 한식, 한복, 한옥과 마찬가지로 한시(韓詩)이다. 그런데 이 시조가 대접을 받지 못하고 양시인 자유시에 밀려 쇠퇴할 지경에 이르렀다가 요즘 다시 소생하려는 기미가 보인다. 이처럼 일반적으로 외면당하는 시조를 원수연 시인은 고집스럽게 붙잡고 매어 달린다. 그만큼 원수연 시인은 시조를 사랑하고 자기 고장을 사랑하고 자기 민족을 사랑한다고 볼 수 있다. 이제 그의 작품을 통하여 그의 시세계가 향토적 서정과 숭조정신에 닿아 있는지를 확인해 보고자 한다.

1) 향토적 서정

발길이 너무 없는/ 깊은 산 골짜기서
적막과 단 둘이서/ 온 종일 밭을 맨다
이따금/ 뻐꾸기 소리/ 잠든 산을 흔들고…

뒤 이어 꿩 소리가/ 산을 자주 깨우지만
한두 번 몸을 뒤척/ 이내 도루 잠이 들어
또 다시/ 휘감는 적막/ 나뭇잎이 떨고 있다.

어찌해 외로움과/ 이곳을 찾아왔니
그 많은 들판 두고/ 그 좋은 일터 두고
어째서/ 혼자야 하니/ 돌밭을 매야 하니.
　　　　　　　　　　－ 혼자 밭을 매면서 1, 전문

　향토란 말에는 '고향 땅', '시골', '고장'이라는 의미가 있다. 향토적이라는 말에는 '향토의 특성을 띠는', '향토의 특성을 띠는 것'이란 의미가 있다. 상기 작품에는 '치악산 한갓터에서'라는 부제가 달려 있다. 이 작품의 제목과 부제를 참고해 보면 치악산의 한갓터라는 곳에서 혼자 밭을 매다가 이 시상을 떠올린 것이다. 이 한갓터가 얼마나 외진 곳이면 이곳을 찾는 발길이 너무 없다고 했겠는가. 동무할 친구도 없으니 적막과 단둘이서 온 종일 밭 매는 일을 하는 것이다. 그 적막을 깨워주는 것은 이따금 들려오는 뻐꾸기 소리밖에 없다. 여기서 '뻐꾸기 소리가 잠든 산을 흔든다.'고 한데서 시적인 표현 효과를 거둔 것으로 이해된다. 이 한갓터에는 뻐꾸기 소리 외에는 꿩 소리가 자주 들린다. 그러나 그러한 현상도 잠시. 또 다시 휘감는 적막에 나뭇잎이 떨고 있다는 것이다. 바람 때문에 나뭇잎이 떠는 것이 아니라, 적막 때문에 나뭇잎이 떤다고 한데서 시적인 효과를 거두었다고 생각한다.

첫째 연과 둘째 연에서는 이처럼 시선을 밖으로 돌리다가 셋째 연에 이르러서는 시선을 안으로, 시적 자아의 내면으로 돌리는 것이다. '어째서 외로움과／이곳을 찾아왔니'라고 물음의 형태를 취했지만, 이것은 남에게 질문을 던지는 것이 아니라, 시적 자아가 자기 자신에 하는 푸념인 것이다. 다시 말해서 주어진 현실이 만족스럽지 못하다는 이야기다. 그래서 시적 자아가 정말로 하고 싶었던 이야기는 바로 셋째 연 종장에 있는 것이다. '어째서 혼자야 하니／돌밭을 매야 하니'라는 이 독백 아닌 독백은 이 작품의 주제요, 시인의 의지가 담긴 표현이라고 본다. 이 작품의 주제는 한마디로 '외로움'이라고 본다. 그러면서도 '깊은 산골짜기', '밭을 맨다', '뻐꾸기 소리', '꿩 소리', '돌밭' 등의 소재에서 우리들은 향토적 서정을 감지해낼 수 있었던 것이다.

2) 숭조 정신

밤엔 달을 보시고 국운을 한탄하시다가
낮엔 해를 향하시어 충의를 다짐 하시었지
몸 바칠 비장한 각오 하늘까지 사무쳤네.

어둠이 하늘을 덮던 얼굴 없는 조국에다
기꺼이 혼의 불로 목숨을 태우셨지
별 하나 허공을 가를 때 땅이 울고 강물도 울었네.
　　　　　　　　　　　　　－ 삼계(三戒) 선생님, 전문

　이 작품은 원수연 시인의 증조부이신 의병장 삼계 원용팔 선생을 추모한 시다. 이 작품을 돌에 새겨서 여주군 강천면 걸은 3리 묘소 앞에다 2004년 4월 4일 기념비를 세웠다. 그러니까 이 작품을 제대로 이해하려면 의병장 원용팔 선생에 대한 약력을 알아보는 것이 필수 적이다. 선생의 자는 복여(復汝), 호는 삼계(三戒) 또는 서암(恕庵)이다. 1895년(고종 32) 여주의병장 심상희의 후군장으로 임명되어 여주의진의 전세를 크게 뒷받침해주었다. 1896년 음력 2월 장호원의 병참소를 공격하였으나 실패하고 원주를 거쳐 청풍으로 물러났다. 뒤에 제천의진의 부름을 받고 중군장으로서 유인석을 보좌하였다. 1905년 8월 박정주 등과 함께 재거사를 꾀하여 각처에 격문을 보내어 1천여 명의 의병을 집결시켰다. 그러나 정부의 와해 공작으로 의진이 흩어지고, 그 와중에 횡성에서 붙잡혔다. 옥중에서 단식투쟁을 벌이다가 사망하였다. 1977년 애국장이 추서되었다.
　의병장 원용팔 선생의 이러한 활동 상황을 참작하면 상기 작품을 이해하는데 어려움이 없을 것이다. 그 당시 기울어져가는 나라의 운명을 걱정하였는데, 밤에는 달을 바라보시면서 국운을 한탄하시고, 낮에는 해를 보면서 충의(忠義)를 다짐하였다는 이야기다. 그래서 종장에서는 '나라를 위한 비장한 각오가 하늘까지 사무치게 했다.'고 했는데, 사람은 물론이고 하늘까지 감동시켰다는 의미로 이해된다. 그처럼 나라를 송두리째 빼앗길 지경에 이르렀으니, 어둠이 하늘을 덮어서 얼굴 없는 조국이라고 표현할 수밖에 없었다고 본다. 왜냐 하면 밝음도 없고, 자유도 없고, 얼굴 없는 사람처럼 제구실을 못하는 조국이었기 때문이다. 삼계 선생은 나라를 위하여 몸 바쳐 싸우다가 돌아가셨으니, '기꺼이 혼의 불로 목숨을 태우셨다.'는 표현이 적합하다고 본다. 그처럼 목숨을 바쳐 싸우다가 돌아가셨을 때, 별 하나가 떨어진 것으로 보았고, 그 슬픔을 사람들은 물론이고, 땅도 슬퍼서 울고 강물도 슬퍼서 운다고 표현하였다. 그야말로 비장미를 더해주는 표현이라고 생각한다. 한마디로 이 작품의 주제는 삼계 원용팔 선생의 충의정신을 기리는데 그 목적이 있다고 하겠다.

3) 불교적 인생관

    서역으로 가는 길이/ 비록 먼 고행이나
    학이 하늘을 날 듯/ 마냥 즐겁기만 하구나
    갈수록/ 미지의 정토/ 피안으로 다가온다.

    하늘에서 은가루가/ 은혜처럼 길을 내고
    한 점 땟물 없이/ 미움 없이 내리고
    넓고 큰/ 법계의 묘희스님/ 자비로 포근하다.

    입가에 잔잔한 미소/ 법계심 관음보살
    말문을 열 때마다/ 연꽃이 피어나고
    연화경/ 독경소리가/ 극락의 문을 연다.
                           - 자제정사를 찾아서, 전문

이 작품은 '자제정사'라는 절을 소재로 했지만, 완전히 불교적 냄새를 물씬 풍기는 작품이다. 원래 서역은 중국의 서쪽에 있는 총령의 여러 나라를 총칭하는 말이지만, 이 작품에서는 불교에서 말하는 극락세계 즉 서방정토를 가리키는 것 같다. 좀더 구체적으로 이야기하면 '자제정사'라는 절을 가리킨다고 볼 수 있다. 그 서역으로 가는 길이 고행이지만, 마냥 즐겁기만 하다고 했으니, 자제정사를 찾아가는 길이 즐겁다는 것이고, 그 자제정사를 찾아가는 길이 바로 서방정토를 찾아가는 것에 비유된 것이다. 그래서 그 자제정사가 자리한 곳을 미지의 정토 또는 피안이라 인식했던 것이다.

  하늘에서 은가루가 은혜처럼 길을 낸다는 표현에서 '은가루'가 무엇을 비유했는지는, 그의 다른 작품에서의 동일한 표현을 찾아보면 충분이 이해된다. 〈어머니의 마음〉이란 시조를 보면 "창 밖엔 햇빛이/ 은가루로 쏟아지고"란 구절이 있고, 〈밝음 뒤엔 어둠이·14〉란 작품을 보면 "햇빛은 언제 왔었나/ 은가루를 뿌려주고"라는 구절이 나온다. 그러니 상기 작품에서의 '은가루'도 햇빛을 비유한 것으로 보면 되겠다. 그 자제정사를 찾아갈 때, 햇빛이 너무 눈부시게, 밝게 비추고 있었다는 사실을 상상할 수 있게 해준다. 그리고 "법계의 묘희스님 자비로 포근하다"는 표현에서 우리들은 시적 자아인 주인공이 이미 자제정사 안으로 들어와서 불세계에 심취해 있음을 직감할 수 있다. 마지막 연은 시조 작품을 읽는 것이 아니라 불교의 경전을 읽는 느낌이 들 정도로 불교 용어가 많이 동원되었다. '법계심', '관음보살', '연꽃', '연화경', '독경소리', '극락' 등은 불교에 전념하는 승려나, 불교를 신봉하는 불제자들이나 제대로 이해할 수 있는 용어들이다. 아무튼 이 작품을 보면 원수연 시인 자신이 불교에 상당히 경도되었고, 그의 삶의 자세나 인생관이 바로 불교의 원리와 같다는 것을 실증해주는 좋은 예라고 생각한다.

4) 아내에게 드리는 헌시

어두운 밤을 벗고
막 아침이 눈을 뜰 때
하늘이 흔들리고
땅이 몸부림을
별안간 삶이 죽음으로
몸을 바꿔 입었다.

미풍이 돌풍으로
심장을 꿰뚫고
동쪽이 서쪽으로
서쪽이 동쪽으로
급기야 남쪽과 북쪽도
미치고 마는구나.

천둥을 재우려고
벼락을 막으려고
곧바로 돌이 되어
온 몸으로 막아 봐도
쌓 올린 아내의 자리가
쾅하고 무너졌다.

— 아내의 자리・1, 전문

〈아내의 자리〉라는 이 작품은 원수연 시인이 사랑하는 아내를 잃고 통곡을 하면서 쓴 시다. 이 작품의 제작 연대가 1996년 9월 6일로 된 것을 보면 1996년 9월에 그의 아내가 타계했을 것으로 추정된다. 당시 아내가 저 세상으로 갈 때의 정황을 시인은 하늘이 흔들리고 땅이 몸부림친다고 표현하였다. 삶이 죽음으로 몸을 바꿔 입었다고 하였다. 미풍이 돌풍으로 변하고, 동쪽이 서쪽으로, 서쪽이 동쪽으로 뒤바뀐다고 하였다. 급기야 남쪽도 북쪽도 미치고 만다는 표현에서 당시 원시인의 심리 상태가 어떠하였는지 짐작이 가고도 남는다. 그는 돌이 되어 온 몸으로 막아보았지만, 불가항력이라고 하였다. 그래서 쌓아 올린 아내의 자리가 꽝하고 무너졌다고 했던 것이다.

이처럼 애통한 표현은 다른 작품에서도 얼마든지 찾아볼 수 있다. "드디어/ 몰고 온 비극/ 아! 떨어진 꽃송이", "눈 뜨고/ 차마 못 볼 일/ 노을의 핏빛 울음", "폭 넓은 우주로도/ 왜 이리 모자랄까", "남 보긴 혼자지만/ 언제나 함께 살지", "아직도/ 남겨 놓은 자리/ 빈 하늘만 지킨다." 등 이외도 너무 질실한 표현이 많아서 일일이 열거할 수 없을 정도다. 필자는 원수연 시인의 「여보 하고 불러 봐도」 (도서 출판 원주)라는 시조집을 읽고서, 이 시집 전체가 온통 아내를 생각하는 그리움, 눈물, 통곡, 몸부림이었다고 생각했다. 그의 가족애 정신, 아내 사랑 의식을 절실하게 느끼게 해주는 '연가'였다고 생각된다.

이제까지 원수연 시인의 작품세계를 향토적 서정, 숭조 정신, 불교적 인생관, 아내에게 드리는 헌시 등으로 나누어 살펴보았다. 그러나 이러한 분류는 그의 작품집 모두를 읽고서 한 것이 아니라, 주어진 몇 십 편만 읽고서 파악한 것이기에 논자에 따라서 얼마든지 달라질 수 있다는 것을 전제해 둔다. 그렇더라도 그의 작품세계를 한마디로 말하면 '향토적 서정과 숭조 정신'으로 요약된다. 그는 무엇보다도 그가 한평생 살고 있는 원주를 사랑하고 치악산을 사랑하였다. 그는 너무도 치악산을 사랑하였기에 그의 아호를 '산심(山心)'이라 하였다. 그래서 제3시조집 「산아 넌 나를 알지」라는 작품집을 상재하기에 이르렀다고 본다. 그리고 원수연 시인은 치악산을 절대자, 또는 종교적인 대상으로 신념화하였다. 원수연의 이러한 정신 자세를 신대주 시인은 "인간의 심성은 자신에게로 귀속시키려는 관념 때문에 산을 영원불멸의 상징물로 중후하게 표현하고 은신처를 만들어 간다. 특히 원수연 시인의 경우 산은 바로 그의 생명이다."라고 평했던 것으로 안다.

다음은 숭조 정신 문제인데, 위에서 논의한 〈삼계 선생님〉외에도, 〈운곡 원천석님〉이란 작품도 이 범주에 해당한다. 이 작품에는 "골물이/ 냇물이/ 냇물은 강물로/ 운곡 원천석님은/ 충혼으로 흐르고/ 별들은/ 어두운 밤을 열고/ 무한히 눈을 뜬다."라는 구절이 있는데, 이러한 내용도 원씨 조상을 기리고 널리 알리려는 숭조 정신에서 비롯된 것이다. 그 외도 그에게는 가족을 제재로 해서 쓴 작품이 많다. 〈아버님〉, 〈아버님 뵙고 싶어도〉, 〈꿈속에서 어머님이〉, 〈아내의 자리〉, 〈여보 내가 왔어요〉, 〈여보 하고 부르면〉 등이 그러한 예이다. 이러한 가족애 정신을 내타낸 작품도 좀더 크게 보면 '숭조 정신'과 일맥상통하는 것으로 봐야겠다. 이제까지 산심 원수연 시인의 작품세계는 원주 사랑, 치악산 사랑, 조상을 높이고 기림, 가족에 대한 사랑이 주류를 이룬 것으로 보았는데, 무엇보다도 원시인의 장점은 직접적인 서술을 피하고 비유와 상징법을 써서 문학적인 성과를 거두었다는 점에 초점을 맞추어야 할 것이다.

9. 자연사랑의 정신과 생활의 서정미학_ 김흥렬의 시조세계

　김흥렬 시인의 작품집「고장난 시계」를 보면 우리의 전통시인 시조가 주류를 이루고 뒷부분에 자유시를 여러 편 게재하였다. 원래 김 시인은 자유시만 쓰다가 나중에「시조문학」으로 등단하여 시조시인이 되었다. 이처럼 시조를 나중에 공부하고 등단의 절차도 나중에 밟았지만 지금은 오히려 시조 쪽에 경도된 느낌이다. 왜냐하면 이번 작품집에서 시조 작품수가 자유시에 비하여 훨씬 더 많고, 그 차례도 시조를 앞부분에, 자유시를 뒷부분에 배열했기 때문이다.
　이번 작품집을 통람하면 김흥렬 시인은 자연을 사랑하고, 자연에 많은 관심을 갖고 자연을 노래한 작품이 많다는 것을 감지할 수 있다. 그 자연 중에서도 산을 소재로 했거나 제목으로 한 작품이 많아, 그가 얼마나 산을 좋아하고 즐겨하는지를 실감하게 된다. 그 제목을 열거해 보면 '5월의 청계산', '6월의 새벽산', '우면산의 새벽', '우면산의 아침', '우면산의 1월'부터 '우면산의 12월'까지 일년 열두 달을 노래한 작품들이 있다. 그래서 그 어느 것보다도 '산'을 제재로 한 작품이 많은 비중을 차지하였다고 보는 것이다.
　김시인은 현재 사는 곳인 서초구로 이사 간 후 매일 우면산을 올라갔는데 아마도 그 수자를 헤아리면 3천 번은 넘었을 것이라고 한다. 이처럼 등산을 많이 하는 이유는 건강을 위해서라고 답할 수도 있지만 기본적으로는 산을 좋아하기 때문이다.「논어」를 보면 "仁者樂山 知者樂水"라는 말이 나온다. 전자는 어진 사람은 천명을 좇고 욕심에 움직이지 않는 고요한 마음이 흡사 산과 같아서 자연 산을 좋아한다는 뜻이다. 후자는 지자는 사리에 통달하여 정체함이 없는 것이 마치 물이 자유로 흐르는 것과 흡사하므로 물과 친하여 물을 좋아한다는 것이다.

"인자요산"이라는 말이 있듯이 김홍렬 시인은 산을 좋아한다. 산은 어떤 일이 있어도 화내지 않는다. 누구를 원망하지도 않는다. 욕심을 부리는 일도 없다. 속이지도 않는다. 남의 것을 빼앗지도 않는다. 남을 괴롭히지도 않는다. 저 잘났다고 우쭐대지도 않는다. 남을 업신여기거나 모욕하지도 않는다. 오히려 아름답고 믿음직스럽고 베풀고 포용하고 바르고 말이 없고 천년 신비를 간직하였다. 그러니 산을 좋아한다는 것은 산의 이러한 특성을 좋아한다는 의미이고, 그 산을 작품의 제재로 삼은 것은 산과 같은 시인이 되고 싶다는 것을 은연중에 나타낸 것이라 보아야 한다.

1) 자연 사랑의 노래

찌는 듯한 삼복더위/ 우면산도 지쳐 있고
님 찾는 산비둘기도/ 목이 잔뜩 쉬었는데
약수터/ 오르던 바람은/ 더위 먹고 누워 있다.

대성사 부처님도/ 피서를 떠나셨는지
불전 찾은 들고양이/ 주인인 양 누워있고
촛농도/ 고요를 태우다가/ 홀로 잠이 들어 있다.

먹구름 산을 넘어/ 소낙비를 몰고 오면
계곡은 마침내/ 물소리를 풀어내고
매미도/ 울음 그치고/ 빗소리에 젖는다.

― 우면산의 8월, 전문

이 작품은 마치 조선시대의 월령체 문학을 연상케 한다. 월령체란 1년 열두 달로 나누어 구성된 형식의 시가를 말하는데, 고려가요 〈동동〉이나 청구영언에 전하는 〈관등가〉 등이 이에 해당한다. 또 〈농가월령가〉처럼 열두 달에 하는 농사일을 서술하는 달거리도 있다. 이러한 달거리는 가사에도 있는데, 이 가사 작품을 일명 십이월령가(十二月令歌)라고도 한다. 하여간에 농가월령가는 농사에 관한 실천 사항을 달마다 읊고 또 철마다 다가오는 풍속과 지켜야 할 범절을 노래하였다. 다소 교훈적으로 흐른 면이 있으나 한 폭의 그림을 대하듯 생활의 정황을 잘 묘사하였다.

이에 비하여 김홍렬 시인의 〈우면산 십이월령가〉는 시절가(時節歌)적 성격을 띠었다. 예를 들면 우면산의 1월조에서는 "겨울이 깊었으니/ 봄은 멀지 않았다며"라고 했는데, 2월조에서는 "가랑 잎 숨가쁘게/ 봄소식을 전한다."라 했고, 3월조에서는 "한달음에 달려온/ 남촌의 봄 처녀가/ 우면산 자락에다/ 몸 풀 준비 하고 있다."라고 해서 시절가적 성격이 짙다는 것을 증명해 준다.

상기 작품은 제목이 〈우면산의 8월〉인데, 역시 "찌는 듯한 삼복더위/ 우면산도 지쳐 있고"라고 해서 계절의 변화, 기후의 변화를 화두로 삼고 있다. 얼마나 더위가 심하였으면 "약수터/ 오르던 바람은/ 더위 먹고 누워있다."라고 표현했겠는가. 제2연의 배경은 우면산에 있는 〈대성사〉라는 절이다. 그 절에 불전 찾은 들고양이가 주인인 양 누워있다는 것이고, 너무나 주위가 고요해서 "촛농도/ 고요를 태우다가/ 홀로 잠이 들었다."고 표현하였다. 그리고 제3연 역시 기후의 변화를 실감 있게 묘사하였는데, 산에 소나기가 내렸을 때의 정경을 그림처럼 그려내고 있는 것이다. 이처럼 여러 가지로 설명해 보았지만 기본적인 뜻은 우면산을 사랑하고, 우면산을 좋아한다는 것이다. 작품 속에 직접 언급은 안 했지만 자연을 사랑한다는 의미가 내포되어 있는 것이다.

    송계수는 산이 높아
    굽이굽이 돌아오고

    월악산은 물이 깊어
    강가에 멈춰 섰는데

    물속엔
    하얀 낮달이
    꿈결처럼 내달린다.
                             - 충주호에서, 전문

  조선시대 선비들은 벼슬을 버리고 강호에 묻혀 살면서, 그 강과 호수를 좋아하는 심정을 시조와 가사로 표출하였다. 이러한 시가들을 조윤제는 그의 저서 「한국시가사강」에서 강호가도라 하였다. 강호가도란 자연에의 침잠과 무위자연의 생활관을 읊은 일련의 시적 태도를 가리킨다. 이러한 시가도의 배경을 살펴보면 조선 세종조 이후 새 나라의 기틀이 확고하게 잡혀서 나라의 녹을 먹던 사람들이 노년에는 정사를 버리고 각기 자기 고향으로 돌아가 전원에 파묻혀 사는 일을 삶의 흥취로 삼았다. 이와는 달리 시대를 내려오면 연산군 이후 벌어진 파쟁과 사화로 인하여 풍파 많은 정계를 벗어나 강호에 묻혀 음풍농월을 일삼고 자연에 침잠해 버리는 일도 많아졌다. 이와 같이 강호 생활을 즐기며 유유자적하는 생활 속에서 자연을 노래하고 산수를 찬양하는 문인들이 늘어갔는데, 그 대표적인 인물로 이현보와 송순을 꼽는다.

조선시대의 강호가도와는 배경과 입장이 다르지만 현대에도 문인들이 말년에 직장을 정년하고 낙향하여 살거나, 아니면 산수자연을 유람하면서 노래한 시와 시조들이 많이 있다. 이런 것들을 현대판 강호가도라 불러도 아무런 손색이 없다고 생각한다. 상기 작품은 김시인이 충주호를 유람하고 그 감흥을 시조 형식에 담아본 것이다. 이 작품은 글을 읽는 것이 아니라 한 폭의 그림을 감상하는 것 같아서 서경시로 보아도 좋을 것이다. 송계수는 산이 높아서 굽이굽이 돌아온다는 이야기나, 월악산은 물이 깊어서 강가에 멈춰 섰다고 하는 내용은 그대로 머릿속에 그림처럼 떠오른다. 더구나 그 충주호에는 하얀 낮달이 꿈결처럼 내달린다고 하니, 색깔로 칠한 그림이 아니라 말로써 그려낸 그림을 보는 듯한 느낌이 드는 것이다. 이 역시 작품 속에는 충주호의 주변 경치가 아름답다는 말을 하지 않았지만, 충주호의 자연이 아름답다는 것을 은유적으로 표현한 데서 그 묘미를 찾을 수 있을 것이다.

2) 불교에의 관심

이 땅의 애환들을/ 제 키만큼 쌓아놓고
용문사 은행나무가/ 부처님께 빌고 있다
경내를/ 배회하던 바람이/ 발소리를 죽인다.

운해처럼 모여든/ 수많은 중생들이

오가며 던져 놓은/ 마음의 돌무더기
무게에/ 짓눌린 부처님/ 땀을 뻘뻘 흘리신다.

진리의 말씀을/ 연등에 담아놓고
무상으로 가져가라/ 그리도 일렀건만
욕심에/ 눈먼 사람들/ 백팔번뇌만 지고 간다.
― 용문사, 전문

　용문사는 양평군 용문면 신점리에 위치한 절이다. 이곳 용문사 경내에는 천연기념물 제30호로 지정된 우리나라 최고, 최대의 은행나무가 있다. 높이 61m, 둘레 10여m, 동서로 뻗은 가지 하나가 26m에 달할 정도의 거대한 나무이다. 조선조 제7대 세조는 이 은행나무에 당상직첩(堂上職牒)을 내리고 봄가을로 제사를 베풀어 신령목처럼 보호하여 왔다.
　바로 이 당상관까지 받은 은행나무가 이 땅의 애환들을 제키만큼 쌓아놓고 부처님께 빌고 있다는 것이니, 일반 중생들이야 더 많이 부처님께 빌어야 한다는 의미가 함축되었다. 부처님 앞에서 경건한 자세를 취하고 그 동안의 잘못에 대하여 속죄하는 시적 자아의 마음가짐과 행동이 그대로 선연하게 나타난다.
　제2연의 핵심 소재는 수많은 중생들이 오고가면서 던져 쌓은 돌무더기이다. 이 돌무더기의 무게에 짓눌려 부처님이 땀을 뻘뻘 흘리신다고 하였다. 이것은 마치 예수께서 우리 인간들의 죄를 대신하여 십자가에 못 박혀 죽었듯이, 부처님께서도 중생들의 죄 값을 치루느라고 땀을 흘리고 계시다는 의미가 된다. 그러니 자신은 물론 부처님을 위해서도 우리 중생들이 죄를 덜 짓도록 노력하는 자

있다는 표현을 했는데, 불교 신자가 아니면서도 합장하는 자세를 취하는 것은 역시 불교에 대한 호감의 표시라고 본다. 제3연의 종장 "큰 스님 독경소리가 가는 길을 밝혀준다."는 내용도 같은 맥락으로 해석할 수 있다. 독경소리가 사람의 가는 길을 밝혀준다는 데서, 불교가 깨달음의 종교요, 지혜의 종교요, 인간의 삶을 바르게 인도해주는 종교라는 것을 나타내주고 있는 것이다. 필자가 아는 바로는 김홍렬 시인은 천주교 신자이다. 천주교 신자로서 불교에 대한 핵심과 예의범절을 알고, 그것을 작품화한다는 것은 쉬운 일이 아니라는 것을 첨언해 둔다.

3) 어머니를 그리워하는 정

오늘은 어버이 날
그리움 밀물 되어

활짝 핀 영산홍을
눈물로 심노라니

다정한
어머니 음성
바람결에 들려라.

호미로 정성 드려
산소에 풀을 뽑고

술 한잔 부어 올려
큰절로 문안할 제

불초자
뜨거운 눈물
그칠 줄을 모르네.

— 어버이날에, 전문

　매년 5월 8일은 어버이날이다. 평소에는 바쁘다는 핑계로 효도를 못하다가 이날만이라도 부모님을 따뜻하게 모시고 기쁘고 즐겁게 해드리라고 어버이날이 제정된 것 같다. 그러나 많은 사람들이 부모 살아계실 때는 잘 모시지 못하다가 돌아가신 다음에 후회하는 경우를 많이 본다. 그래서 송강 정철은 그의 〈훈민가〉에서 "어버이 살아실 때 섬길 일은 다하여라./ 돌아가신 후에 애통한들 무엇하리/ 평생에 다시 못할 일은 이뿐인가 하노라."라고 노래했던 것이다. 또한 노계 박인로도 그의 〈오륜가〉 중에서 "사람의 한 평생에 온갖 병이 다 있으니/ 부모를 섬기다 몇 해를 섬기겠나/ 아마도 못 다할 효성을 일찍 베풀어 보리라"라고 노래해서 부모님께 효성을 다할 것을 권장하였다.

　김홍렬 시인은 상기 작품에서 어버이날에 산소에 갔더니 그리움이 밀물되어 흐른다고 하였다. 제1연의 중장에서 "활짝 핀 영산홍을/ 눈물로 심노라니"라고 한 것은 어버이날 산소를 찾아가 예쁜 영산홍을 묘소 주변에 심어드렸다는 이야기다. 그랬더니 어머니의 다정한 음성이 바람결에 들려오더라는 것이다. 우리의 속담에 '지성이면 감천'이라는 말이 있는데, 정성을 다하니까 어머니께서 응답해 오셨다는 의미로 해석된다.

　예쁜 꽃나무만 심어드린 것이 아니고, 호미로 잡초도 뽑았다. 그러면서 술 한잔 부어 올리고 큰절을 올렸다. 그랬더니 "불초자의 뜨거운 눈물이 그릴 줄 모르고 흐르더라."는 것이다. 이러한 심정이 어디 김시인에게만 해당되겠는가. 이 세상의 자식된 사람들은 거의 부모님을 잘 모시지 못한 회한을 안고서 살아가리라고 본다.

    어머니!
    어머니는 용기,
    희망, 기쁨
    그리고 삶의 목적이다

    어머니!
    이름만 들어도
    설레는 이름
    눈물이 난다

    어머니!
    그리운 이름
    보고픈 이름
    그 이름은 아름다운 노래요, 시요
    꽃이며 향기이다.
                               - 어머니, 전문

    어머니를 노래한 작품으로 가장 오래된 것은 「악장가사」에 전하여 오는 고려시대의 〈사모곡〉이다. 지은 연대와 지은이에 대하여 분명한 것은 알 수 없지만 고려사 악지 신라속악 '목주(木州)'조의 설화와 공통되는 점이 있어 신라 때부터 불리던 노래로 추측한다.

그 내용을 현대어로 옮기면 다음과 같다.

> 호미도 날은 날이지만
> 낫같이 잘 들 리가 없습니다.
> 아버님도 어버이시건마는
> 위 덩더둥셩
> 어머니 같이 사랑하실 분이 없어라
> 마소서, 임이시여, 어머님처럼 사랑하실 분이 없어라.

이 노래는 같은 어버이면서도 아버지보다 어머니의 사랑이 더 깊음을 노래한 것이다. 이외도 '어머니'를 제목으로 했거나 주제로 한 작품에 담원 정인보의 〈자모사〉 한 편을 예로 들어보고자 한다. "설워라 설워라 해도 아들도 딴 몸이라/ 무덤 풀 우군 오늘 이 살 붙어 있단 말가/ 빈말로 설은 양함을 뉘나 밋지 마옵소" 이 자모사 40수는 어머니를 그리워하고 생각하는 정이 너무 절절해서 읽는 이의 가슴을 울려준다. 그러나 김홍렬 시인의 〈어머니〉란 작품도 읽는 이에게 감동을 준다는 점에서는 다른 분들의 작품에 뒤지지 않는다고 생각한다.

  어머니는 용기, 희망, 기쁨, 삶의 목적이라고 하였다. 어머니란 이름만 들어도 가슴이 설레고 눈물이 난다고 하였다. 어머니는 그리운 이름이고, 보고픈 이름이고, 그 이름은 노래, 시, 꽃, 향기라고 하였으니 어머니에게 최상의 찬사를 보낸 것으로 해석된다. 이 밖에도 어머니와 관련된 작품으로 〈맛〉, 〈카네이션〉, 〈어버이날에〉라는 작품이 더 있어, 그가 어머니를 생각하는 정이 얼마나 절실한가를 짐작케 한다.

4) 비유의 묘미

눈만 뜨면 싸움이네
인왕산 까막까치

나뭇가지 하나이면
평생 쓰고 남을 일을

온 산이
모두 제 갈 곳인데
영역 다툼 왜 하는가.

― 욕심, 전문

이 작품속의 주인공 까마귀와 까치는 실제의 까막까치일 수도 있지만 무엇인가를 비유했을 것으로 사료된다. 시는 원래 비유법을 잘 구사하는 것이 최선의 방법이다. 비유는 수사(修辭)의 일종이다. 자신의 생각이나 느낌을 어떻게 하면 정확하게 나타낼 수 있을까 하고 상상적 묘사를 이용하는 표현 방법의 한 형식이다. 어떤 사물을 전달하려고 할 때, 그것을 직접적으로 설명하지 않고 전혀 다른 사물을 빌어 암시하는 데에 그 특징이 있다. 그러므로 비유어 즉 비유적 표현을 사용하는 언어는 사물을 문자 그대로 제시하는 전통적인 묘사 방법과는 엄격히 구분된다. 비유는 심상(心象), 신화(神話), 상징(象徵)과 더불어 시의 구조의 중심이 된다.

상기 작품은 이처럼 중요한 비유를 썼기 때문에 겉으로 나타나는 의미보다는 속에 함축된 의미를 찾아내야 하는 부담이 있다. 눈만 뜨면 싸운다고 했으니까 우리 사회에서 눈만 뜨면 싸우는 집단이나 개인이 누구인가 하는 점을 따져보아야 한다. 노사간의 갈등, 지역간의 갈등, 계층간의 갈등 등 많이 있지만, 그 중에서도 국회에서 여당과 야당으로 편을 갈라 싸우는 것이 대표적이라고 생각한다. 이 여야간의 싸움은 어느 쪽이 옳은지 그른지 판가름할 수는 없지만, 그 정도가 너무 심해서 국민들의 눈살을 찌푸리게 한다. 나뭇가지 하나면 평생 쓰고 남는다고 했는데, 그처럼 욕심 부리지 않아도 그들에게는 먹을 것이 충분히 있다는 이야기로 이해된다. 먹을 것은 충분히 있는데도 더 많이 가지려고 아귀다툼하니까 '욕심'이라 보는 것이다. 필자는 이 작품을 국회의원들의 싸움에 비유해서 설명했지만, 좀더 의미를 넓혀서 우리 사회에서 편을 갈라 싸우는 모든 집단이나 개인을 비유한 것으로 확대 해석해도 무방하다는 것을 첨언해 둔다.

   설한풍의 모진 아픔/ 겨우 내 삭히더니
   입춘이 오기도 전에/ 터지고 말았구나
   하얀 눈/ 뒤집어 쓴 채/ 얼굴 붉힌 첫 경험.

   첫사랑 가슴앓이/ 꼬박 새운 긴긴 밤을
   눈 속에 묻어두고/ 봄 오기를 기다리다가
   더 이상/ 참지 못하고/ 울어버린 첫 고백.

               - 동백, 전문

  비유는 크게 직유와 은유로 나누어 생각한다. 직유와 은유를 막론하고, 이러한 비유적 표현 방법은 의외의 각도에서 비유하는 말을 제시함으로써 비유되는 말의 인습적인 의미를 파괴한다. 그리고는 그러한 충격에 의해 언어의 기능을 새롭게 소생시키는 것이다. 다시 말하면 때 묻은 언어의 껍데기를 벗겨내고 그 속을 깊이 들여다봄으로써 언어가 본래부터 지닌 뜻과 빛깔과 소리를 독자의 감각 속에 새롭게 이끌어내는 것이다. 그리고 독자는 시인이 제시하는 새 세계의 계시에 의해 비로소 원시적 경이감을 맛보게 된다. 비유가 시의 제작 방법으로서 중대한 의의를 지니는 것은 이러한 언어의 기능 때문이다.

예의 상기 작품도 이러한 비유의 원리를 잘 원용했다고 본다. 그러면서도 동백의 이미지를 잘 형상화하였다. 설한풍의 모진 아픔을 겨우내 삭힌 존재는 동백이다. 입춘이 오기 전에 터지고 말았다는 이야기는 동백꽃이 피어났다는 의미이다. 그리고 그 동백꽃이 피어 있는 모습을 아가씨의 얼굴 붉힌 첫 경험으로 묘사하였다. 제2연에서는 동백꽃이 피는 과정을 묘사한 것 같다. 그 동백꽃을 피우기 위하여 첫사랑의 가슴앓이를 하면서 긴긴 밤을 꼬박 새우는 과정을 겪었다는 것이다. 그 가슴앓이를 한겨울의 눈 속에 묻어두고 봄이 오기를 기다렸다는 것이다. 그렇게 기다리다가 더 이상 참지 못하고 울어버린 첫 고백이 동백꽃이라는 이야기다. 이 작품에서 붉은 동백꽃을 '얼굴 붉힌 첫 경험'으로 본 것이나, '울어버린 첫 고백'으로 본 것은 김시인만의 독특한 비유법을 쓴 것이다. 이처럼 개성적인 비유를 구사함으로써 본래부터 지닌 뜻과 빛깔과 소리를 독자의 감각 속에 새롭게 이끌어내는 성과를 거두었다고 평가할 수 있다. 그러니 '시는 비유로 시작해서 비유로 끝내야 한다'는 말이 이런 작품을 통해서 증명된다고 하겠다.

이제까지 김홍렬 시인의 작품세계를 ① 자연사랑의 노래, ② 불교에의 관심, ③ 어머니를 그리워하는 정, ④ 비유의 묘미 등으로 나누어 살펴보았다. ①에서는 산을 노래한 작품이 많은데, 〈우면산가〉는 1월부터 12월까지 월령체로 노래했기 때문에 이것을 조선시대의 〈농가월령가〉와 같은 〈우면산 십이월령가〉라고 하였다. 다만 김홍렬 시인의 〈십이월령가〉는 시절가적 성격을 띠었고, 계절의 변화, 기후의 변화에 따른 자연 현상의 변이를 중점적으로 묘사한 것으로 보았다. 그렇더라도 이런 작품들은 작품 속에 직접 언급은 안 했지만 우면산을 사랑하고 자연을 사랑하는 의미가 내포된 것이라 이해하였다. 〈충주호에서〉란 작품은 강과 호수를 노래하였기 때문에 조선시대의 강호가도류의 작품에 비유하였다. 강호가도란 자연에의 침잠과 무위자연의 생활태도를 노래한 것이다. 김시인의 〈충주호에서〉는 한 편의 그림을 감상하는 것 같아서 서경시로 보는 것이 좋다고 하였다. 이 작품 역시 작품 속에 직접 언급을 하지 않았지만 충주호의 자연이 아름답다는 것을 은유적으로 나타낸 것이라 이해하였다.

②에서는 〈용문사〉와 〈백담사의 가을〉이란 작품을 감상하였는데, 이 두 작품을 통하여는 김홍렬 시인의 불교적 인생관을 나타내었다고 보았다. 그는 불교 신자가 아니면서도 불교에 많은 관심을 보이고, 불교의 교리를 이해하고, 그것을 긍정적으로 수용한다고 보았다. 그리고 그런 작품들을 통해서 불교가 깨달음의 종교요, 지혜의 종교요, 인간의 삶을 바르게 인도해주는 종교라는 것을 인식시켜 준다고 본 것이다.

③에서는 〈어버이날에〉라는 작품과 〈어머니〉란 작품을 대상으로 감상하였다. 이런 작품을 통하여는 '어머니'를 그리워하는 정이

너무 절실해서 읽는 이의 가슴을 울린다고 보았다. 어버이날에 어머님 산소를 찾아가 영산홍을 심고, 잡초를 뽑아주고, 술잔을 올리면서 큰절을 하는 모습이 선연하게 나타난다. 그리고 어머니를 용기, 희망, 기쁨, 삶의 목적이라 하였고, 노래, 시, 꽃, 향기 등에 비유한 것은 어머니에 대한 최고, 최상의 찬사라고 보았다.

④에서는 〈욕심〉과 〈동백〉이라는 작품을 대상으로 비유의 묘미를 찾아보았다. 작품 '욕심'의 주인공 '까막까치'는 실제의 까마귀와 까치가 아니라 무엇인가를 비유한 것으로 보았고, 특히 여야로 편을 갈라 매일 싸움질하는 국회의원들을 지칭하는 것으로 보았다. 그러나 이것도 더 넓게 생각해서 우리 사회에서 편을 갈라 싸우는 모든 집단이나 개인을 비유한 것으로 해석해도 무방하다고 보았던 것이다. 〈동백〉이란 작품에서는 붉은 동백꽃을 '얼굴 붉힌 첫 경험'으로 본 것이나, '울어버린 첫 고백'으로 본 것은 김시인만의 독특한 비유법을 구사한 것으로 보았다. 그리고 이처럼 독특한 비유법을 쓰는 것을 시인의 개성적인 표현이라 해도 좋다고 보았던 것이다.

지금까지 본론에서 논의한 내용을 다시 요약 정리해 보았거니와, 김홍렬 시인의 작품적 특징은 무엇보다도 시조의 정형을 잘 지킨다는 점을 들 수 있다. 그러면서도 내용과 표현면의 혁신을 추구하고 있는 점이 돋보이는 것이다. 또 작품 세계에는 모든 사물을 긍정적으로 보고 이해하려는 긍정적인 인생관, 시비를 분명히 하여 옳고 바른 길을 가려는 삶의 태도, 과격한 자기 주장보다는 겸양의 자세를 취하는 점이 작품의 저류에 흐르고 있었다는 점을 첨언해 둔다. 이 작품집을 상재한 다음 더 난숙한 작품을 쓰시기 바라고, 읽는 이에게 감동을 주는 작품을 많이 생산하시기를 바라면서 이 무사를 마친다.

10. 생활서정을 바탕으로 한 긍정의 시학_ 한경수의 시조세계

한경수 시인은 42년간 교육계에 근무하면서 교장으로 정년퇴직한 교육자이다. 아울러 문학세계를 통하여 문단에 등단하였고, 이미 〈거울 비춰 사는 뜻은〉, 〈길 위에 뜨는 별〉, 〈산야에 이는 바람〉, 〈해와 달이 비추는 산하〉등 4권의 시조집을 출간하면서, 시조시인으로서의 위치를 굳건히 했다. 그의 작품을 일별해 보면 도시적이기보다는 향토성이 짙고, 진보성보다는 보수성에 가깝고, 세계에 대한 부정적 시각보다는 긍정적 시각을 지녔고, 사물에 대한 비판의식보다는 따뜻한 사랑을 간직하였음을 발견하게 된다. 그리고 작품의 소재나 제재가 다양해서 무슨 내용이든 3장 6구의 시조의 틀 속에 소화하고 있음을 본다.

아시다시피 시조는 고려 말 유학자들의 손에 의하여 만들어지고, 근 7백 년간의 생명력을 유지하면서 전승되어 오는 우리의 고유문학이다. 그것이 후대로 내려오면서 많은 사람들에게 전파되어 위로는 왕후장상으로부터 아래로는 사서인 천기에 이르기까지 향유하게 되었다. 그 결과 시조는 우리 민족의 사상, 감정, 체험 등을 담기에 가장 알맞은 그릇으로서 민족문학, 전통문학이란 칭호를 듣게 되었던 것이다. 이러한 역사적 장르인 만큼 3장 6구 12절이라고 하는 시조의 틀을 잘 지키는 것이 시조시인의 도리이다. 그런데 근래에 그 정형을 파괴하면 시조를 잘 쓰는 것이고, 그 정형을 잘 지키면 고루하다고 생각하는 일부의 부류들이 파격시조를 일삼고 있으니 심히 우려스럽다. 그러나 한시인의 많은 작품을 보면 시조의 고유형식을 잘 지켜서 누구보다도 정격의 시인이란 사실을 감지하게 된다. 그러면서도 기사형식을 다양화해서 그 형태의 단조로움을 극복하고 율격까지 많은 변화를 주어 마치 자유시를 읽는 듯한 감동을 받게 한다.

좋은 시조인가 아닌가는 시조의 틀을 파괴하는데 있는 것이 아니다. 시조의 정격을 잘 지키면서 내용의 혁신을 가져오고, 표현기법을 다양화하면 얼마든지 최첨단의 작품을 생산해낼 수 있다. 시조는 어떻게 쓸 것인가. 어떤 내용을 쓸 것인가도 중요하지만 어떤 방법으로 쓸 것인가를 고민해야 된다. 이 문제를 한마디로 표현하면 비유와 상징법을 원용하라는 이야기다. 그래서 시조를 잘 쓰려면 비유법을 써야 하고, 특히 그 비유가 참신하고 독창적일 때 작품의 성공률은 높다고 보는 것이다. 이런 점에 비추어 볼 때 한경수 시인의 시조는 시적성과를 거두었고, 독자들의 공감을 확보해서 어느 경지에 도달한 것으로 이해된다.

1) 비유와 상징의 미학

시는 세계를 있는 대로 설명하는 것이 아니라 비유를 통해서 작품을 형상화해야 한다. 비유는 사물을 설명함에 있어서 다른 사물을 빌어서 하는 수사법을 말하는데, Moulton은 "비유란 회화적인 비교"라고 설명하였다. 비유는 시에서만 쓰는 것이 아니고, 일상생활에서도 널리 쓰이는 언어표현이다. "부모의 은혜는 태산 같다.", "참외 맛이 꿀맛 같다.", "그의 키는 전봇대 같다.", "토끼처럼 잘 뛴다." 등 일상용어에서 쓰는 비유는 상당히 많다. 그러나 이런 것이 시적 표현이 되기 위해서는 시인의 직감과 내면적 체험이 언어 속에 형상화되고 단순화되어야 한다. 한경수 시인의 작품에서 비유의 예를 들어보자.

> 맑은 하늘 고이 도려
> 보름달로 메워 놓고
>
> 한마음 손끝에 모아
> 별이 총총 고운 밤에
>
> 원 모아
> 가꾸는 화원
> 향이 피는 꽃이 피네.
>
> 심어 가는 한 올 한 올
> 애틋한 시린 손길
>
> 그 순정 곧은 뜻이
> 죽향(竹香)으로 돋아날 제
>
> 봉오리
> 정 맑은 속살
> 하마 필 듯 여린 가슴.
>
>   - 수(繡), 전문

 이 작품은 수를 놓아본 여성의 입장에 서면 이해하는데 어려움이 없을 것이다. 그만큼 이 작품에는 여심이 서려있는 느낌이 든다. 아마도 서정적 자아가 놓는 수(繡)에는 그 바탕에 하늘, 별, 보름달 등이 있는 것 같다. 그래서 맑은 하늘을 고이 도려 보름달로 메워놓는다 표현했고, 별이 총총 고운 밤이란 표현을 썼던 것이다. 이처럼 그 수를 직접 보지 않은 사람도 이 수에는 어떤 그림이 새겨져 있는지 헤아려 볼 수 있는 것이다. 그런가하면 이 수에는 원을 모아 가꾸는 화원(花園)도 배치하였다. 그런데 이 화원에는 향이 깊은 꽃이 핀다는 것이다. 우리들이 수를 놓거나 그림을 그릴 때, 화원이나 꽃을 등장시킬 수 있지만, 그 향(香)까지 그려 넣는 것은 불가능하다. 그 냄새 즉 향기까지 그려 넣는 것은 시의 세계에서나 가능한 것이다.

  한 여인이 수놓는 장면을 심어 가는 한 올 한 올 애틋한 시린 손길이라 표현하였다. 우리네 어머니들, 아니 조선조 여인의 삶이 얼마나 애틋했던가. 한번도 여유롭고 풍요로운 삶을 누려보지 못한 것이 그들의 삶이었을 것이다. 또 떠나간 임을 그리워하면서 한 평생을 보냈을 가능성도 있다. 그래서 수놓는 여인을 등장시키고 애틋하다는 표현을 했다고 보아진다. 그리고 중장에서 "그 순정 곧은 뜻이/ 죽향으로 돋아난다."고 한 것을 보면 서정적 자아가 놓는 수에는 '대나무'도 있었다고 본다. 여기서 순정이나 곧은 뜻이 죽향으로 돋아난다고 한 것은 그야말로 절묘한 표현이라 생각한다. 그러나 시적 자아가 정말로 하고 싶은 이야기는 종장에 배치하였다. "봉오리의 정 맑은 속살"이 여인네의 여린 가슴과 같다는 것이다. 한마디로 이 작품은 비유로 시작해서 비유로 끝난 데에 묘미가 있고, 그처럼 개성적인 표현을 했기에 시적성과를 거둔 것으로 평가된다.

    하늘에 별들이
    길 위에 떠 있다

이 세상 어머니들이
　　별을 지켜보고 있다

　　빛나는 큰 별 되기를
　　빌며빌며 서 있다.

　　우주 속에 별들이
　　길을 따라 가고 있다

　　온 세상 어버이들이
　　별을 보며 기뻐한다

　　세상이 다 우러러 볼
　　큰 별 되길 빌고 있다.

　　　　　　　　　－ 길 위에 뜨는 별, 전문

　별은 하늘에 떠 있다. 그렇게 알고 있는 것이 하나의 상식이다. 그런데 위 작품의 표제를 보면 별이 길 위에 떠 있다는 것이다. 그러니 상기 작품에서의 〈별〉은 하늘에 떠 있는 실제의 별이 아니라 무엇인가를 상징하고 있다고 보아야 한다. Webster는 상징이란 관련·연상·관용 또는 우연한 그러나 비의도적인 유사성에 의하여 어떤 다른 것을 지시하거나 암시하는 것이라고 하였다. 말하자면 불가시의 관념이나 사물을 가시적인 이미지로 암시한다는 것이다. 그래서 상징에서 나타내고자 하는 본의는 이념적 세계 이데아인 경우도 있고, 추상적인 관념이나 생리적인 내용일 수도 있고, 개인적인 감정과 정서일 수도 있다. 이러한 모든 불가시의 세계를 가시적인 세계

곧 감각적 이미지로 표시하는 것이 상징이다. 예를 들면 사자는 용기를 상징하고 십자가는 기독교 신앙을 상징하는 따위가 그것이다. 그리고 프로스트는 자기 시론에 있어서 적어도 두 가지 이상의 이미지를 두고 있음을 주장하였다. 표면적으로 지시된 이미지와 그 뒤에 숨겨져서 암시되는 이미지가 있는데, 그 암시된 것이야말로 시의 진실한 이미지라고 하였다.

그렇다면 상기 작품에서 〈별〉은 무엇을 상징하고 있는가? 그 뒤에 숨겨져서 암시되는 이미지를 찾아내는 일이 상기 작품을 이해하는 첩경이라고 생각한다. 원래 별은 〈장군〉이나 〈장성〉을 의미하는 뜻으로 사용하였다. 그러나 위 작품에서는 길 위에 뜬 별이라고 하였으니, 장군이나 장성의 의미로 해석하기는 어렵다고 본다. 그렇기 때문에 위 작품의 핵심어인 〈별〉의 의미를 찾아내려면 작품을 해석해보고, 그 결과에 따라서 유추해보는 수밖에 없다. 제1수 중장과 종장을 보면 이 세상 어머니들이 그 별을 지켜본다는 것이고, 빛나는 큰 별 되기를 빌며 서 있다는 것이다. 그렇다면 이 작품에서의 〈별〉은 자라나는 새싹들 즉 아동들을 가리키는 것이라 할 수 있다. 부모의 입장에서는 자기의 자식을 의미한다는 이야기다. 이런 의미를 밑받침해주는 것이 제2수의 중장과 종장이다. 여기서도 온 세상 어버이들이 별을 보면서 기뻐한다는 것이고, 세상이 다 우러러 볼 큰 별 되기를 빌고 있다고 했기 때문이다. 이처럼 은유나 상징을 쓰는 것이 작품을 성공시키는 첩경이라 생각하고, 상기 작품은 이러한 수사법이 잘 적용되었다는 점에서 시적 효과를 거둔 것으로 생각된다.

2) 생활 서정의 자연스런 유로

신새벽 일어나서
자랑스런 제복 입고

찬이슬 등에 지고
대문 밖을 나선다

즐겁게 일자리 찾아
손수레를 끌고 간다.

미화요원 제복이
소박하게 빛난다

꾸밈도 거짓도 없이
진솔하게 사는 인생

그 누가 무어라 해도
즐거운 나의 삶터

— 삶터(5), 전문

이 작품에는 〈미화요원〉이라는 부제가 달려 있다. 우리들이 새벽에 거리에 나가보면 으레 만나게 되는 것이 포장마차, 미화원, 신문 돌리는 젊은이 등이다. 그밖에 아침 등산을 하는 사람, 그곳에서 떡이나 차를 파는 아주머니, 조깅하는 사람, 공원에서 체력 단련하는 사람, 배드민턴 치는 사람 등 많은 사람을 만나게 된다. 그중에서도 우리의 가슴을 뭉클하게 하는 사람이 쓰레기봉투를 실어 나르는 청소부 아저씨와 거리를 청소하는 미화원 아저씨다. 필자도 아침 일찍 거리에 나가서 미화원 아저씨를 만나게 되면 "아침 일찍이 너무 고생하는구나."라고 미안한 생각을 가져본 적은 있지만, 한경수 시인처럼 작품화할 생각을 가져본 적은 없었다. 사실 다른 직장인도 고생을 많이 하지만 미화원보다 더 고생하는 사람은 없다고 생각되고, 그들처럼 근무 환경이 열악하고 받는 보수가 시원치 않은 경우는 드물다고 생각한다. 그러니 그 미화원의 생활을 보고서 다정다감한 시인의 감회가 한편의 연시조로 나타났다고 보아야 한다.

이 작품은 바로 미화원의 생활 자체를 소개하고, 거기서 느끼는 감회를 솔직하게 토로한 것이다. 그 미화원은 새벽 일찍 일어나서 제복을 입고, 찬이슬 등에 지고서 대문 밖을 나선다. 그리고 손수레를 끌면서 일자리를 찾아다닌다. 그런데 미화원이 입고 있는 옷을 '자랑스러운 제복'이라 하였고, 미화원의 일과를 '즐겁게 일자리 찾아'라고 표현한 것을 보면 시인의 인생관이 얼마나 소박하고 서민적이고 긍정적인가를 실감하게 된다.

또 미화원의 제복을 소박하게 빛난다고 하였고, 그의 삶을 꾸밈도 거짓도 없이 진솔하게 사는 인생이라 하였다. 그런데 둘째 수 종장은 아무래도 파격적인 표현을 한 것 같다. 지금까지 미화요원의 생활을 잘 묘사하다가 갑자기 "그 누가 무어라 해도/ 즐거운 나의 삶터"라 했기 때문이다. 이 종장의 표현을 보면 미화요원=나=시인 자신이라는 등식이 성립되는데, 파격적인 표현을 했다는 점에서는 높이 평가할 수 있지만, 작품의 시점이 돌연 뒤바뀐 느낌이 들어 읽는 이를 당황하게 만든다.

아무도 내 이름을 불러주지 않아도
나는 나의 뜻이 있어 땅을 뚫고 솟아난다
미미한 존재이건만 들풀로 굳게 큰다.

아무도 내 모습을 보아주지 않아도
짓밟힌 발길에도 꺾이잖고 다시 서서
즐거운 나의 자유를 꽃피우며 삽니다.

아무도 내 모습을 찬미하지 않아도
한 정성 다해서 키워놓은 그 열매
그 향기 솔바람 속에 나의 혼을 키웁니다.

— 산촌일기(19), 전문

　이 작품에는 〈들풀〉이라는 부제가 달려 있어, 작품을 해석하고 이해하는데 큰 어려움은 없다. 그리고 이 작품은 감정이입의 수법을 써서 자아가 곧 들풀이고 들풀이 곧 자아라는 관계가 성립된다. 하여간에 작품에는 겉주제와 속주제가 긴밀하게 연관되어 있는 것이 좋다. 미숙한 작품을 보면 겉주제 하나로 통일된 경우를 많이 보는데, 특히 초보자의 작품에서 이런 경우를 발견하게 된다. 상기 작품의 경우 겉주제는 들풀에 대한 이야기고, 속주제는 자아 또는 시인 자신의 이야기가 형상화되었다. 그러니 표면적으로는 들풀에 관련된 이야기를 하고 있지만 그 속내를 보면 시인 자신의 이야기를 전개하고 있다는 사실이다. 또 작품에는 인생의 의미 즉 철학적 관념이 담겨 있을 때, 그 작품은 좋은 평가를 받게 된다. 그러나 대부분의 경우 단순 서정의 나열이나, 감정의 직서, 사실의 설명, 정확한 묘사에 그치고 있어 좋은 평가를 받지 못하는 것으로 알고 있다.

상기 작품은 3수 연시조로 되어 있는데, 각수의 구조적 패턴이 동일하게 되어있다. 각수의 초장 둘째 구절을 보면 "불러주지 않아도", "보아주지 않아도", "찬미하지 않아도"로 되어서 같은 수법을 구사하고 있음을 본다. 또 종장의 끝 구절을 보면 "들풀로 굳게 큰다.", "꽃피우며 삽니다.", "나의 혼을 키웁니다."로 되어 있어, 각수의 패턴이 동일하다는 것을 실감시켜 준다. 결론적으로 이 작품의 주제는 굳게 크겠다는 것이고, 꽃피우며 살겠다는 것이고, 나의 혼을 키우겠다는 것이다. 들풀에 의탁해서 자기의 의지, 또는 인생관을 나타내고 있는 것이다. 이처럼 작품이 인생의 의미, 또는 철학적 관념을 함축하고 있을 때 독자들의 호평을 받는 것은 당연하다고 보는 것이다.

      옳거니 그르거니
      시시비비 말자꾸나

      자연의 섭리 따라
      순리대로 살자 하니

      하늘에
      꽃구름 일어
      바라보니 낙원일세.

      기쁘나 슬프거나
      그런 대로 살자꾸나

      이 한마음 오직 하나
      옳은 길 살자 하니

> 뉘라서
> 무어라 한들
> 이 세상이 낙원일세.
>
> － 순리에 살자, 전문

　이런 작품은 인생을 오래 살고 완숙한 경지에 이르렀을 때야 나온다고 본다. 40여 년간 교직에 봉사하고 교장으로 정년퇴임한지도 10년이 되었으니, 인생을 달관하였을 것이고, 그 달관의 경지가 이런 작품으로 형상화되었다고 본다. 세상만사가 억지로 꾸민다고 해서 되지 않는다는 것은 대부분의 사람들은 다 아는 바다. 그러면서도 우리 주변에는 순리대로 살지 않고 강제로 무엇인가를 해보려는 사람이 많은 것은 안타까운 일이다.
　그런 점에서 옳거니 그르거니 시시비비를 따지지 말자고 하였다. 자연의 섭리에 따라 순리대로 살아가고자 하니, 하늘에는 꽃구름이 일고 바라보니 낙원이 펼쳐져 있다는 것이다. 솔직히 말해서 매사를 순리대로 해석하고 풀어가고 실천하면, 안 되는 일이 없을 것이고, 스트레스 받을 일도 없을 것이다. 그만큼 아름다운 세상이 펼쳐질 것이니 꽃구름이 일고 지상 낙원이 이룩된다고 하였던 것이다. 누군가 천당과 지옥이 먼 곳에 있는 것이 아니라, 자기 마음속에 존재한다고 하였는데, 이 작품을 대하니 마음먹기에 따라서 세상이 달라진다는 것을 실감하게 된다. "기쁘나 슬프거나/ 그런 대로 살자꾸나."라는 말도 하나의 경구처럼 들린다. "이 한 마음 오직 하나/ 옳은 길 살자하니"에서는 한경수 시인의 선비다운 삶의 태도를 읽을 수 있다. 또 이런 정신으로 한 평생 살아왔기 때문에 그는 존경받는 교육자, 시인이 되었다고 본다. 이 세상이 바로 낙원이라 하였는데, 그가 이 세상을 얼마나 즐겁게 보람있게 살아가고 있는지를 실증해주는 대목이다. 그의 오랜 경륜과 생활체험과 순수한 서정이 바로 이런 작품으로 승화되었을 것이라고 감히 단언하는 바이다.

3) 향토적 서정과 분단의 아픔

> 써레 머리 흙탕물은 인간 세상 생명수요
> 휘두르는 쇠꼬리는 근면하란 채찍이라
> 올해도 또 풍년 이뤄 농부의 꿈 이룩하세.
>
> 호미 끝에 흙덩이는 덩이덩이 금덩이요
> 이마에 맺힌 땀은 방울방울 진주로다
> 어허라 시절도 좋다 단비 내려 풍년일세.
>
> 저녁 새잠 농농수는 고된 하루 감보수라
> 오뉴월 긴긴 해가 땀에 젖어 석양 되면
> 온 들에 개구리 소리 하루해가 즐겁단다.
>
> — 농부가, 전문

옛날에는 '농자는 천하지 대본'이라 하여 농업을 상당히 중시하였다. 오늘날 산업화 세계화의 그늘에 밀려 농업이 위축된 것은 사실이지만, 그래도 우리들의 먹거리를 해결해 주는 농업의 중요성은 아무리 강조해도 부족하다고 생각된다. 실제로 농촌에서 농사를 짓는 사람들은 그 고통과 어려움이 이만저만이 아니다. 또 농가부채 문제가 언론에 심심찮게 등장하는 것을 보면 채산성도 안 맞는다고 보아야겠다. 농부노릇 하는 것이 힘든다는 것은 농촌마다 빈집이 많고 이농 현상이 심각한 상태에 이르렀다는 것만 보아도 능히 짐작되는 바다. 그러나 한경수 시인은 농촌이나 농부의 어두운 면, 그늘진 곳을 노래하지 않고, 밝고 긍정적인 면을 부각시켜 읽는 이에게 잔잔한 감동을 주고 있다.

써레 머리 흙탕물은 인간 세상의 생명수라고 한데서 벼농사의 중요성은 강조되었다. 그리고 휘두르는 쇠꼬리를 근면하라는 채찍질로 본 것은 상당히 재미있는 비유다. 종장에서는 "올해도 또 풍년 이뤄 농부의 꿈 이룩하세"라고 해서, 농부들에게도 꿈과 희망이 있다는 것을 보여주고 있는 것이다. 흙덩이를 금덩이에 비유하고 땀방울을 진주에 비유하고 동동주를 감로수에 비유한 것도 좋은 착상이다. 얼마나 기분 좋으면 온 들의 개구리 소리조차 즐겁게 노래하는 것으로 들렸겠는가. 이 시조는 제목 그대로 농부의 즐거운 노래라 볼 수 있고, 농심을 잘 표현했다고 볼 수 있고, 향토적 서정을 형상화한 작품이라 평가할 수도 있다.

산 그림자 마을을 어루만져 덮으니
풀벌레 맑은 소리 은구슬로 맺히고
초생달 서산마루에 실눈썹을 그린다.

어미소 울음소리 석양 지는 산마을엔
노을빛 나래에 감고 백로 떼 둥지로 들고
드넓은 저녁 하늘엔 별들이 눈을 뜬다.

숨 가쁘게 돌아오는 경운기엔 빨간 고추
오이 호박 가득 담은 바구니엔 인정 가득

집집이 전등 불빛이 반짝반짝 아름답다.
  － 산촌일기(15), 전문

〈산촌 일기〉라는 제목 그대로 산촌의 정경을 사실적으로 묘사하였다. 그리고 이 작품을 읽으면 농촌이나 산촌의 한가롭고 여유로운 면을 떠올리게 되고, 그 이면에는 우리네 시골 마을에서만 느낄 수 있는 따스한 정이 흐른다는 것을 감지할 수 있다. 특히 한경수 시인의 세계를 보는 눈이나 인생관이 따스하고 긍정적이라는 것을 직감하게 된다.

산 그림자 마을을 어루만져 덮으면 풀벌레 맑은 소리가 은구슬로 맺힌다고 하였다. 여기서는 이슬이 은구슬로 맺힌 것이 아니라 풀벌레 소리가 은구슬로 맺힌다고 한데에 묘미가 있는 것이다. 또 초생달을 보고 실눈썹을 그린다고 한 것도 그 비유가 참신해서 독자에게 감동을 준다. 그 외도 백로 떼가 노을빛을 나래에 감고 날아간다는 표현, 오이 호박 가득 담은 바구니엔 인정이 가득 담겼다는 표현 같은 것은 체험과 상상이 잘 조화된 기법이다. 그리고 이 작품에 등장하는 시어들 즉 풀벌레, 초생달, 어미소, 백로, 경운기 등은 시인의 향토적 서정을 잘 드러내는 시어들로, 그의 사향의식까지도 점쳐볼 수 있는 좋은 소재들이라 생각된다.

  그 무엇이 소중한가
  겨레가 더 소중한가
  한겨레 한 핏줄이
  무슨 원한 사무쳤나
  이 산하 금수강산을

핏빛으로 적시다니.

폭포 같은 비 내리고
우뢰 같은 포연 속에
님을 두고 떠나야 했던
애절한 뒷그림자
아득히 기약 없는 길
다시 오마 언약한 길

꿈마다 돌아가는
아련한 고향 길에
목 메인 언 가슴엔
둥근 달도 같이 울고
한 맺힌 전선의 밤엔
하늘땅도 울었다네.

— 비사(2), 전문

상기 작품은 제목 그대로 우리의 슬픈 역사를 노래한 것이다. 6.25동란을 배경으로 하고 분단의 아픔, 이산의 슬픔을 형상화하였다. '한겨레 한 핏줄이 무슨 원한 사무쳤나'라고 했지만, 그 당시 남침을 자행한 북한 정권을 은근히 규탄하고 있는 것이다. 그런데도 근래 남한에서 북침했다고 주장하는 놈들이 있으니, 손바닥으로 하늘을 가리려는 자들처럼 한심한 인간들이라 아니할 수 없다. 그 전쟁으로 삼천리금수강산이 피바다가 되었던 것은 너무나 잘 알려진 사실이다. 얼마나 전쟁이 치열했으면 우뢰 같은 포연 속이라 표현했겠는가?

'님을 두고 떠나야 했던 애절한 뒷그림자'라고 당시 상황을 표현했지만, 그 이별이 〈임〉에게만 국한되지는 않았다. 부모와 자식, 형제자매, 사랑하는 부부, 일가친척, 다정한 친구 모두를 두고 떠나야 했던 것이다. 한시인은 그 이산의 아픔을 목 메인 언 가슴엔 둥근 달도 같이 울고, 한 맺힌 전선의 밤엔 하늘도 울고 땅도 울었다고 했으니, 한마디로 나라의 재앙이요, 민족의 비극이라 인식한 것이다.

또 한시인은 당시의 전몰장병들을 '가신님의 넋을 기려/ 울어 예는 두견새'(낙동강 칠백리)라 표현했고, 분단된 조국을 '가다가 못 간 산하/ 오다가 못 온 길목'(임진강 언덕에서)이라 노래했고, 동토의 땅 북한을 '얼어붙은 강산 너머/ 노을처럼 서린 한'(망향기)이라 했고, 남과 북의 갈등상태를 '반기듯/ 다정한 강산/ 돌아앉은 남과 북'(산하)이란 말로 나타내었다. 이러한 표현 모두가 분단의 아픔을 노래한 것인데, 그 밑바탕에는 조국애 정신, 겨레를 사랑하는 마음, 대승적인 인간관 같은 것이 자리해 있음을 발견할 수 있다.

4) 불교적 진리의 형상화

녹음(綠陰) 단풍 고운 시절
낙엽으로 지는 인종(忍從)

돌아오는 계절 앞에
말없이 맞는 귀근(歸根)

흙으로 되돌아가는
다시 날(生) 그의 침묵.

만상(萬象)은 무상한 것
귀일(歸一)하는 섭리 앞에

넋을 날린 메마른 잎
대자연의 그 순리

윤회는 만물의 가는 길
멸, 불멸(滅, 不滅)의 진리여!

- 윤회의 침묵, 전문

 위 작품은 나뭇잎, 특히 낙엽을 제재로 하여 불교적 진리를 형상화하였다. 잎이 나고, 녹음지고, 단풍 들어 고운 자태를 뽐내지만 결국은 낙엽이 되어 사라지는 인종(忍從)이란 것이다. 돌아오는 계절, 즉 겨울이 오면 말없이 귀근(歸根)하게 될 것이라는 이야기다. 그런데 문제는 뿌리로 되돌아가는 것이 끝이 아니라 다시 태어날 침묵이라고 본 데에 있다. 다시 말해서 윤회전생을 하기 위한 하나의 과정으로 본 것이다. 윤회란 우리들 일체중생이 영원한 옛날로부터 무궁한 미래를 향하여, 삼계(三界)와 육도(六道)로 돌고 헤매면서 나고, 죽고, 또 나는 것이 마치 구르는 수레바퀴와 같이 다함이 없다는 뜻에서 유래된 말이다.

 이러한 윤회현상은 비단 나뭇잎에만 해당하는 것이 아니라 우주 만물 모든 것에 적용되기에 한경수 시인은 만상은 무상한 것, 귀일하는 섭리라 이야기했고, 넋을 날린 메마른 잎도 대자연의 순리에 따른 것이라 보았다. 하여간에 부처님께서도 우주 안에 가득 찬 만물은 하나도 공(空)으로 돌아가지 않는 것이 없다고 하였으니, 한시인은 나뭇잎의 생멸변화를 통해서 윤회라는 불교적 진리를 나타내고 있는 것이다. 즉 윤회는 만물의 가는 길이고, 멸과 불멸의 진리라는 이야기다. 그런데 어리석은 인간들은 천년만년 살 것처럼 탐진치에 물들어 있으니, 큰일이라는 말밖에 달리 표현할 방법이 없다. 이러한 윤회에 대하여 한시인은 "찬란히 뜬 아침 해가/ 저녁노을 비쳐 가고/ 어둠은 온 누리를/ 여명으로 다시 열 듯/ 윤회의 수레 위에는/ 시와 종이 함께 간다."(윤회)고 다른 작품에서도 노래했으니, 그가 얼마나 불교적 인생관에 침윤되었는지를 미루어 짐작케 한다.

　　　관세음(觀世音) 불러보면
　　　이 마음에 별이 뜨고

　　　별을 헤다 잠이 들면
　　　관음보살 그 품안

　　　동트는 새날의 아침
　　　온 집안이 그 손길.
　　　　　　　　　　－그 이름 불러 보면, 전문

이 작품을 읽어보면 한경수 시인은 완전히 관음사상에 훈도(薰陶)된 것 같다. 그러면 일반적으로 많이 알려진 관세음보살은 무슨 뜻이며 어떤 분인가? 관세음보살은 십대원과 대자비를 근본 서원으로 하는 보살로서 관음 또는 관자재(觀自在)라고 한다. 관세음보살은 이 세상의 모든 소리를 관(觀)하는 보살이요, 깊은 지혜로 세상을 관조하여 자재로운 묘과(妙果)를 얻는다는 뜻으로 대자대비를 근본 서원으로 하는 이름이다. 또 중생에게 온갖 두려움이 없는 무외심(無畏心)을 베풀어주는 시무외자(施無畏者)요 자비를 위주로 세상을 구제하는 대비성자다. 관세음보살은 미타삼존의 하나로 아미타불의 왼쪽을 보필하는 역할을 한다. 관세음보살은 높은 곳에서 굽어 살핀다는 뜻이 있으니, 사바세계에서 허덕이는 중생들을 굽어 살핀다는 의미가 함축되었다.

그래서 중생들이 괴로움에 처했을 때 관세음보살의 이름을 불러 구원을 청하면 32응신으로 몸을 나타내어 구원해 주신다. 중생들이 관세음보살님께 귀의하고 그의 명호를 부르거나 찬탄하면 다음과 같은 공덕이 있다고 한다.

"불에도 타지 않고 물에도 떠내려가지 않으며, 바람에도 날리지 않고, 칼과 몽둥이에 잘리거나 다치지 않으며, 귀신에게 달리지 않고 쇠고랑을 차지 않으며, 도적의 두려움에서 벗어날 수 있게 해준다. 또 항상 관세음보살을 생각하고 공경하면 욕심 많은 사람은 욕심을 여의게 하고, 아들을 원하면 아들을 낳고 딸을 원하면 어여쁜 딸을 낳을 것이다."(법화경)

이 정도니 어떻게 관세음보살을 칭호하고 공경하지 않을 수 있겠는가. 이처럼 중생들의 청원을 잘 들어주는 보살님이기에 관세음을 불러 보면 이 마음에 별이 뜬다고 했던 것이다. 이때의 별은 하늘에 뜬 자연의 별로도 볼 수 있지만, 시인의 희망, 꿈, 결실 같은 것으로 해석할 수 있다. 그러니까 별을 헤다 잠이 들면 관세음보살의 품안에 있는 것으로 느껴지고, 새날의 아침이 되면 온 집안이 관세음보살의 손길에 닿아 만사형통하게 된다는 것이다.

흙으로 나(生)
옥으로 환생한 넋을 본다.

불태워 불 속에서
다시 난 혼을 본다

무념(無念)의 티 없는 세상
비취빛 너를 본다.

법열(法悅)의 도가니에서
열반(涅槃)으로 다가온

푸르고 고운 넋
아름다운 육신이여

그 영혼 가을 하늘에
학이 되어 날고 있다.

- 청자, 전문

이 작품은 우리의 문화재 〈청자〉를 노래했는데, 불교적인 진리를 통하여 형상화하였다. 제1연에서 흙으로 나서 옥으로 환생했다고 보는 것이나, 불태워 불 속에서 다시 난 혼을 본다는 이야기는 본장에서 논의한 윤회사상을 적용시킨 것이다. 그리고 청자가 만들어지는 과정을 피력했는데, 그것을 환생한 넋, 다시 난 혼이라 본 것은, 그 청자가 단순한 물건이 아니라, 영과 육을 겸비한 인간과 동등한 존재로 인식한 것이다. 어찌나 그 영육이 깨끗하던지 무념의 티 없는 세상이고 비취빛의 아름다움을 지닌 존재라고 하였다.

제2연에서는 법열의 도가니에서 열반으로 다가온 것이라 했는데,

법열이란 법을 듣거나 생각하거나 행하거나 함으로 생기는 위없는 기쁨이다. 그리고 열반이란 〈불어 끄는 것〉 또는 〈불어서 꺼져 있는 상태〉를 뜻한다. 즉 번뇌의 불을 불어서 끄는 것이 열반이다. 원시경전에서는 열반을 정의하여 모든 탐욕의 멸진, 진에의 멸진, 우치의 멸진이라 설명하였다. 그러니까 열반에는 적정(寂靜)하고 무고안온(無苦安穩)의 의미가 함축된 것이다. 그런데 법열의 도가니에서 열반의 상태로 다가왔다고 했으니 청자는 불교의 이상경을 실현하였다는 의미이다. 그래서 넋은 푸르고 고우며, 육신은 아름답다고 표현했던 것이다. 그리고 종장에서 그 영혼이 가을 하늘에 학이 되어 난다고 표현한 것도 이상의 경지에 도달했음을 은유적으로 나타낸 것이다. 이처럼 우리의 귀중한 문화재를 작품화하는 데도 불교적 진리와 불교 용어를 통하여 표현하는 것을 보면 한시인의 불교에 대한 지식과 신심이 얼마나 깊은가를 그대로 증명해주는 것이라 하겠다. 그리고 이 시조는 시인의 뛰어난 상상력을 발휘한 점에서 문학적 성과를 거둔 작품으로 평가하는 것이 좋다고 생각한다.

　이제까지 한경수 시인의 제2시조집 「이 위에 뜨는 별」, 제3시조집 「산야에 이는 바람」을 중심으로 작품세계를 일별하였다. 그 결과는 오승희 시인이 이미 이야기한 바와 같이 첫째 긍정적인 삶의 자세로 수렴하는 삶의 미학, 둘째 자족하는 삶의 아름다움과 선적 아취, 셋째 달관자로서의 관조와 통찰의 미학, 넷째 현실에 대한 비판정신 등으로 요약할 수 있을 것이다. 그러나 필자는 견해를 약간 달리하여 ① 비유와 상징의 미학, ② 생활 서정의 자연스런 유로, ③ 향토적 서정과 분단의 아픔, ④ 불교적 진리의 형상화 등으로 나누어 보았다. 이처럼 나누기는 했지만 작품의 소재, 제재, 주제 등이 다양해서 몇 가지 항목으로 국한하여 이야기하는 것은 자칫 오류를 범할 가능성이 높다는 것을 전제해 둔다. 특히 시조의 형태 면에서는 3장 6구 12절의 정형의 틀과 34조 또는 44조라고 하는 기본 율조를 잘 지켜 누구보다도 정격을 준수하는 시인임을 과시하였다. 반면에 요즘 일부 급진론자들이 시조 형의 파괴를 대단한 일을 한 것처럼 떠벌이는 군상들이 있는데, 이런 자들은 시조를 버리고 아예 자유시를 쓰라고 권하고 싶은 것이 필자의 심정이다.

다시 논의한 바를 요약해 보면 ①에서는 비유와 상징을 들었는데, 〈수〉라는 작품을 통하여는 수놓는 것을 '맑은 하늘 도려내어 보름달로 메워 놓는다.'로 시작해서 '봉오리 정 맑은 속살 하마 필 듯 여린 가슴'에 이르기까지 비유로 시작해서 비유로 끝맺었다고 하였다. 여기서는 비유법만 아니라 상상적 수법까지 동원해서 독자들에게 많은 감흥을 불러일으켰다. 그리고 〈길 위에 뜨는 별〉이란 작품에서는 〈별〉은 자연의 별이 아니라 어른의 입장에서는 아동, 부모의 입장에서는 자식들을 상징하는 것으로 보았다. ②에서는 〈삶터(5)〉라는 작품을 통해서 미화요원＝나＝시인이란 등식이 성립된다고 보았고, 한경수 시인의 인생관이 소박하고 서민적이고 긍정적이라는 해석을 하였다. 〈산촌일기(19)〉는 감정이입의 수법을 써서 자아가 곧 들풀이고, 들풀이 곧 자아라는 관계가 성립된다고 보았다. 그래서 들풀에 의탁하여 자기의 의지, 또는 인생관을 나타냈다고 보았던 것이다. 〈순리에 살자〉라는 작품을 통해서는 한시인의 오랜 경륜과 생활체험과 순수한 서정이 이런 작품으로 승화된 것이라 보았다. ③에서는 〈농부가〉를 통해서 농촌이나 농부의 어두운 면, 그늘진 곳을 노래하지 않고, 밝고 긍정적인 면을 부각시켜 읽는 이에게 잔잔한 감동을 준다고 하였다. 〈산촌일기(15)〉에서는 우리네 시골 마을에서만 느낄 수 있는 따스한 정이 흐르는 것을 감지할 수 있고, 특히 한시인의 세계를 보는 눈이나 인생관이 따스하고 긍정적이란 사실을 발견하게 된다고 하였다. 〈비사(2)〉는 분단의 아픔을 노래한 것인데, 그 이면에는 조국애 정신, 겨레를 사랑하는 마음, 대승적인 인간관이 함축되었다고 하였다. ④에서는 〈윤회의 침묵〉을 통해서는 나뭇잎을 제재로 해서 윤회사상이라고 하는 불교적 진리를 형상화하였다고 보았다. 〈그 이름을 불러 보면〉에서는 한경수 시인이 관음사상에 철저하게 심취된 것으로 보았고, 작품 속의 〈별〉은 자연의 별로도 볼 수 있지만, 시인의 희망, 꿈, 결실 같은 것으로 해석할 수 있다고 하였다. 〈청자〉에서는 우리의 문화재를 노래하는 데도 불교적 진리를 원용하여 형상화한 것으로 보았다. 그리고 그 청자가 단순한 물건이 아니라 영육을 겸비한 존재로 인식했다고 본 것이다.

  이처럼 논의했지만 한경수 시인의 작품세계를 종합적으로 심도 있게 살펴보았다고 생각지는 않는다. 그렇더라도 그의 작품을 읽은 결과는 모두에서 언급한 대로 도시적이기보다는 향토성이 짙고, 진보성보다는 보수성이 농후하고, 세계에 대한 부정적 시각보다는 긍정적인 시각을 지녔고, 사물에 대한 비판의식보다는 감싸고 사랑하는 정신을 지녔고, 문명에 대한 관심보다는 우리 선인들의 전통적인 것을 더 즐겨 노래했다고 본다. 그래서 이글의 제목을 '생활 서정을 바탕으로 한 긍정의 시학'이라 붙였던 것이다. 앞으로도 노익장을 과시하면서 왕성한 창작 활동과 시조의 발전에 크게 이바지해 줄 것을 기대하면서 논의를 마친다.

11. 전통의 계승과 건전한 시정신의 발로_ 김석철의 시조세계

사람들은 누구나 자기 인생을 좀 더 보람 있고 가치 있게 살려고 노력한다. 그러나 그 가치 기준은 사람마다 다를 수밖에 없으니, 상인은 돈 많이 버는 것을 가치 있는 삶이라 생각할 것이고, 종교인은 그 종교의 교리와 말씀대로 실천궁행하는 것을 최고의 이상으로 삼을 것이고, 학자는 열심히 공부하여 많은 연구 업적 남기는 것을 가장 영예롭게 생각할 것이다.

그와는 달리 시인은 좋은 작품을 많이 생산할 수 있다면 그 이상 바랄 것이 없으리라는 생각이 든다. 어떻든 최재서(崔載瑞)는 "문학이란 가치 있는 인간적 체험의 기록"이라고 술회한 바 있다.

결국 문학에서 대상 삼는 것은 가치 있는 인간적 체험이란 말이니, 시인 자신이 가치 있는 생활을 영위하지 않고서는 좋은 작품을 생산할 수 없다는 이야기가 된다. 이런 의미에서 김석철(金錫喆) 시인이 시조를 쓰고 작품집을 내고 하는 일련의 작업은 그 나름대로 최고의 가치를 창출해 내려는 삶의 한 방법인 것이다.

그의 문단 경력을 보면 1978년에 「시문학(詩文學)」지(誌)를 통하여 자유시가 추천되었고, 1980년에는 「월간문학(月刊文學)」을 통하여 시조가 당선 되었으며, 1984년에는 처녀시집 〈바다 풍경〉을 상재하기에 이르렀다. 그러니까 김시인은 자유시도 쓰고 시조도 쓰는 두 가지 재능을 아울러 겸비했다고 하겠다.

또, 「김석철 시인은 그의 품안에서 시를 오래 안고 길러 온 시인이다. 심심산중에서 지란(芝蘭)이나 창포 꽃을 기르듯, 소중하게 20년 이상 시심(詩心)과 시적(詩的) 생활을 이어온 시인이다」(「바다 풍경」서문)라고 김해성(金海星) 교수가 밝힌 것은 김석철 시인의 시적 관심과 문학에의 정열을 단적으로 증명해주는 좋은 예라고 생각된다.

그러한 노력의 결과가 지난 번에 자유시집「바다 풍경」을 엮게 했고, 금번에 새로이 시조시집「바람처럼 구름처럼」을 엮게 한 원동력이 되었을 것이다.

그리고 한 작가가 어떠한 문학 작품을 쓰느냐 하는 것은 전적으로 그의 인생관과 철학에 속하는 문제다. 장르 선택 문제도 그렇고, 작품세계도 그렇고 모두가 그 자신이 추구 하는 이상과 신념에 부합되는 결과라고 생각한다.

다시 말해서 그가 자유시로 입문하여 시조로 문학적 성과를 거두게 된 것도 작가자신과 시조라는 장르형태 사이에 필연적인 인과관계가 내재해 있을 거라는 추측을 낳게 한다는 것이다.

　　갈앉은 고요 속에
　　슬기가 돋아난다

　　여미어 모은 일념
　　바위라도 뚫고말고

　　그윽히
　　다향(茶香) 번지는
　　순수로운 마음 밭.

　　깊은 산 산삼 캐는
　　심마니의 눈빛이다

칠흑의 어둔 밤에
심지 달궈 불 밝히고

오롯이
삼매(三昧)의 영토
바람소리 들릴까.

― 서재에서, 전문

2수1편으로 되어있는 연시조〈서재에서〉를 인용해 보았다. 위에 언급한 바와 같이 김석철은 자유시로 출발했던 시인이다. 그래서 첫 시집「바다 風景」에는 4편의 시조를 제외하고는 모두 60여 편의 자유시가 실려 있었다. 그런데 지금 상재 하려는 새 시집은 모두 정형시 형태를 취하고 있으며, 이러한 시형상의 변모는 앞으로도 지속될 것이라는 생각이 든다.

그렇다면 우리들은 다음과 같은 의문을 한 번쯤은 제기하게 된다. 그가 왜 힘든 수련 과정을 통과하고 그 나름의 일가를 이루었던 자유시 형태를 유보하고 시조 쪽을 선호하게 되었을까 하는 점이다.

그것은 7백년 이상 지속되어온 시조의 틀과, 시인 김석철이라고 하는 개인 사이에는 운명적 만남에 상응하는 동질성을 찾아볼 수 있기 때문이라고 설명하고 싶다. 돌이켜보면 우리의 시조는 고려 말 신흥 사대부 계층에 의하여 형성되었으며, 그것이 조선조로 넘어와서도 유가들의 전유물이 되다시피 하였다. 사실상 시조라고 하면 조선시대를 대표하는 문학이고, 조선시대에 꽃피웠던 문학이며, 조선시대의 선비정신을 표상하는 상징물이라고 할 수 있다.

우리는 그 선비 정신을 일률적으로 규정할 수는 없지만, ① 청렴

결백성 ② 꺾일 수는 있어도 휘일 수는 없는 강직성 ③ 단아하고 품격 있는 형식미 ④ 외형상으로는 엄격한 데가 있으면서도 그 내면에는 훈훈한 정감이 도는 분위기 등을 추출해 낼 수 있다. 그런데 이러한 유형들은 김석철의 인간상과 부합되는 데가 많다고 생각된다.

그는 누가 보아도 화려하거나 사치한 인물은 아니며, 그렇다고 재주를 부리거나, 현실에 야합하는 인물은 더구나 아니며, 기존 질서와 체제를 무시하기 보다는 주어진 형식을 잘 지키는 교육자적 품성을 지닌 인물이며, 마치 시골 선비라도 대하는 듯한 첫인상에 따뜻한 정감이 넘쳐흐르는 인물이다.

그의 이러한 개성과 품격이 자신을 전통시의 계승자로 만들었으며, 다른 장르보다도 시조 쪽으로 눈을 돌리게끔 만들었던 것이 아닌가 생각된다.

이러한 김시인의 시적태도에 대하여 이기반(李基班) 교수는 언제나 새로운 방법에 대한 모색(模索)과 시도(試圖)를 일삼는 일부의 시인과는 달리 나름대로의 자각(自覺)과 반성(反省)으로 주제의식(主題意識)의 심화를 꾀하면서 내면세계(內面世界)의 구축(構築)에 성실하고 있다는 평언을 가한 적이 있다. 그러니까 김시인이 시조를 쓰게 된 것은 숙명적인 과제요 필연적인 만남에 해당된다고 결론지을 수 있는 것이다.

그리고 시조는 우리 민족의 호흡에 알맞은 율격을 지녔고 우리 민족의 사상 감정을 담는 데 가장 알맞은 그릇이라고 한다. 그래서 다른 시가 유형들이 문학사상에 나타났다가 사라지곤 했지마는 유독 시조만은 고려 말에 형성되어 현재까지도 그 생명을 유지해 왔고, 기본 틀을 무시하지 않는 범위 내에서 새로운 변혁과 탈바꿈을 시도해 왔다고 본다.

그런데 이러한 순수 발전 이론에 편승하여 그 실험의식이 지나친 나머지 시조도 아니요 자유시도 아닌 기형아를 양산해 내는 시인들도 생기게 되었다.

이에 비하여 김석철은 시조 틀을 변형하고 이상한 몸짓을 해가면서 시조 발전의 새로운 기수이기를 원하지 않는다. 그가 가장 선호하는 형식은 2수1편의 연시조다.

지금 이 새 시집 「바람처럼 구름처럼」에 실려 있는 시조 70여 편을 조사해보면 무려 50여 편 이상이 2수1편으로 구성되어 있으니, 그는 이 시조형식에 안착하고 자신의 이상을 전개하는 데 만족하고 있음을 증명해 준다고 하겠다.

고시조에서 즐겨 썼던 단수짜리는 피하고, 여타 잡다하게 늘어놓는 다수 일편의 형식을 거부한 것은 바로 군더더기와 복잡한 형식을 탐탁하게 여기지 않는 그의 인생관과 철학이 반영된 결과라고 생각한다. 다음은 인용시조〈서재에서〉의 율격을 살펴보자. 그 첫수만 예시해보면 "3434/3444/3543"으로 되어 있고, 기타 많은 작품들도 이러한 테두리를 벗어나지 않고 있다.

그가 이처럼 고시조에서 형성되었던 율격을 고집한다는 사실은 무엇을 말해주고 있는가? 한마디로 전통(傳統)의 계승자임을 자부하는 것이며, 이기반(李基班) 교수의 지적대로 새로운 방법의 모색보다는 주제의식의 심화를 꾀하면서 내면세계의 구축에 전념하기 때문이라는 설명이 가능하다.

또 위 작품은 김석철 시인의 학자적 자세를 일러주는 좋은 전범이라고 생각된다. "여미어 모은 일념/ 바위라도 뚫고말고."라는 구절이나, "깊은 산 산삼 캐는/ 심마니의 눈빛이다"라고 하는 이야기는 그의 독서태도를 증명해 주는 말들이니, 바로 "精神一到 何事不成"이란 옛말을 실감케 해준다. 요컨대 서재에서의 이러한 진리 탐구 자세는 바로 우리 선인들의 선비 정신을 그대로 이어받은 데서 나온 당연한 결과였다고 설명할 수 있겠다.

    뜨거운 가슴으로
    두엄 내고 논밭 갈고

    지등(紙燈) 같은 소망으로
    일궈가는 흙의 참뜻

    한 평생
    분수를 지켜
    천심(天心) 따라 가는 길.
                             - 다시 고향에서 ③, 1수

    빛바랜 삶이지만
    꺾여도 다시 깨어

    더 없이 귀한 목숨
    심지 돋와 불 밝히고

    먼 하늘
    별빛 우러러
    꽃 피우는 한 떨기.
                                 - 들풀, 2수

첫 작품 〈다시 고향에서〉를 통하여는 김 시인의 세계관을 점쳐볼 수 있게 해준다. 그의 고향은 농촌지역, 그 고향을 다시 찾아 간다는 것은 자연스러운 일이고, 그래서 남다른 감회를 가질 수도 있었으리라. 그러나 이 작품에서의 서정적 자아가 인식한 고향은 "쓰리고 아린 세월/ 그게 어디 한두 핸가"(농부), "귀 시린/ 문풍지 자락/ 아린 사연 푸누나.(문풍지)", "풍파도 하도 많아/ 대껴 떠는 삶의 갈피"(문풍지), "닳아 헤진 흰 옷자락/ 피땀으로 다스린 땅"(농부일기) 등이었던 것이다.

어떻든 서정적 자아의 이러한 고향의식은 곧바로 작가 자신의 유년 시절의 추억을 대변해 주는 것으로 파악된다. 또 이러한 내용들은 어린 시절 농촌에서 성장했던 한국인이면 누구나 공유하게 되는 보편적 인식인 것이다.

그런 의미에서 "개인의 감성으로 개인의 삶을, 인식을 말하되 그것은 범인류적인 것으로 대변될 때, 시의 사회적 사명이나 영구성은 자연스럽게 획득될 것"(시집 「바다 풍경」의 발문)이라고 한 문학 평론가 유한근(兪漢根)의 작품평(作品評)은 상당히 설득력을 지닌다고 하겠다. 여기서 한 가지 간과할 수 없는 것은 김시인이 인식한 고향 이미지가 고난의 역정 바로 그것을 의미 해준다는 사실이다.

그는 쓰리고 아린 세월을 고독하게 지냈던 것이고, 귀 시린 문풍지 자락 속에 겨울밤을 떨면서 잠자야 했고, 닳아 헤진 흰옷을 입으면서 갖은 풍파에 시달려야 했던 가난한 농촌의 아들이었다.

그렇더라도 그가 다시 찾아간 고향은 70년대 이후 근대화 과정을 거치면서 상당한 변모를 가져왔을 것이고, 그 고장 사람들 또한 시대 추이에 걸맞게 의식의 변화를 가져왔을 것으로 예견된다. 그러나 우리 농촌은 아직도 많은 문제점을 내포하고 있다.

그들은 도시인에 비하여 상대적 빈곤감, 좌절감, 소외감 등에 사로잡혀 우울한 나날을 보내고 있다. 농촌총각 장가들기 힘들다는 이야기는 어제 오늘에 나온 말이 아니다. 이러한 사실들을 감안한다면 시인이 농촌을 소재로 형상화할 때 현실 부정적 성향을 나타내기 쉽다고 본다.

요즈음 우리 주위에는 세상의 불행을 온통 자기 혼자서 걸머진 것처럼 생각하는 이가 많고, 자기가 아니면 이 사회의 모순과 갈등을 청산할 수 없다고 생각하는 이도 많고, 민주와 민족과 애국이라는 이름 아래 파괴활동을 일삼는 이들이 많다는 것을 생각해 보면 더욱 더 그러한 생각이 든다.

그러나 김석철 시인은 사물을 바르게 보는 혜안을 지녔고 모든 갈등과 문제점들을 순리로 푸는 열쇠를 지닌 인물이다. 부정적 보다는 긍정적 인생관을, 어두운 면보다는 밝은 면 찾기를, 대립하기 보다는 화해하기를, 주어진 운명을 거스르기 보다는 순응하는, 아픔과 고통을 사랑으로 감쌀 줄 아는, 좌절보다는 희망을 노래할 줄 아는 시인이다. 그래서 작품〈다시 고향에서〉는 "한평생/ 분수를 지켜/ 천심(天心) 따라 가는 길"이라 노래했고, 〈들풀〉에서는 "먼 하늘/ 별빛 우러러/ 꽃피우는 한 떨기"라고 사랑의 정감을 나타낼 수도 있었던 것이다.

그 밖에 〈휴전선에서〉, 〈통일로를 달리며〉, 〈임진강①~⑤〉, 〈제1땅굴에서〉를 통하여는 분단의식과 시대적 아픔을, 〈풍납문〉, 〈화석정(花石亭)〉, 〈자운서원〉, 〈충무공〉, 〈금당벽화〉에서는 역사 의식을, 〈용문암운〉, 〈석불입상(石佛立像)〉, 〈금산사(金山寺)에서〉, 〈낙산사에서〉, 〈설악산 울산암〉 등을 통하여는 불교에 대한 긍정적 세계관을 피력했다고 본다.

 이러한 긍정적 세계관이 그의 전 작품에 주류를 이루고 있었으니, 필자는 이것을 "건전한 시정신(詩精神)의 발로(發露)"라고 이름 붙여 보았다. 끝으로 김 시인의 작품들이 우리 시조시단 위에 밝고 아름다운 빛을 더해 주리라 기대하면서 이만 무사(蕪辭)를 마치는 바이다.

12. 긍정적 세계관과 달관의 미학_ 김준의 시조세계

고려 말 발생해서 현재까지 전해오는 시조문학은 그야말로 우리 민족의 성정을 담아 표현하기에 가장 알맞은 그릇이다. 그렇기 때문에 다른 문학 장르는 발생해서 성장하다가 어느 시기에 와서는 역사의 무대에서 사라졌는데, 시조는 그 특성 자체가 우리민족의 특성과 혼연일치하기에 우여곡절을 겪으면서도 연면히 발전해 왔던 것이다.

이러한 이유로 해서 시조를 민족시 또는 겨레시라는 말로 표현한다. 그렇다면 시조를 전업으로 쓰는 시인이야말로 민족시인이란 칭호를 붙여줄 수 있는 것이다. 김준 시인은 1956년 학도신문 주최 학생문예 현상모집에 응모해서 시조 〈향수, 그리움〉이 당선되었으니, 학생시절부터 시조에 대한 관심이 높았다는 것을 증명해 준다. 1960년에는 자유문학지에 시조 〈이 마음〉으로 신인상에 당선되었고, 1961년에는 시조문학지에 시조 〈염원〉과 〈저 구름〉이 추천되어 시조시단에 입문하였다. 이처럼 40년 이상을 시조와 동고동락하였으니, 어쩌면 김시인과 시조와의 관계는 운명적인 만남이었다고 생각된다.

이처럼 청소년 시절부터 시조와 인연을 맺고 살았으니, 그가 생산한 시조 작품이 많을 것이고, 학자로서 시조를 학술적으로 규명한 연구 업적도 많을 것이고, 시조시단에 헌신한 공로도 많으리란 것은 예견되는 바이다. 그러나 현재까지 그의 작품에 대한 논의는 활발하게 이루어졌다고 보지 않는다. 그래서 이글에서는 김준 시인의 작품세계를 통람하고, 그 성격과 가치를 규명해 보고자 한다. 그는 〈인정은 물일레〉 등 여러 권의 시조집을 상재하였는데, 이글에 서는 그 모든 작품집을 대상으로 하지 않고, 다만 〈쓸쓸하지 않는 연습〉에 한정하였음을 밝혀두는 바이다.

1) 밝고 긍정적인 시세계

>노을 진 산굽이를
>구름처럼 머문 가을
>
>그 가을 산을
>서둘러 보면서도
>
>더없이 텅 비어 있음은
>알 수 없는 일이다.
>
>숲길을 걸어가면
>쓸쓸한 나이만큼이나
>
>마음은 서걱서걱
>잎새에 바람 일고
>
>조금씩 저무는 연습을
>애써 배울 뿐이다.
>
>― 가을산에 와서, 전문

이 작품을 읽으면 어둡거나 비판적이거나 부정적인 요소는 보이지 않는다. 밝고 순응하고 긍정적인 세계를 그리고 있다.

우리들은 1년 12달을 춘하추동 4계절로 나누어 생각한다. 이러한 4계절의 순환원리와 인간이 한 평생을 살아가는 원리는 마찬가지다. "노을 진 산굽이를/ 구름처럼 머문 가을"이라고 했는데, 작자 자신의 인생도 60대이니까 계절로 따지면 가을철에 해당한다. 그런데 구름처럼 머문 가을이라고 했다. 여기서 우리들은 누군가 인생을 뜬구름에 비유한 것을 상기하게 된다. 사실 인생이 70세를 살다가 가든 80세를 살다가 가든 뜬구름 같다는 것은 누구나 인정하는 바다. 한자말로 표현하면 "人生如浮雲"이다. "더 없이 텅 비어 있음은/ 알 수 없는 일이다."라고 했는데, 이 구절을 읽으면 인생을 가리켜 '空手來空手去'라고 한 말을 연상케 된다. 또 불교에서 말하는 '色卽是空 空卽是色'이란 말을 실감케 한다. 그 다음에 나오는 "쓸쓸한 나이만큼"이란 말도 가을이란 계절적 나이와 60대를 맞이한 작자 자신의 나이를 중의법으로 표현한 것 같다. 얼마나 쓸쓸했으면 "마음은 서걱서걱/ 잎새에 바람 인다."고 했겠는가.

그러면서도 조금씩 저무는 연습을 애써 배울 뿐이라고 했다. 그야말로 나이를 먹으면서 노년기로 접어드는 것을 실감케 해준다. 주어진 환경과 자연 법칙에 순응하려는 자세를 감지할 수 있다. 이제 얼마 안 있으면 가을산은 온통 붉게 물들어 찬란함의 극치를 보여줄 것이다. 마찬가지로 시인 자신도 인생 역정에서 최고의 완숙미를 보여줄 것이다. 한마디로 이 작품의 주 소재인 〈가을 산〉은 초로에 접어든 작자 자신을 비유했다는 점에서 의미를 찾을 수 있다. 또한 그 시상이나 표현의 기법이 달관의 경지에 도달하여 많은 사람들에게 깨달음을 줄 수 있다는 점에서 더 큰 의미를 찾을 수 있다고 본다.

사랑의 말씀에는
배고픔이 없습니다

항상 넘치고도
차오름이 새로워서

낯익은 고향 길 가듯
마음 또한 흐뭇합니다.

사랑의 말씀에는
생각함이 깊습니다

텅 빈 내 가슴 속
샘물로 가득 채워

긴긴 날 추억을 먹고
아름답게 살아가는…

─ 사랑의 말씀에는, 1·2수

　이 세상에는 위대한 존재가 많지만 "사랑의 말씀"보다 위대한 것은 없다고 생각한다. 우리 인간들에게 진정으로 필요한 것은 사랑의 마음, 사랑의 말씀 같은 것들이다. 그러기에 예수님은 〈사랑〉을, 부처님은 〈자비〉를, 공자님은 〈인〉을 강조했다고 본다. 그런데 사랑이란 말을 쓰면 대체로 남녀간의 애정을 의미하는 것으로 안다. 물론 그런 의미가 강하지만 부모와 자식 간의 사랑, 형제간의 사랑, 이웃간의 사랑, 불쌍한 사람들에 대한 사랑 등 그 의미가 광대무변하다.

솔직히 말해서 우리 한국사회가 왜 살기 힘드냐 하면 경제적인 이유가 중요한 원인이겠지만, 너무 삭막하고 각박하고 극단적인 이기주의 때문이다. 바로 이러한 현실을 타개하고 모두가 공존 공생할 수 있는 방법은 사랑의 정신을 함양하는 길밖에 없다고 생각한다. 그런 사랑의 힘이 얼마나 위대한지, 사랑의 말씀에는 배고픔이 없다고 했다. 항상 넘치고 차오름이 새롭기 때문이다. 낯익은 고향을 가듯 마음이 흐뭇해지기 때문이다. 또 사랑의 말씀에는 생각함이 깊어진다고 했다. 그것은 텅 빈 가슴 속을 샘물로 가득 채워주기 때문이다. 긴긴 날 추억을 먹고 아름답게 살아가도록 해주기 때문이다.

그리고 제3수를 보면 "사랑의 말씀에는/ 기쁜 일만 있습니다./ 노상 쓸쓸하지 않아/ 깊숙이 숨겨두고/ 넉넉히 마음을 풀어/ 살아가기 때문입니다"라고 되어 있다. 넉넉히 마음을 풀어 살아가기 때문에 기쁜 일만 있다고 하니 얼마나 좋은 일인가? 이런 것들은 모두 대상을 긍정적으로 생각하고 사랑의 눈으로 바라보기 때문에 가능한 것이다.

한 치 앞도 볼 수 없는
내 무딘 세월들은

주어진 시간만큼
지루하기 그지없어

넉넉히 펴 놓고 보일
그런 때도 없었네.

그 넓고 넓은 세상
인생의 변두리에서

미리 챙겨 놓은
크고 작은 일들조차

언제나 지나치고 말았네
주변머리 없었네.

무심히 잊고 사는 일이
때로는 덕이 될 듯도 하여

온갖 어려움도
지혜롭게 버티었네

오늘도 내 분수 안에서
존재하는 것일세.

— 자화상, 전문

자화상은 자기가 자신에 대한 그림을 그리는 것이다. 어쩌면 자서전과 비슷하다는 생각이 든다. 남들이 김준 시인에 대하여 이렇다 저렇다 이야기하는 것이 아니고, 본인 스스로 이야기하는 것이기 때문에 그 내용은 훨씬 정확할 수 있다.

제1수에 "무딘 세월"이란 말이 나오는데, 이것은 이 세상을 약삭빠르게 살지 않고 우직하게 살았다는 의미이다. 시인이든 학자이든 선비라는 점에서는 공통점이 있으니까 이해관계에 예민하지 않고 무딘 세월을 보냈다는 것은 충분히 짐작된다. 주어진 시간들을 지루하게 보냈다고 했는데, 이 말은 역설적인 표현 같다. 왜냐 하면 그는 문필 생활을 하랴 학생들에게 강의를 하랴 연구 논문을 쓰랴 숨 돌릴 틈도 없이 바쁜 생활을 했으리라 예견되기 때문이다. 그처럼 곁눈질할 틈도 없이 바쁘게 살았으니까 넉넉히 펴놓고 보일 시간적 여유가 없었다고 했던 것이다.

제2수의 내용도 가감 없이 시인 자신의 생활을 그리고 있다. 넓고 넓은 세상에 그 중심부에 서지 못하고 인생의 변두리에 위치했다고 했다. 이러한 내용도 보는 이의 시각에 따라서 얼마든지 다르게 해석할 수 있다. 대학 교수 생활을 했으니까 이 사회의 지도자로서 인생의 중심부에 섰다고 할 수도 있고, 돈 없고 권력 없는 교육자 생활을 했으니까 인생의 변두리에 위치한 것으로 해석할 수도 있다. 크고 작은 일을 언제나 지나치고 말았다는 이야기나 주변머리 없었다고 한 말은 어떻게 보면 맞는 것 같고 어떻게 보면 틀리는 것 같다. 이런 내용도 보는 이의 시각에 따라 해석이 달라질 수 있기 때문이다. 또 지나친 겸양의 덕을 나타낸 표현이라 볼 수도 있기 때문이다.

제3수에서는 온갖 어려움을 지혜롭게 버티었다 했고, 오늘도 내 분수에 맞게 살아간다고 했다. 이 얼마나 어려운 문제인가. 위기를 잘 극복하고 자기 분수에 맞게 살아간다는 것, 말은 쉽지만 실제로 실천하기는 어려운 것이다. 그는 이처럼 아무나 할 수 없는 일을 이겨내고 극복하면서 살았으니까 사실은 대단한 인물인 것이다. 그러나 본인은 모든 것을 겸손하게 표현했고, 자기 자신을 낮추었다. 벼는 익을수록 고개를 숙인다는 말이 있으니 더 이상의 중언부언은 하지 않겠다. 다만 모든 것을 긍정적으로 생각하고 따뜻한 눈으로 사물을 바라보는 자세가 그의 작품 속에 저류를 이루고 있다는 점을 강조해 두는 바이다.

2) 체험과 상상의 조화

> 화살 그 속력으로
> 아슬히 멀어져 간
>
> 세월 한 자락을
> 고향들에 딛고 서면
>
> 낯설다
> 허수아비조차
> 저만치서 물러서네.
>
> — 외면, 전문

문학은 사상과 감정을 나타낸다고 한다. 정서와 체험과 상상을 기본적인 요소로 삼고 있다. 여기서 정서는 순화된 인간의 감정이며 문학을 예술답게 해주는 기능을 지닌다. 체험은 가장 기본적인 요소이다. 어쩌면 모든 문학 작품은 체험을 바탕으로 쓰여지는 것이라 해도 과언 아니다. 그러나 체험 자체만 기록하면 문학성이 결여되니까 여기에 상상력을 동원하여 인간의 한계 이상의 것을 그려 내기도 한다. 그래서 상상은 예술의 무한한 세계를 확대하면서 창조적 기능을 다하는 것이다. 상상력에 의한 이미지의 창조가 곧 시의 본령이라는 말이 그래서 나왔을 것이다.

위의 작품을 보면 어느 곳이 체험이고 어느 곳이 상상인지 잘 구분되지 않는다. 그렇더라도 시적 자아는 세월이 화살처럼 빨리 지나간다는 것을 체험으로 알고 있다. 고향 들판에는 가을철이면 새떼를 쫓기 위한 허수아비들이 서 있다는 것을 체험으로 알고 있다. 그러니까 초장과 중장의 내용은 경험세계를 그린 것이다. 반면에 종장의 내용은 상상력을 동원했다고 볼 수 있고 허구의 세계를 그렸다고도 볼 수 있다.

왜냐 하면 허수아비조차 낯설게 느껴진다는 이야기인데, 허수아비 자체야 낯설고 친숙하고가 어디 있겠는가. 고향 마을에 살 때는 자주 접했으니까 친밀감이 있었을 것이고, 서울 생활을 하다가 몇 년에 한 번 고향에 가면 고향산천은 물론 그 허수아비조차 낯설게 느껴지는 것은 당연지사라고 본다. 낯이 선 정도가 아니고 저만치 물러서 있다고 느꼈을 정도니, 그 거리감이 얼마나 먼 것인가는 저절로 상상된다. 허수아비에 그런 거리감을 느꼈을 정도면 고향 산천, 고향 사람들, 그 외 모든 것들이 친숙하지 않고 낯설게 느껴졌을 것은 명약관화한 일이다. 좋은 작품이란 이처럼 체험과 상상이 조화를 이루었을 때 가능하다는 것을 위의 작품은 실증적으로 보여주었다.

해도 반쯤 저물 무렵의
고향을 생각하자

달리는 문명 속에
빛바랜 꿈이지만

보슬비
내리는 골목

그 길을 그리워하자.

- 고향을 생각하자, 전문

　이 작품도 체험을 바탕으로 시적 상상력을 동원해서 쓴 것으로 판단된다. 그러나 어느 구절이 체험이고 어느 구절이 상상력을 동원한 것인지 선명하게 구분되지 않는다. 사람은 추억을 먹고 산다는 이야기도 있지만, 고향을 떠나 도시 생활을 하는 사람은 고향에 대한 향수를 먹고 산다. 그 향수는 나이를 먹을수록 더욱 짙어지고 절실해진다. 그래서 수구초심(首丘初心)이란 말도 생겨난 것 같다. 수구초심이란 여우가 죽을 때에 머리를 제가 살던 굴 쪽으로 향한다는 뜻이다. 이것이 변전되어 고향을 그리워하는 마음을 지칭하는 용어가 되었다.

　〈고향을 생각하자〉는 위 작품도 일종의 수구초심을 나타낸 것 같다. 해도 반쯤 저물 무렵이면 고향을 생각하자고 했다. 일을 한참 할 낮 시간에는 고향을 생각할 겨를이 없다. 하루의 일과를 마치고 날이 저물 때나 밤 시간이면 고향 생각이 나는 것이다. 그렇다면 중장의 내용은 무엇인가? "달리는 문명"이란 고도의 물질문명이 발달해서 풍요를 자랑하는 현실세계를 나타낸 것 같고, "빛바랜 꿈"은 그동안 지녀왔던 희망과 포부인데, 그것이 잘 이루어지지 않아서 빛바랜 꿈으로 표현했을 것이다. 비록 몸은 아귀다툼하는 현실 공간에 몸담고 있지만 보슬비 내리는 골목, 그 골목을 그리워하자는 대목에 이르러서는 바쁜 가운데서도 마음의 여유를 가져보고 향수를 달래보자는 의미로 받아들여진다.

　이 작품에서도 해가 저물 무렵 고향에서 지냈던 기억을 되살렸고, 그 고향 골목에 보슬비가 내리던 기억 즉 그 옛날의 체험을 바탕으로 시상을 전개해 나갔다. 그러나 "보슬비/ 내리는 골목/ 그 길을 그리워하자"라는 내용을 보면 현재 그곳에 가있는 것이 아니고 완전히 상상력을 동원해서 쓴 것이다. 이 작품도 이처럼 체험과 상상을 잘 조화해서 이미지를 창조해 나간 데에 그 의미가 있다고 본다.

> 비 오고 바람 불고
> 이 가을 깊어 가면
>
> 세월 한 자락도
> 보람 없이 벗어나고
>
> 스산한 나의 마음엔
> 가랑잎만 쌓인다.
>
> — 겨울의 문턱에서(1), 전문

　제목을 보면 〈겨울의 문턱에서〉라고 되어 있는데, 이것은 중의법을 사용한 것 같다. 4계절의 겨울도 의미하지만 60대를 살고 있는 시인 자신의 연치까지 함께 의미하는 것으로 보아야 한다. 물론 비 오고 바람 부는 과정을 거쳐서 가을은 깊어가고 겨울의 문턱으로 다가선다. 이런 구절이야말로 시인 자신의 체험을 바탕으로 해서 우러나온 이야기라고 본다. 중장에서는 세월의 한 자락이 보람 없이 벗어났다고 했는데, 모든 것이 뜻대로 잘 되고 세상만사 순풍의 돛 달 듯이 진행되었다면 이렇게 기술하지는 않았을 것이다. 무엇인가는 어긋나고 보람 없이 되었기 때문에 벗어났다는 표현을 썼다고 본다. 이러한 내용을 보면 중장 또한 현실세계 또는 경험세계를 그린 것으로 파악된다.

 그러나 종장에 와서는 완전히 상상의 세계를 그린 것으로 이해된다. "스산한 나의 마음엔/ 가랑잎만 쌓인다."고 했다. 시인의 마음에 가랑잎이 쌓인다고 하는 것은 현실세계나 경험세계에서는 불가능한 일이다. 그러나 허구의 세계, 상상의 세계에서는 이보다 더한 문제도 가능한 것이 문학의 세계다. 물론 가을이 깊어지면 단풍이 들고, 얼마 안 있으면 낙엽 져서 가랑잎만 쌓이는 것은 현실세계에서는 얼마든지 볼 수 있는 일이다. 이런 것은 계절적인 자연 현상이고, '나의 마음'에 낙엽이 쌓인다고 한 데에 문제가 있다. 다시 말해서 늦가을에 해당하는 자신의 나이와 낙엽이 떨어질 때처럼 자신의 심경이 쓸쓸하다는 것을 은유적으로 표현한 것이다. 아무런 사건이나 문제가 없는 사람도 늦가을 낙엽을 보면 공연히 스산해지고 쓸쓸한 느낌을 갖는 것이 상례인데, 하물며 정서적으로 예민한 시인에게 있어서야 더 일러 무엇 하겠는가? 김준 시인은 이처럼 현실세계와 상상의 세계 또는 체험을 바탕으로 해서 상상의 세계를 펼쳐나가는 데에 남다른 경지를 보여주었다.

3) 그리움의 정서

  푸르른 봄 하늘에
  가득히 번져가는

  이내 지울 수 없이
  영롱한 빛이어라

건네지
못하는 아쉬움
기다리는 봄날이어라.

― 그리움, 전문

　인간은 원천적으로 무엇인가를 그리워하면서 살게 되어 있다. 아니면 누군가를 그리워하면서 살게 되어 있다. 이처럼 누군가를 그리워하고 기다리면서 사는 생활은 마음을 풍요롭게 하고 아름답게 만든다. 김시인의 작품집을 살펴보면 알게 모르게 그리움의 정서를 나타낸 시조가 상당수 있다.
　그러한 〈그리움〉을 상기 작품에서는 〈영롱한 빛〉이라고 하였다. 시의 세계는 이처럼 대상에 대하여 새로운 해석을 가하는 것이라고 할 수 있다. 그 영롱한 빛에 대하여는 수식어가 길게 붙어있다. 푸르른 봄 하늘에 가득히 번져가는 빛이고, 지우려 해도 지울 수 없는 그런 빛이다. 그리움의 대상에게 말 한마디 건네지 못했던 아쉬움, 그래도 희망을 갖고 기다려야 되지 않겠는가. 그것을 "기다리는 봄날"이라고 표현했다. 하여간에 김준 시인의 작품적 특성은 전혀 기교를 부리지 않은 것 같으면서도 고도의 기교를 구사한 데 있다. 무기교의 기교라고 할까? 평범한 듯하면서도 실은 평범하지 않다는 이야기다.

비우고 또 비워도
차오르는 그리움은

넘실 강물이고

간절한 뉘우침이라

달려 간
문전인데도
성큼 들지 못한다.

− 어떤 상황(8), 전문

이 작품의 제목은 〈어떤 상황〉이지만 주제는 그리움이다. 그 그리움은 비우고 또 비워도 여전히 차오르는 그리움인 것이다. 그리움의 절실함을 이렇게 표현한 것이다. 누구를 그리워해본 경험이 있는 사람은 충분히 이해되는 대목이다.

차오르기만 하는 것이 아니라 강물처럼 넘칠 때도 있다. 그런데도 "간절한 뉘우침"이라고 했다. 그 간절한 그리움을 역설적으로 표현해서 간절한 뉘우침이라 했던 것이다. 진정으로 후회되는 사안이라면 종장의 내용처럼 "달려 간 문전인데도/ 성큼 들지 못한다."는 진술은 하지 않았을 것이다. 얼마나 그리운 존재였으면 임의 집 문전까지 달려갔겠는가.

시를 쓰는 사람들은 대체로 간절한 그리움의 요소가 있기 때문에 시를 쓰는지 모르겠다. 그 간절한 그리움을 나타내는 데는 시보다 더 좋은 방법은 없을 것이다. 그래서 김준 시인도 자신의 그리움의 세계를 시조를 통하여 표현한 작품들이 많다. "지긋이 눈 감아도/ 저 푸른 그리움은/ 조용한 기도인 양/ 아름다운 눈길로서/ 때 묻은 나의 가슴을/ 슬기롭게 씻어준다."(바닷가에서)는 작품도 같은 맥락에서 지어졌고, 그 밖에도 더 많은 예를 찾아볼 수 있다.

밤새워 속삭이고도
할 말이 상기 남아

새벽 내 창문을
흔드는 저 달의 숨결

잊었던
그 사람인 양
설레이는 이 마음.

— 새벽달, 전문

 이 작품에서는 새벽달을 잊었던 그 사람에 비유했다. 잊었던 사람=새벽달=임이란 등식이 성립되는 것이다. 시의 성공 여부는 비유가 얼마나 참신하냐 진부하냐에 달려 있다. 새벽달을 임에 비유한 사람은 김준 시인뿐이다. 김준의 개성적인 표현이라 할 수 있다. 그런데 그 새벽달은 어떤 존재인가. 밤새워 속삭여 주던 그 새벽달이다. 그러고도 할 말이 아직도 남아 새벽녘 내 창문을 흔드는 달이다. 바로 그 새벽달이 잊었던 그 사람인 양 내 마음을 설레게 한다고 했다. 얼마나 그리워하는 존재이면 내 마음을 설레게 할 정도일까? 이런 문제는 독자들의 상상력에 맡기는 수밖에 없다는 생각이 든다.
 김준 시인은 이 작품 외에도 〈눈 쌓인 날〉에서는 "산촌에 눈 쌓인 날/ 사람아 나의 사람아"하면서 임을 불렀고, 〈그대 그리워하네.〉라는 작품에서는 "무심코 떠나고 싶네/ 사랑하는 사람이여"라 했고, 〈나의 그리움은〉이란 작품에서는 "매양 그리움은/ 갈수록 눈이 멀다"라고 했다. 이처럼 간절한 그리움의 정서를 간직했기에 김준 시인의 시심은 아무리 퍼 올려도 마르고 닳지 않을 것이다. 그의 아름다운 정서가 그의 아름다운 작품을 빚어내는 것이라고 감히 단언하는 바이다.

4) 정격을 준수하는 시작 태도

얼마나 오래도록
쌓여 온 바램이기

불현듯 그리움이
구름인 양 일어나서

닫혔던 나의 성벽에
봄바람이 부는가.

참으로 아늑하고
그처럼 편안하여

풀을 보고서도
꽃으로 보이는 한

언제나 두려울 게 없네
부러울 것도 없네.

— 사랑을 위하여(1), 전문

시조는 정형시다. 정형시이기 때문에 일정한 틀이 있다. 학자에 따라서는 기준 음수율을 제시하기도 했다. 물론 근래에는 음수율을 부정하고 음보율로 대체시키는 경향이 있지만, 아무리 그렇다 하더라도 음수율을 완전 부정할 수 없는 것이 현실이다. 이 문제에 대하여 조윤제는 다음과 같은 학설을 제시하였다.

시조 한수의 자수는 44 혹은 45자에 중심을 두고 41자에서 50자 범위 내에 있다. 장별 자수 배열은 344(3)4/ 344(3)4/ 3543이라는 기준을 가지고 규정의 최단 자수에서 최장 자수 내에 신축한다. 그 중에서 거의 변동이 없는 것은 초장 제4구와 중장 제4구와 종장 제3구의 4자 그리고 종장 제1구의 3자이다. －중략－ 나는 이상 결론으로 얻은 344(3)4, 344(3)4, 3543은 시조형의 이념이라 할 만한 것이고, 나아가서는 조선 시가의 가장 근본된 격조로서 여기 기본을 두고, 기타의 변조는 파생하여 나가야 될 줄 생각한다.(조윤제의「조선 시가의 연구」참조)

조윤제가 제시한 초장 3444, 중장 3444, 종장 3543이란 숫자는 글자 수를 의미하고, 이것을 시조의 기준 음수율이라 하여 시조 창작의 원리로 통용되어 왔다. 여기에 각장은 4마디 또는 4음보로 되어야 한다는 조건이 있다. 그리고 종장의 첫 마디는 3자 고정, 둘째 마디는 5자 이상이어야 한다는 규정이 있다. 그 밖에 각 마디는 기준 음수율에서 1·2자씩 가감할 수 있는 융통성이 존재한다. 그래서 시조를 '定型而非定型' 또는 '非定型而定型'이라고 했던 것이다. 우리들은 이러한 조건이나 규정을 잘 지킨 시조를 정격시조 또는 정통시조라 하고, 이런 조건들을 어느 정도 무시하고 쓴 시조들을 변격시조 또는 파격시조라 부른다.

김준 시인의 상기 작품을 이런 기준 음수율로 헤아리면 제1수는 초장 3434, 중장 3444, 종장 3543으로 되어 정격을 준수한 시조라 평가된다. 제2수는 초장 3434, 중장 2434, 종장 3634로 되어 역시 정격시조를 썼다고 할 수 있다. 종장의 음수율은 보는 이에 따라 3634로 볼 수도 있고, 3652로 볼 수도 있다. 그러나 전자처럼 읽는 것이 자연스럽다는 생각이 든다. 이처럼 약간의 변조 현상이 보이기는 하나 상기 작품은 형태면이나 율조면으로 볼 때 정격시조라 판정하는 것이 온당하다고 본다.

　　　마주치는 얼굴들이
　　　낯설게 보이듯이

　　　바람 없는 간이역은
　　　쓸쓸하기 그지없네

　　　간간이 눈발이라도
　　　내렸으면 좋으련만.

　　　무심히 마주치는
　　　구름을 보노라니

　　　부질없는 생각들이
　　　떠돌다 돌아오고

　　　한낮의 기적 소리만
　　　옛 이야기로 남아있네.
　　　　　　　　　　　　　－겨울 간이역, 전문

언젠가 겨울철 간이역에서 보고 느낀 점들을 차분하게 토로한 작품이다. 자주 찾아가지 않는 곳이니 모든 것이 낯설게 느껴졌을 것이다. 그런 정경들을 "마주치는 얼굴들이/ 낯설게 보이듯이"라고 표현했다. 얼마나 적막했으면 바람 없는 간이역이라 표현했겠는가. 얼마나 쓸쓸했으면 눈발이라도 내렸으면 좋겠다고 했겠는가. 그 간이역은 무심히 구름이나 바라보게 되고, 부질없는 생각이나 떠올리게 되는 그런 곳이었다. 그곳을 지나치는 한낮의 기적 소리 또한 하나의 추억거리로 남게 될 것이라는 이야기다. 한마디로 이 작품은 시인이 어느 간이역에 잠시 머물면서 보고 느낀 점들을 형상화한 것이지만, 그 저류에는 외롭고 쓸쓸한 정서가 깔려 있고, 바로 그러한 정서를 담담하게 표현해 보려는 것이 위 작품의 창작 의도라고 하겠다.

상기 작품의 의미구조를 살펴보았지만 반면에 형태구조는 어떻게 짜여져 있는가? 제1수는 초장 4434, 중장 4444, 종장 3544조로 되어 있다. 중장의 4444조는 홀수와 짝수가 조화를 이루지 못하고 음성 숫자로만 되어 걸리기는 하지만, 시조의 정형과 율격을 잘 지킨 정격시조라고 판단된다. 제2수는 초장 3434, 중장 4434, 종장 3554조로 되어 있다. 종장의 3554조가 역시 과음보로 생각되지만 이 정도는 시조의 정형에서 허용되는 율격이니 변격시조나 파격시조로 간주하기는 어렵다고 본다.

가보면 알게 되지
그 속은 정말 몰라

아침에 덮인 안개
걷힐 줄 모르더니

해 뜨고 바람이 불자
씻은 듯이 사라졌다.

나무란 나무들은
이 곳에 모여 살고

솔밭 사잇길로
구름 막 피어나고

오르는 발걸음 잦아
이야기도 많아졌다.

저 산의 나이만큼
무엇으로 남아 살까

산이 좋아 산을 찾아
산새랑 화친하며

움켜진 두 손을 펴고
시줄이나 지을란다.

- 아침 관악산, 전문

시조 형식에 대하여는 3장 6구설, 3장 8구설, 3장 12구설 등 3종류가 있다. 앞에서 예로 든 조윤제는 3장 12구설을 주장했고, 초장 344(3)4, 중장 344(3)4, 종장 3543이라는 기준 음수율을 제시했다.

이에 대하여 리태극은 3장 6구설을 주장했고, 기준 음수율을 다르게 논의하였다.

이것은 3장 6구로 총 자수 44자 내외의 구성을 가진 정형시인데, 매구의 자수 기준은 7자 중심이요, 종장(제3행) 첫 절만이 〈3자 고정〉과 6자 내외로 된 「77·77·97」 조 기준의 고유시인 것이다. 또 이 한구를 각각 2분절로 나누어서 12분절로 된 「3434, 3434, 3643」 조를 기준으로 한 정형시로 보아도 좋다. 각 시조집에 있는 대부분의 시조가 다 이 단시조에 드는 것이다.(리태극의 「시조개론」 참조)

리태극의 논설을 인용했는데, 조윤제와는 달리 그 형식을 3장 6구라 했고, 「77·77·97」 조의 음수율을 지녔다고 했다. 이처럼 논자에 따라 견해를 달리하지만 기본적으로 다른 것은 없다고 생각한다. 상기 작품은 3수 1편으로 된 연시조인데, 제1수는 초장 3434, 중장 3434, 종장 3544로 되어 정격을 잘 지킨 작품이다. 제2수는 초장 3434, 중장 2434, 종장 3544로 되어 시조의 정형을 잘 지켰다. 제3수는 초장 3444, 중장 4434, 종장 3544로 되어 역시 정형을 잘 지켰다. 그러니 이 작품은 3수 모두 정형에 맞고 율조도 정격을 지킨 것으로 판단된다.

근래 젊은 시인들 가운데는 정형을 깨뜨리고 율조를 파괴하는 것이 현대시조를 발전시키고, 현대 감각에 맞는다고 생각하여 파격을 일삼는 사람들이 많다. 그러나 그것은 큰 오산이다. 시조의 정형률이 그처럼 걸리면 자유시를 쓰면 되지 않겠는가. 시조를 혁신한다는 미명 아래 더 이상 시조를 난자하는 일이 없었으면 좋겠다.

이제까지 김준 시인의 시조집 〈쓸쓸하지 않는 연습〉을 읽고 해설과 감상을 시도하였다. 이렇게 함으로써 그의 작품세계에 조금이나마 접근해 보려는 것이 본고의 목적이다. 그러나 그의 모든 작품집을 대상으로 하지 않고, 한 권의 시집만 대상으로 해서 진면목을 파악하지는 못했을 것이라 사료된다. 속담에 "장님 코끼리 만지듯 한다."라는 말이 전하는데, 그야말로 보이는 곳, 만지키는 곳이나 제대로 이야기했는지 의심스럽다. 다만 필자가 볼 수 있는 것만 겨우 나열했음을 솔직하게 고백한다.

　그리고 논의의 편의상 ① 밝고 긍정적인 시세계 ② 체험과 상상의 조화 ③ 그리움의 정서 ④ 정격을 준수하는 시작 태도 등을 나누어 살펴보았다. ①에서는 그의 작품세계에 어둡거나 비판적이거나 부정적인 요소는 보이지 않고, 밝고 순응하고 긍정적인 세계를 그리었다고 했다. 그러면서도 시상이나 표현의 기법이 달관의 경지에 도달하여 많은 사람들에게 깨달음을 준다고 하였다. 모든 것을 긍정적으로 생각하고 따뜻한 눈으로 사물을 바라보는 자세가 그의 작품 속에 저류를 이루었다고 했다.

　②에서는 그의 작품세계는 현실세계와 상상의 세계 또는 체험을 바탕으로 상상의 세계를 펼쳐나가는데 남다른 경지를 보여주었다고 하였다. 다시 말해서 체험과 상상을 잘 조화해서 이미지를 창조해 나간 데에 의미가 있다고 보았던 것이다. ③에서는 그의 작품들을 살펴보면 그리움의 정서를 나타낸 시조가 상당수 있다고 보았다. 이처럼 그리움의 정서를 간직했기에 김준 시인의 시심은 아무리 퍼 올려도 마르고 닳지 않을 것이라고 했다. 그리고 기교를 부리지 않은 것 같으면서도 고도의 기교를 구사한 점이 그의 작품적 특

성이라 보았던 것이다. ④에서는 그의 작품들을 형태면이나 율격면에서 살펴보았을 때 시조의 정형과 기준 음수율을 잘 지킨 작품이 많다고 보았다. 물론 약간의 변조가 보이기는 하나 시조의 정형과 규칙에서 허용되는 범위 내에서의 변화라 할 수 있는 것들이다.

 이러한 결과를 얻었지만 정곡을 찌르지 못하고 변두리만 맴돌다 그친 느낌이 든다. 그렇더라도 부언하면 그의 작품 속에는 감지하기 어려울 정도의 따뜻한 인간애 정신이 흐르고 있다. 모든 경지를 경험하고 초월한 달관의 미학 같은 것을 느낄 수 있었다. 한국인의 전통적 정서 같은 것을 접할 수 있었다. 멀지 않아 정년퇴임하게 되면 노익장하시기 바라고 시조단을 밝히는 촛불이 되어 주시기 바라면서 이만 논의를 마친다.

13. 뛰어난 상상력과 체험의 시학_ 노인숙의 시조세계

우리가 김시습의 「금오신화」를 높게 평가하는 것은 제1차로 그것이 우리나라 소설의 효시라는데 있다. 그러나 5편 속에 용해되어 있는 뛰어난 상상력 즉 문학성도 상당히 고려한 데서 나온 평가이다. 〈만복사저포기〉에서는 이승의 사람과 저승의 영혼이 결합하는 진기성을 보여주었고, 〈이생규장전〉에서는 이생이 난리 중에 죽은 아내의 영혼과 3년간 함께 사는 이야기가 펼쳐졌고, 〈취유부벽정기〉에서는 홍생이 오래 전에 신선이 되었다는 기씨녀와 교유하는 장면이 나오고, 〈남염부주지〉에서는 박생이 염라국에 가서 염라대왕을 만나는 장면이 나오고, 〈용궁부연록〉에서는 한생이 용궁에 가서 새 궁궐의 상량문을 지어주는 이야기가 나온다.

이처럼 「금오신화」 속에는 귀신 세계, 신선 세계, 염라 세계, 용궁 세계 등이 자유자재로 펼쳐져서 작가의 상상력이 무한광대하다는 것을 보여주었다. 다시 말하면 시든 소설이든 상상력이 뛰어나면 훌륭한 작품이고, 그렇지 못하면 격이 떨어진다는 것을 금오신화를 통해서 검증해본 것이다.

한편 노인숙 시인의 첫시집 「희명의 노래」의 작품 60여 편을 일별해보니, 그 무엇보다도 상상력이 뛰어나다는 것을 감지할 수 있었다. 흔히 시는 사상과 감정을 노래한다고 하고, 체험과 상상을 담는다고도 하고, 이미지를 형상화한다고 설명한다. 그러나 상상력이 뛰어나려면 체험이 풍부해야 하고 반대로 체험이 풍부해야 뛰어난 상상력을 발휘할 수 있다. 그렇기 때문에 이 양자는 독립된 별개의 것이 아니라, 손등과 손바닥의 관계처럼 항상 밀접한 연결고리를 맺고 있다. 그래서 이글의 제목을 "뛰어난 상상력과 체험의 시학"이라고 붙였던 것이다.

　노인숙 시인은 2001년도 제 22회 전국시조 백일장 및 제1회 맹사성 시조백일장에서 일반부 장원을 한 수상 경력이 있고, 다시 금년에 시조문학의 추천 절차를 거쳐 시인으로서의 위치를 굳건히 하였다. 뒤늦게 등단의 절차를 밟고 있지만, 지난 날 자유시를 써본 경험이 많아서 충분한 수련과정을 밟았다고 생각한다. 아울러 한국교원대에서 석·박사 과정을 이미 마치고 학위를 받았기에, 학문적 역량 또한 충분히 검증받았다는 것을 밝혀둔다.

1) 뛰어난 상상력의 세계

　　　살아서 만나자던 오랜 약속 꿈이 되고
　　　헤어지던 그 강물만 가슴에 굽이치나
　　　덧없는 바람을 쓸며 흐느끼는 깃발이여

　　　봉숭아 꽃물 들인 고운 손길 언제런가
　　　여윈 몸집 가리우는 헐거운 치마폭에
　　　강물도 선혈 쏟으며 서천으로 흐르누나

　　　외론 하늘 한 자래기 봉우리에 걸렸는데
　　　하이얀 머리카락 유서처럼 흩날리며
　　　삭아진 육신을 벗고 저승길 떠나신 임

　　　달빛 속 쓰디쓴 꿈 몸 뒤뉘며 설레이나
　　　밤물결 산 그리메에 외론 맘 씻어내고
　　　이제는 품고 가야 할 하늘 한켠 사랑인 걸

　　　　　　　　　　　　　　　　　　－ 억새, 전문

이 작품에서 특기할 만한 점은 비유가 뛰어나다는 것이다. 이 비유는 문학의 표현 기교에서 대표적인 기술이다. 그리고 그 비유의 기본적인 원리는 유추라는 방법이다. 유추란 한 대상이 다른 대상과 많은 표징에 관하여 서로 유사하리라는 것을 추정해 내는 추리이다. 즉 기지(既知)의 언어와 미지(未知)의 언어가 함께 나눠 가지고 있는 공통성을 말한다.(홍문표: 현대시학이론) 이처럼 시에서 가장 중요한 요소가 비유이고, 한 작품의 성공 여부는 비유법을 어떻게 썼느냐에 달려있다. 이 작품에서 억새는 나이 먹은 여인에 비유하였다. 그것도 임과 함께 살지 못하고 저승에 간 임을 생각하면서 슬픔에 젖어 있는 여인상을 형상화하였다.

이 작품의 시적 화자가 여인상이라는 것은 "봉숭아 꽃물 들인 고운 손길"이나 "여윈 몸집 가리우는 헐거운 치마폭"이란 구절을 통해서 알 수 있다. 함께 살지 못하고 저승에 간 임을 생각한다는 것은 "하이얀 머리카락 유서처럼 흩날리며"나, "삭아진 육신을 벗고 저승길 떠나신 임"이란 구절을 통해서 알 수 있다. 주인공이 나이 먹은 여인이란 것은 "오랜 약속", "하얀 머리카락"이란 어구에서 알 수 있다. 그리고 "덧없는 바람을 쓸며 흐느끼는 깃발이여"나 "하이얀 머리카락 유서처럼 흩날리며"라는 구절들은 모두 억새를 형상화한 표현들이다.

이 작품에서 억새를 늙은 여인에, 그것도 임을 여읜 여인에 비유한 것은 노인숙 시인의 개성을 한껏 발휘한 표현이다. 또 이러한 비유는 유추를 통해서 얻어낸 결과이지만 뛰어난 상상력이 밑받침되었기에 가능한 것이다.

미움의 독 뿜어내며 흘겨 뜬 시선조차
풀솜 같은 사랑으로 허물인 듯 벗어두고
아픔도 한스러움도 춤사위로 풀어내나

정한 숨결 죽어져서 나풀대는 하얀 몸짓
꿈결 타고 날아가는 목숨 끝 길을 따라
햇살에 간지럼치는 내 영혼의 가벼움

짙푸른 청산도에 강물은 사무쳐라
한 줄기 미몽일랑 향연으로 피워내고
꽃보다 고운 넋으로 홀로 가는 저승길

― 나비, 전문

아리스토텔레스는 "무엇보다도 위대한 일은 은유를 자유로이 구사할 수 있는 힘이다. 그것만은 다른 사람에게서 배울 수 없다. 그것은 또한 창조적인 천재의 표징인 것이다. 우수한 비유는 '類似眼識'을 검출해내는 것을 의미한다."고 했다. 우수한 비유는 아날로지의 발견에 있다는 것이 주지의 사실이다. 그리고 그것은 시인의 상상력에 기인한다.(홍문표: 현대시학이론) 여기 인용문에서 이야기한 대로 은유법을 잘 구사하는 것이 얼마나 힘든가는 시를 써본 경험이 있는 사람들이 공통적으로 느끼고 있다. 비유는 아날로지의 발견에 있고, 그것은 시인의 상상력에 기인한다고 했다. 그만큼 비유가 뛰어나면 상상력이 풍부한 것이고 상상력이 풍부하면 개성적이고 참신한 비유를 구사할 수 있다.

예의 작품에서 제목으로 내세운 '나비'는 죽은 이의 넋이 환생한 것으로 보았다. 다시 말해서 나비를 죽은 이의 넋에 은유한 것이다.

죽은 이의 넋이라는 것은 '허물인 듯 벗어두고' '정한 숨결 죽어져서' '목숨의 끝 길을 따라' '내 영혼의 가벼움' '향연으로 피워내고' '꽃보다 고운 넋' '홀로 가는 저승길' 등의 어구에서 알 수 있다. 그 죽은 이의 넋이 남자가 아니고 여인이라는 것은 '풀솜 같은 사랑' '춤사위로 풀어내나' '정한 숨결 죽어져서' '꽃보다 고운 넋' 등에서 알 수 있다. 한마디로 나비를 죽은 이의 넋에 비유했다는 것이 범상한 수준을 넘은 것이고, 그러한 비유법을 구사할 수 있다는 것은 시인의 상상력이 뛰어나다는 것을 의미한다.

2) 체험의 시학

> 이상한 부호로 둘러싸인 거리에서
> 새벽부터 밤중까지 길을 잃고 헤매는 사람들
> 햇빛도 물도 바람도 비켜서 가는 검은 도시
>
> — 풍경, 전문

백철은 그의 「문학개론」에서 "현대의 문학이론가들이 체험을 강조하는 것은 그만큼 일반적으로 문학에서는 체험이 귀중한 증거라고 볼 수 있다. 하여튼 어떤 성질의 것이든 간에 문학에 있어서 체험이 그 창작을 위한 하나의 토양과 같은 내용적인 조건이라고 보아 틀림이 없으면, 체험이 문학을 위하여 귀중한 까닭도 분명하게 알 수 있다"고 했다. 백철의 이론을 빌리지 않더라도 문학은 지은이의 사상·감정·체험 등을 담는 그릇이란 것은 이미 잘 알려진 사실이다. 문학에서 상상력이 중요하다는 것을 앞에서 강조한 바 있지만, 그 상상력도 체험이나 경험이 부족한 사람은 보잘 것 없으리란 것은 예견되는 문제이다.

  상기 작품 〈풍경〉에서는 도시의 거리에서 전개되는 것들, 직접 보고 체험한 것들, 느끼고 인식한 것들을 그림 그리듯이 그려냈다. 초장에서는 이상한 부호로 둘러싸인 거리라고 했는데, 그것은 울긋불긋한 간판들이 즐비하고, 휘황찬란한 네온사인으로 불야성을 이루는 도시의 거리를 지칭한 것이다. 일상인들에게는 당연하고 정상적이라 생각되지만, 시인의 눈에는 이상한 부호로 인식되었던 것이다. 중장 또한 도시의 밤낮을 그대로 옮겨 놓은 것이다. 웬 사람들이 그처럼 부지런한가. 하루 24시간 동안 어느 시간대에 나가보아도 도시의 거리에는 사람들이 왕래하는 것을 목격할 수 있다. 이 광경이 시인의 눈에는 길을 잃고 헤매는 사람들로 인식되었던 것이다. 그런데 문제는 이처럼 외견상 화려하고 활기찬 도시를 햇빛도 물도 바람도 비켜 지나가는 검은 도시라고 인식하는데 있다. 얼마나 추악하고 폭력이 횡행하고 더러우면 햇빛, 물, 바람마저 비켜서 지나가겠는가. 한마디로 사람 살 곳이 못 된다는 이야기다. 도시에 대한 이런 부정적 인식은 시인의 체험을 통해서 유추된 결과물이란 것을 우리 독자들은 인식해야 될 것이다.

    미처 피워보지 못한
    잎새의 연두 빛 꿈

    그릇 바탕에 우러나는
    저물녘 빗소리

    시간의 틈바구니로

젖어드는
푸른 향기

— 작설차, 전문

　보통 시인이나 작가의 체험에는 실제적 체험과 상상적 체험의 양자가 있는 바, 전자는 예술가 아니라도 누구든지 할 수 있는 것이지만, 후자는 예술가라야만 할 수 있는 것이기 때문에 창작이 가능한 것이다. 최재서는 문학의 체험적 요소를 특별히 강조한 분이다. 그는 "문학이란 가치 있는 체험의 기록이다"고 정의하면서, 영국의 존 밀튼이 정치적 소용돌이 속에서 신고를 겪고 실명한 뒤에 어떻게 〈실락원〉과 〈복락원〉을 썼는지를 밝히고 있다. －중략－ 아무튼 문학에 있어서의 체험은 시인, 작가에게 작품 창작의 동기를 마련해주는 중요한 외적 조건이며, 또한 독자들이 정서적 감동을 받게 되는 중요한 계기가 됨을 알 수 있다.(구인환: 문학개론) 하여간에 문학에서의 체험은 시인이나 작가에게 작품 창작의 동기를 마련해주는 중요한 조건이라고 했다. 그것도 실제적 체험보다는 예술적 체험을 지녀야 창작이 가능하다고 했다.
　작설차는 갓 눈이 튼 나무의 새싹을 따서 만든 차라고 한다. 그러니 미처 피워보지 못한 잎새의 연두 빛 꿈이라고 표현할 수밖에 없다. 중장에서는 이 작품의 시간적 배경을 알 수 있는데, 그 작설차를 우려서 마시는 시간이 저물녘이었고 비 내리는 시간이었다. 그런데 물을 끓여서 차만 우려내는 것이 아니고 저물녘 빗소리까지 우려낸다고 한데에 작품의 묘미가 있다. 이 구절이야말로 작자의 상상적 체험을 동원한 개성적 표현이라고 생각한다. 종장에서는 차를 마시면서 가져보는 여유를 드러내고 있다. 그것을 시간의 틈바구니로 젖어드는 푸른 향기라고 표현했다. 향기는 후각적인 것인데 그것을 푸르다고 해서 시각적인 것으로 나타냈다. 이런 표현을 공감각 현상이라고 하는데, 향기에다 색채까지 부여하는 수법은 그야말로 예술 작품에서 중시하는 상상적 체험의 소산이라고 생각한다.

3) 불교적 소재들의 형상화

> 속이 비어 곧은 대궁 하늘 따라 푸르른데
> 미륵님의 고운 미소 뉘엿뉘엿 물살 짓네
> 눈시울 반만 뜬 사이로 님의 사랑 맺혀 있나
>
> 봉오리 받쳐 들고 등불인 양 밝힌 둘레
> 티끌 하나 떨어져도 물방울로 씻어내려
> 결 고운 너른 잎새엔 님의 꿈을 품고 있나
>
> 사바의 진흙 속에 하얀 뿌리 서려두고
> 온 밤을 지새우며 합장으로 두신 말씀
> 이제사 번뇌를 사르고 열반으로 피었어라.
>
> — 연꽃, 전문

연꽃 하면 불교를 상징하는 꽃으로 널리 알려졌다. 절에 가면 연꽃무늬의 조각과 그림을 많이 볼 수 있고 특히 불상을 모시는 좌대는 거의가 연꽃무늬로 조각되었으니, 이렇게 연꽃이 불교의 꽃으로 된 것은 무엇 때문인가?

연꽃은 본래 천축에서 피어나는 꽃으로 뿌리는 물밑에 뻗고 잎은

수면에 떠 매끄럽게 뻗어난 줄기 끝에 꽃이 피는데, 아침이면 피어나고 저녁이면 오므리는 청황적백의 우아한 꽃이다. 연꽃은 진흙 수렁에 자라면서도 물들지 않고 더럽혀지지 않는 깨끗함과 향기로움을 지니고 있다. 노인숙 시인은 불교에서 이처럼 중시하는 연꽃을 소재로 하여 작품을 형상화하였다.

  제1수에서 속이 비어 곧다는 것과 하늘 따라 푸르다는 것은 연꽃의 외양묘사이다. 그런데 그 연꽃을 "미륵님의 고운 미소", "임의 사랑 맺혀있다"고 본 것은 유추에 의한 상상적 체험의 결과이다. 시인의 주관적 인식이라 볼 수도 있고, 소설에서의 허구와 같은 수법을 원용한 것이라 볼 수도 있다. 제2수에서 "봉오리 받쳐 들고", "등불인 양 밝힌 둘레", "물방울로 씻어내려", "결 고운 너른 잎새"등은 역시 연꽃의 외양묘사이다. 그러나 "님의 꿈을 품고 있나"라고 한 것은 실제적 체험보다는 상상적 체험의 소산이라 할 수 있다. 제3수 또한 연꽃이 피어난 모습을 "사바의 진흙 속에 하얀 뿌리 서려두고", "이제사 번뇌를 사르고 열반으로 피었다"고 표현했다. 한마디로 연꽃을 대상으로 "님의 사랑 맺혀있다", "님의 꿈을 품고 있다", "열반으로 피었어라"고 본 것은 시인의 주관적 인식이지만 유추를 통한 상상력의 결과라고 생각한다. 또한 이 작품에 등장한 〈사랑〉〈꿈〉〈열반〉이란 시어를 통해서 보면 노시인의 불교적 인생관을 점쳐볼 수 있고, 그가 지향하는 이상세계가 어떤 것인가를 미루어 짐작할 수 있다.

    너 떠나고 없는 날에도 피어나던 꽃봉오리
    꽃 진 그 자리에 까르르 웃음소리

보랏빛 얼굴 감추고 속울음을 우는 거리

무량수 부처님의 헤아릴 수 없는 가슴
조그만 네 몸뚱이 영구차에 실어가서
불길 속 타지 않는 한 재가 되면 삭아지랴

부처님은 오셨는데 너 어디서 나를 찾나
시린 가슴 적셔주며 봄비 오는 초파일을
내 품 속 한없는 길가에 기다리는 영가등

— 연등, 전문

 고려 때의 풍속으로 왕궁, 서울, 시골 할 것 없이 매년 정월 보름날에 이틀 밤을 켜던 등불 행사이다. 이 행사는 성종 때 일시 폐지하였고, 1010년 즉 현종 1년 윤2월 보름에 부활하였다. 그 후부터는 매년 2월 보름에 연등회를 베풀었다. 1352년 공민왕 1년 4월 8일 궁중에서 연등하고, 궐내에서 100명의 스님께 공양하여 해마다 그렇게 연등회를 행하였다. 조선시대에도 국초부터 반세기 전까지 왕궁에서 여러 가지 등을 만들어 불을 켰고, 서울 종로에서도 각 상점마다 이상한 등을 만들고 불을 켜서 4월 8일을 맞이하였다.
 이제까지 연등의 역사와 유래에 대하여 알아보았거니와, 노시인은 바로 그 연등을 소재로 해서 돌아간 임을 추모하는 정을 나타내었다. 이 작품에서 자아는 시인 자신이고 세계는 〈너〉로 호칭되었다. 그런데 너라는 대상은 이미 이 세상 사람이 아니라는 것을 "너 떠나고 없는 날", "꽃 진 그 자리", "보랏빛 얼굴 감추고", "영구차에 실어가서", "너 어디서 나를 찾나", "기다리는 영가등"이란 어절에서 감지할 수 있다. 또 그 임의 죽음에 대하여 슬퍼하고 있다는 것은 "속울음을 우는 거리", "불길 속 타지 않는 한", "시린 가슴 적셔 주며" 등의 표현에서 감지할 수 있다. 하여간에 이 작품에서의 〈연등〉은 그냥 4월 초파일 날 석가 탄신을 기리기 위해서 밝힌 연등이 아니고, 화자가 애타게 그리워하는 죽은 이의 넋이 환생한 것으로 재창조되었다는 데에 큰 의미가 있다고 본다.

4) 자연적 소재들의 형상화

> 먼 허공을 가르며 석기 시대를 건너온다
> 어디로 곤두박힐 한 순간을 향하여
> 온몸을 던져 부서지는 잎새 끝 물방울
> — 비, 전문

시의 소재는 크게 자연과 인간으로 나누어 볼 수 있다. 이것을 하나로 통합하면 인간도 자연의 일부이니까 자연 하나로 귀결시킬 수 있다. 우리 인간들은 자고 나면 일상적으로 하는 일들이 있다. 그리고 일상적으로 대수롭지 않게 늘 대하는 자연물이 있다. 행복을 반드시 먼 곳에서 찾을 필요가 없듯이 시의 소재 또한 멀거나 기이한 데서 찾을 필요는 없는 것이다. 우리가 너무 자주 대수롭지 않게 대하는 '비'를 통해서 노인숙 시인은 역사, 진리 같은 것을 그려내고 있는 것이다.

초장에서는 비가 먼 허공을 가르며 석기시대를 건너온다고 했다. 비가 먼 허공을 가르면서 온다는 이야기는 누구나 감지할 수 있지만, 석기시대를 건너서 온다는 이야기는 상상을 하기 어렵다. 그러나 비는 석기시대 이전부터 내리기 시작했고 현재도 내리고 있으니까 석기시대를 건너온다는 이야기는 얼마든지 가능한 것이다. 이 초장의 전구는 공간을 초월한다는 이야기고, 후구는 시간을 초월한다는 이야기다. 이 15자 안팎의 초장 속에 이처럼 시공을 초월한 내용을 담을 수 있다는 것이 시조 형식의 묘미요, 시적 상상력의 성과물이다.

중장에서는 어디로 곤두박힐 한 순간을 향한다고 했는데, 이것은 하늘에서 쏟아지는 빗줄기를 형상화한 말이다. 그러나 여기서 '곤두박힌다'는 말은 상승적 이미지보다는 하강적 이미지가 강하기 때문에 추락하는 모습을 연상할 수 있다. 자연의 원리는 시발점이 있으면 종착점이 있듯이, 언젠가는 곤두박질치면서 종말을 고할 수밖에 없는 것이다. 종장에서는 온몸을 던져 부서진다고 했는데, 이 구절에서는 인간들이 소기의 목적을 달성하기 위하여 전력투구하는 모습을 연상할 수 있다. 하여간에 이 작품의 중장과 종장에서는 어떤 상황이 한계점에 도달했을 때 즉 절정 상태가 어떤 것인가를 실감케 해준다.

  이제 중력에 이끌려 땅으로 돌아간다
  바람의 시위를 받으며 눈부신 낙하의 순간
  가지 끝 매어 달렸던 시간의 무게 털어낸다
               - 낙엽, 전문

앞에서 논의한 '비'나 이 작품의 '낙엽'이나 모두 자연 원리에 의하여 나타나는 현상이다. 이 두 가지는 자연이라고 하지만 특별히 거창해 보이지도 않고, 어쩌면 우리 주변에서 흔하게 접할 수 있는 보잘 것 없는 것들이라 할 수도 있다. 이처럼 많은 사람들이 그냥 지나치기 쉬운 자연물을 대상으로 노인숙은 대상을 새롭게 해석하고 특이한 의미를 부여하면서 시적 성과를 거두었다. 낙엽은 아무 의미 없이 그냥 땅으로 떨어지는 것이 아니고 중력에 이끌려서 땅으로 돌아가는 것이라고 했다. 인간도 흙에서 와서 흙으로 돌아간다는 이야기를 하는데, 바로 나뭇잎도 땅에서 왔다 땅으로 돌아간다는 이야기다. 평범한 이야기 같지만 자연의 원리, 인생의 진리를 함축시켜 놓은 것이다.

그리고 중력에 이끌려 떨어지는 것뿐 아니라 바람의 시위를 받으면서 눈부신 낙하를 한다고 했다. 그 낙엽 떨어지는 것을 눈부신 낙하라 본 것은 절묘한 표현이다. 이때 '눈부신'과 '낙하'는 상반되거나 이질적 의미를 함축한 말들인데, 이런 것들을 결합시킴으로써 표현 효과를 상승시키고 있는 것이다. 또한 낙엽 지는 것을 "가지 끝 매어 달렸던 시간의 무게 털어낸다"고 한 것은 세계에 대한 색다른 해석이고 특수한 의미를 부여한 것이다. 이처럼 3장 6구의 짧은 시조 형식 속에 새롭게 의미 부여한 내용을 현대시의 기법을 원용해서 작품을 형상화시킬 수 있다는 것은 노인숙 시인이 알게 모르게 피땀 나는 시적 수련을 쌓은 결과라고 생각한다.

이제까지 노인숙 시인의 첫 시집의 내용을 읽고 나름대로 해설과 감상을 하였다. 필자로서는 최선을 다했지만 그의 작품 세계를 꿰뚫어 보기는 어려웠다고 생각한다. 다만 논의의 편의를 위해서 ① 뛰어난 상상력의 세계 ② 체험의 시학 ③ 불교적 소재들의 형상화 ④ 자연적 소재들의 형상화 등으로 나누어 살펴보았다.

①에서는 비유법을 개성적으로 원용한다는 사실을 알 수 있었고, 이러한 비유법의 구사는 상상의 세계가 넓고 크다는 것을 의미하는 것으로 해석하였다. ②에서는 간접 체험이든 직접 체험이든 자연과 인생에 대한 폭넓은 체험이 밑받침되었고, 그러한 체험을 바탕으로 유추해서 상상의 세계를 넓혀나간 것으로 보았다. ③에서는 그의 작품 세계에 불교적 소재들을 원용했거나 불교적 인생관을 표출한 곳이 많다는 것을 감지할 수 있었다. 이런 작품들에 대하여는 불교적 소재나 불교적 진리에 대한 시인의 이해가 크게 밑받침되었다고 생각했다. ④에서는 일반인들이 간과하기 쉬운 자연적 소재들을 나름대로 재해석하고 새로운 의미를 부여해서 독특한 기법으로 형상화했다는 것을 알 수 있었다. 시조라는 짧은 시형 속에 광대한 시상을 압축시켜 자연스럽게 갈무리하는 수법은 그의 장점이요 부단한 시적 수련의 결과라고 생각했다. 이러한 결과물을 얻었지만 그의 모든 작품들을 논의의 대상으로 삼지 못한 점이 아쉬움으로 남는다.

　하여간에 그의 작품세계는 상상력, 표현력, 구성력, 긴장감 등에서 뛰어난 모습을 보여주었다. 그러면서도 내면에 면면히 흐르는 의식은 한국인의 전통적 정서인 '한'이라는 것을 이 자리를 빌어 밝혀두는 바이다. 한국 시조단의 발전을 위하여 더 정진해줄 것을 부탁드리면서 이만 무사를 마친다.

III
시조 월평

III 시조 월평

1. 난해시에 대한 관견

시조집을 읽다 보면 더러는 무슨 내용인지 이해 안 되는 작품들을 만날 때가 있다. 내가 작품 보는 실력이 부족해서 이해를 못한다고 자탄도 해보지만, 그렇다고 문제가 풀리는 것은 아니다. 이런 경우 두 가지 측면에서 생각해볼 수 있다. 작자가 너무 고차원의 작품을 써서 독자가 수준 미달이라 이해할 수 없는 경우, 독자는 작품 보는 수련을 어느 정도 해서 그 나름의 안목을 갖추었는데, 작자가 자기도취의 난해시를 써서 이해되지 않는 경우 등을 상정해 볼 수 있다. 이러한 난해시를 대하게 되면 독자는 힘들어지고 시에 대한 거부감을 갖게 된다. 이런 작품들이 괴팍한 시어나 어려운 한자성어를 구사해서 난해시가 된 것은 아니다. 그곳에 사용된 단어들은 너무 평이해서 국어사전을 펴보지 않아도 될 정도의 쉬운 말을 썼는데도 무슨 내용인지 알 수 없기 때문에 독자의 입장에서는 난해시라고 치부할 수밖에 없는 것이다.

　그렇더라도 현대시의 특성이 워낙 복잡다단해서 난해시가 될 수밖에 없다는 이론을 들고 나올 수도 있다. 왜냐 하면 현대시는 복잡하고, 암시적이고, 모호하고, 다의적(多義的)이라는 특성을 지녔기 때문이다. 그래서 시의 현대성으로 복잡성, 암시성, 모호성, 추상화 내지 비인간화의 경향, 무의식 세계의 발굴 등을 든다. 현대시가 난해하다는 것도 이러한 이유에서다. '월간문학' 8월호에는 5인 10편의 시조가 게재되었는데, 위에서 기술한 현대시의 특성에 맞는 작품인지 아닌지는 모르지만, 읽었을 때 잘 이해되지 않기에 난해시로 간주하고 작품을 인용한다.

　　斜陽이 숲의 옆구리를 관통할 때/ 나무의 정령이 설핏 허파 속에 틈입한다/ 온몸에 스며드는 침묵, 치환되는 이 기류

　　꽃가지가 손을 잡고 꿈길을 이루었다/ 침묵은 때로 꽃송이로 벙그노니/ 때때로 열매가 되어 탐스럽게 익느니

　　들어보라 아들아 향기 속에 들리는 말/ 뿌리 깊은 나무가 슬픔을 이긴다고/ 우람한 그의 둥치도 한낱 씨앗이었다고

　　그랬음 좋겠어 가슴나무를 키우는 것/ 돌· 바람· 숨결마저 자연스레 돌아오게/ 아들아 나무처럼 살아도 아름다운 오늘이다

　　한낱 씨가 견뎌온 오랜 침묵의 뿌리쯤에/ 아낌없이 길어 올린 수수한 나무냄새/ 나무의 웃음이 순간 허파 속에 들어간다.

　　　　　　　　　　－ 박옥위, '나무의 침묵'(월간문학 2004년 8월호)

작품을 감상하거나 해석할 때에는 그냥 내용만 보는 것이 아니고, 항상 제목을 염두에 두고서 보는 것이 관습화되어 있다. 그러니까 작품의 제목은 사람으로 치면 얼굴에 해당한다. 위의 작품은 제목이 '나무의 침묵'이니까 이 '나무의 침묵'이란 말을 생각하면서 시의 텍스트를 해석해나갈 수밖에 없다는 이야기다. 더욱이 이 글에는 '아들에게'라는 부제가 달렸으니, 지은이가 자신의 아들이든 타인의 아들이든 '아들에게' 중요한 메시지를 전달하려고 한다는 선입관을 갖게 한다. 이러한 전제를 해놓고 상기 작품을 읽었을 때 무슨 내용인지 갈피를 잡을 수 없다. 그야말로 난해시라는 이야기다. 이 작품이 난해시로 치부되는 것은 몇 가지 이유에서다. 첫째로 주제가 선명치 못하다는 점이다. 시의 주제는 시 속에 나타난 기본적인 관념이나 태도를 뜻하는데, 전에 시상(詩想)이라든지 시의 내용이라 불려온 것도 곧 주제다. 따라서 시의 주제는 한편의 작품 속에 형상화된 중심사상이요 의미를 뜻한다. 시는 구체적으로 언어를 통한 형상화지만, 그 속에서도 정서건 사상이건 어떤 중심 되는 의미가 들어 있어야 한다.(구인환· 구창환 공저 「문학개론」 참조) 바로 이 '나무의 침묵'이란 작품의 중심되는 사상, 또는 중심되는 의미가 무엇인가 하는 물음에 직면했을 때, 그것이 머리 속에 그려지고 가슴 속에 느껴져야 하는데, 마치 안개 속을 헤멜 때처럼 희미하고 불확실하니 독자의 입장에서는 무슨 소리인지 모르겠다는 자탄이 나올 수밖에 없는 것이다.

둘째로 지나친 비약과 생략법을 구사하였다. 이 말은 구와 구, 장과 장, 연과 연 사이의 의미맥락이 잘 통하지 않는다는 말과 같다. 다시 말하면 이미지의 연결이 잘 안 된다는 뜻이다. 그러면 이미지란 무엇인가? 이에 대하여 루이스는 "시적 이미지란 언어로 만들어진 그림이다."라고 하였는데, 리듬이 귀로 듣는 음악적인 면이라고 한다면 이미지는 글을 눈으로 읽고 머리 속에서 그 글이 자아내는 상태나 모습을 그림으로 그려보는 것이라고 할 수 있다.(홍문표 지음「현대시학이론」참조) 위에서 예로 든 작품을 제1수에서 제5수까지 읽어나가노라면 마음속에 그림이 그려져야 하는데, 아무리 이미지를 좇아 그림을 그리려 해도 상(像)이 떠오르지 않는다. 억지로라도 마음속의 그림[心像]을 그려 나가노라면 중간에서 끊기는 곳이 생겨 전후 맥락이 통하지 않는다. 작품은 외형적으로 난잡하게 배열된 것 같지만, 내면으로는 보이지 않는 끈으로 연결되어서 구와 구, 장과 장, 또는 연과 연 사이를 유기적으로 이어놓는다. 그런데 이러한 보이지 않는 끈이 중간에 한두 번 끊긴다면 그 작품은 이해할 수 없는 것이다.

 셋째로 어느 것이 은유나 상징어이고 어느 것이 아닌지 구분이 되지 않는다. 작품의 제목이 '나무의 침묵'인데, 그 나무라는 단어가 본문 속에 6번이나 나온다. 그러나 이 '나무'라는 단어가 모두 자연의 식물인 '나무'를 지칭하는 것 같지는 않다. 왜냐 하면 제4수 초장에 '가슴나무'라는 시어가 보이기 때문이다. 제목에 '나무'라는 단어가 들어있는데, 본문 속에 6번이나 반복해서 나오니, 독자의 입장에서는 헷갈리지 않을 수 없다. 또 작품의 제목에 '침묵'이라는 단어가 나오는데, 제목에 등장할 정도이면 상당히 비중 있는 핵심 단어일 것이다. 그런데 텍스트 안에 보면 제1수에 '온몸에 스며드는 침묵', 제2수에 '침묵은 때로', 제6수에 '침묵의 뿌리쯤에' 등 3번이나 반복해서 등장한다. 이때 3번 나오는 '침묵'의 뜻이 똑같은 의미로 쓰인 것인지 아니면 서로 다른 의미를 지닌 것인지 구분되지 않는다. 그리고 '나무'와 '침묵'이 은유나 상징어로 쓰였다면 그 뜻을 알아차릴 수 있는 복선이나 암시가 있어야 한다. 그러한 복선과 암시를 찾기 힘들기 때문에 독자는 은유나 상징어의 내포된 의미를 알 수 없다고 본다.

피었다 지는 꽃의 눈물을 보았는가/ 바람의 멍든 소리 그 얼굴을 언제 알까/ 거울에 비치고 남을 그 무엇은 있는가.
— 정공량, '인생'(월간문학 2004년 8월호)

평자는 현재까지 많은 양의 시조 작품을 읽어 보았지만 초·중·종 3장 모두를 의문문으로 끝낸 작품은 별로 본 적이 없다. 각장의 끝에 의문부호를 붙이지는 않았지만 문장의 종류로 구분할 때에 의문문이라고 여겨진다. 이처럼 외형적으로 특이함을 보여주었기 때문에 그 안에 내포된 의미 또한 심상치 않을 것임을 예고해준다. 3장 6구 45자 내외라는 단시조 속에 '인생'이라는 큰 의미를 담자니 보통 힘든 작업이 아니었을 것이다.

시조의 구조는 형태구조와 의미구조로 나누어 생각할 수 있다. 그 의미구조에 대하여 김대행은 "시조의 3장은 병렬인 초중장과 그것이 합일화(合一化) 또는 일반화되는 접속종결로서의 종장이라는 데 의미가 있다."고 하였다. 또한 김제현은 시조의 논리적 구조는 3단이며, 3단이기 때문에 3장 형식을 취한 것이라고 하였다. 이러한 논리를 빌리지 않더라도 운문이든 산문이든 모든 형태의 글은 서론, 본론, 결론의 3단 형식을 취하거나 기승전결의 4단 구조를 취하는 것이 일반적 상례이다. 이러한 관례에 비추어 시조의 초장은 기(起), 중장은 승(承), 종장의 전구(前句)는 전(轉), 후구(後句)는 결(結)로 보아서 한시 절구의 구조와 같다고 하는 것이다. 그런 점에서 위의 작품은 물음으로 시작해서 물음으로 끝났다고 보기 때문에 4단구조의 기(起)와 승(承)은 있는데, 전(轉)과 결(結)이 없는 작품으로 오인 받을 수 있다. 그 물음 자체가 철학적이고 사유적(思惟的)이고 선문답(禪問答) 같아서 상당히 어렵다는 생각이 든다. 끝으로 난해시는 그 자체의 문학성은 인정받을지 몰라도, 독자들의 공감을 받기 어렵고, 따라서 독자들에게 외면당하기 쉽다는 점을 강조하면서, 이글의 결론으로 대신한다.

(월간문학 2004년 9월호)

2. 비유의 미학

시에서 가장 중요한 것이 비유와 상징이다. 특히 시조는 비유로 시작해서 비유로 끝나야 좋은 작품으로 평가받을 수 있다. 그래서 문학의 표현기교에서 대표적인 기술이 비유라는 말까지 나온 것이다. 그런데도 많은 사람들이 시조를 쓸 때 이 비유법을 쓰지 않고 대상이나 제재에 대하여 설명하거나 느낀 점을 나열하는데 그치기 때문에 좋은 작품을 생산하지 못한다. 비유는 넓은 의미로 문채(文彩)나 수사(修辭)와 같은 뜻을 지녔다. 그래서 비유법을 쓰면 독자의 관심과 흥미를 끌게 되고 문장의 변화(變化)와 정채(精彩)를 나타나게 된다. 좁은 의미로 비유는 구상적(具象的), 회화적(繪畵的) 표현, 특히 메타포와 같은 뜻으로 쓰인다. 하여간에 비유란 말하고자 하는 사물이나 의미를 다른 사물에 빗대어서 표현하는 방법이다. 비유에는 표현하고자 하는 것(원관념)과 비유하는 사물(보조 관념)의 상관관계가 성립된다. 즉 원관념과 보조 관념 사이에는 유추가 이루어질 수 있는 유사성이 있다. 유추란 한 대상이 다른 대상과 많은 표징에 관하여 유사하리라는 것을 추정해 내는 작업이다. 즉 두 가지 대상 사이의 공통적인 속성을 미루어 생각해내는 일이다. 이 글에서는 9월에 발표된 작품들 중에서 그 비유의 문제를 짚어보는 계기로 삼고자 한다.

> 백 밀리나 추적추적/ 빗소리에 묻어온 소식// 뜨거운/ 용천의 폭발/ 4월에도/ 눈도 내려// 앉아서/ 비명에 지는/ 매 발톱/ 꽃잎/ 꽃잎
>
> — 공영해, '꽃 지다' 전문(월간문학 2004년 9월호)

위 작품은 지난 4월 22일에 있었던 북한의 용천역 폭발 사고를 소재로 하였다. 용천역 폭발 사고 4일째인 4월 26일 조선중앙통신 보도에는 "피해 반경은 24km이며, 가장 심한 피해 반경은 1.5km이며, 사망자수 150여 명, 부상자수는 1.300여 명, 행방 불명자수는 미상"이라고 되어 있다는 것이다. 이 비참한 소식이 백 밀리나 추적추적 내리는 봄비 소리에 묻혀왔다는 것이다. 이 뜨거운 폭발이 일어난 용천 지역에는 4월인데도 눈이 내린다고 했으니, 그곳은 추운 북쪽 지방이니까 봄인데도 눈이 내릴 수 있겠지만, 자유와 인권이 없는 북한의 현실을 은유한 것으로 보아도 된다. 종장의 '앉아서 비명

에 진다'는 이야기는 그 당시 날벼락을 맞고 비명에 간 150여 명의 희생자들을 염두에 둔 것이다. 그러면 마지막 구절 '매 발톱/ 꽃잎/ 꽃잎'에서 그 꽃잎이 무엇을 비유했는지는 쉽게 알아차릴 수 있다. 아무런 죄 없이 무고하게 죽은 희생자들, 그 중에서도 〈룡천소학교〉 어린 학생들의 희생이 많았다고 하니, '꽃잎'은 그 꽃잎처럼 져 간 어린 학생들을 은유한 것으로 해석된다. 그렇다면 '매 발톱'은 무엇을 비유한 것일까. 평자의 견해로는 매의 발톱처럼 항상 숨기고서 상대를 잡아먹으려고 하는 소수의 탐관오리들을 의미하는 것으로 이해된다. 왜냐 하면 그 희생자 가운데는 선량한 인민들만 있는 것이 아니라, 그 인민들을 억압하고 착취하는 '매'같은 부류들도 포함되었을 것으로 추정되기 때문이다.

배곯아 누렇던 그 하늘을 이고 와서// 먹어도 무겁던 그 일월도 지고 와서// 비로소/ 허연 고봉밥 한 상,/ 동구가 환히 열리네.
　　- 송선영, '늙은 이팝나무는' 전문(월간문학 2004년 9월호)

송선영의 '늙은 이팝나무는'이라는 작품이다. 이 작품은 고도의 은유법을 써서 쉽게 풀리지 않는다. 특히 제목의 '이팝나무'라는 시어가 그냥 식물을 지칭한 것인지 아니면 무엇을 은유하거나 상징한 것인지 따져보아야 한다. 그렇더라도 이 작품에는 〈황전 농소 마을〉이라는 부제가 달렸으니, 이 부제를 통해서 해결의 열쇠를 찾아보아야 할 것이다. 초장에서의 배곯아 누렇던 하늘을 이고 온 사람들은 바로 황전 농소 마을 사람들이다. 먹어도 무겁던 그 일월을 지고 온 존재들도 황전 농소 마을 사람들로 보아야 할 것이다. 그처럼 이 마을 사람들은 먹지 못해 배를 줄이고, 힘겹게 삶을 영위해 왔던 것이다. 그렇다면 종장의 '허연 고봉밥 한 상'이 무엇을 의미하는지? 어쩌면 제목의 '이팝나무'를 비유한 보조관념이 아닌가 하는 생각이 든다. 이팝나무는 물푸레나무 과에 속하는 낙엽 교목이다. 그런데 이 나무는 4월경에 가지 끝에 향기로운 흰 꽃이 취산화서(聚繖花序)로 핀다고 한다. 화서는 전체의 꽃이 피면 복산방 화서와 흡사한데, 꽃대는 끝에 한 송이 꽃으로 끝나고 그 밑의 가지 끝에 다시 꽃이 피고 거기서 다시 갈라져 각 꽃대마다 또는 한가운데의 꽃으로부터 피기 시작한다는 것이다. 그러니 이팝나무 전체의 꽃이 만개하면 허연 고봉밥 한 상 받은 것처럼 보일 것이다. 종장의 '허연 고봉밥 한 상'은 제목의 '이팝나무 꽃'이 만개한 현상을 비유한 것으로 헤아려진다. 그야말로 참신하고 대담하고 개성적인 비유라고 생각한다.

> 청상(靑孀)을 가문에 묶어/ 세월 이긴 흔적이다// 장도(粧刀) 함께 지킨 여심/ 빛이 되어 대물림할 제// 종손부(宗孫婦)/ 연두빛 손끝에/ 절개로 앉는 나비.
> — 김사균, '골무' 전문(시조문학 2004 가을호)

골무는 여인들이 바느질할 때 바늘을 누르기 위하여 손가락 끝에 끼는 도구이다. 가죽 조각이나 여러 겹으로 배접한 헝겊으로 만든다. 이 골무는 단순한 기구가 아니라 청상을 재가 못하게 가문에 묶어두고 세월을 이기고 살아가게 한 흔적이 있는 골무라는 것이다.

골무의 주인공에 대한 가문의 내력까지 제시하였다. 그런데 그 청상과부는 은장도를 함께 지니고 있었고, 그러한 여심이 빛나서 대물림하게 되었다는 것이다. 이러한 표현을 통해서 골무는 옛 조상들이 쓰던 유물이었음을 짐작케 한다. 이렇게 대물림되는 골무는 종손부까지 이어받게 되었고, 그 골무는 종손부의 손끝에 절개로 앉는 나비와 같다는 것이다. 골무를 절개로 앉는 나비에 비유할 수 있다는 것은 시인의 유추력과 상상력이 그만큼 폭넓다는 것을 의미해 준다.

지금까지 3분의 단시조(평시조)를 중심으로 비유 문제를 짚어보았는데, 이분들의 비유법은 참신하고, 개성적이고, 기발하다는 느낌을 받았다. 어떻든 작품의 성공 여부는 비유를 얼마만큼 독특하고 훌륭하게 잘 구사하느냐 못하느냐에 달렸음을 실증적으로 검증해 보고 확인해 본 것이다. 또한 시조의 묘미는 사설시조나 연시조보다는 단시조에 있음을 상기 작품들을 통하여 증명해본 것이다. 이번 달에는 〈월간문학〉에 좋은 작품들이 실렸고, 그 외 〈시조문학〉, 〈시조세계〉, 〈시문학〉, 〈해동문학〉, 〈문학계〉 등에 많은 작품들이 게재되어 흐뭇한 느낌을 받았다. 그 중에는 언급하고 싶은 작품들이 많았지만, 지면 관계상 다음 기회로 미루게 되었음을 아쉽게 생각한다.

(월간문학 2004년 10월호)

3. 음식과 시조

　우리는 매일 음식을 먹으면서 맛을 보거나 느낀다. 맛있는 음식은 배가 불러도 더 먹고 싶은 생각이 든다. 맛없는 음식은 한 그릇 다 먹지 않고 중간에 숟가락을 놓는다. 심할 때는 먹다가 뱉어버리는 수도 있다. 같은 값이면 맛있는 음식을 먹고 싶어 하는 것이 인지상정이다. 물론 그 많은 종류의 음식들이 맛이 제각기 다른 것은 음식을 만든 이나 요리사의 솜씨에 달렸다. 경우에 따라서는 음식은 맛있는데 구미에 따라서 맛의 유무가 다르게 인식될 수도 있다. 나는 집에서 끼니를 때울 때가 많지만, 부득이해서 외식을 하거나 매식을 하는 경우가 있다. 그때 어느 음식점으로 갈까를 고민하게 되고, 함께 식사할 사람과 상의하게 된다. 이럴 때 특별한 경우를 제외하고는 값도 저렴하면서 맛있는 음식점을 찾게 된다. 지난 번 먹어보았을 때 값도 적당하고 맛이 괜찮았으면 다시 찾게 되고, 형편없다는 생각을 했으면 다시는 그 집에 안 간다. 어떤 집을 가면 그 넓은 공간에 발 들여놓을 틈이 없이 사람들이 가득 차서 호황을 누리는데, 어떤 집은 손님이 없어 파리를 날리거나 개점휴업 상태인 것을 보게 된다. 이처럼 음식의 성패는 맛의 유무에 달렸다 해도 과언 아니다.

　음식뿐만 아니라 시조에도 분명 맛이 있다. 시조를 읽으면서 맛을 느낀다. 맛있는 작품은 두고두고 다시 읽게 되지만 맛없는 작품은 첫 부분만 읽다가 끝까지 읽지 않고 집어치우게 된다. 음식도 씹으면서 맛을 느끼고 음미하듯이, 좋은 작품은 음미하면서 한번 읽었지만 나중에 다시 찾아 읽게 된다. 다시 찾아 읽는데 그치지 않고,

아예 외우고 다니는 경우가 있다. 나만 외우는 것이 아니라 다른 사람들도 외우는 사람이 많다. 이런 경우를 인구(人口)에 회자(膾炙)된다고 한다. 대개 명시라고 알려진 것들이 인구에 회자되고 있다. 「월간문학」 10월호에는 "시조의 젊은 힘 4인선"이라고 해서 4명의 시인에 8작품이 실렸다. 젊은 시인들의 작품이라 패기는 있는데, 맛이 없어서 읽다가 집어치우고 싶은 생각이 들었다.

凸들은 불이라네 凹들은 과일일래.
2×9=18 짚불이다 푸르륵 타버리는, 3×9=27 장작불 모양 좋고 화력 좋고, 4×9=36 숯불이다 이글이글 타오르는, 5×9=45 화롯불 잠수한 저 잉걸불, 6×9=54 담뱃불은 빨아야 불이 붙고, 7×9=63 반딧불이 불도 아닌 것이 불인 체.
호두는 까봐야 먹을 게 있어야지, 수밀도는 입안에서 사르르 절로 녹네, 수박이야 칼만 대면 스스로 쩍 벌어져, 참외는 잘 먹어야 배탈 아니면 본전이야, 곶감은 곰팡내 나도 씹어보면 쫄깃쫄깃, 아, 모과 한 입 물면 시금 털털 퉤 퉤 퉤.
한 잔 즙내다 가느니 몸 태우다 가느니.
— 이구학, '암호풀이' 전문(월간문학 2004년 10월호)

이 작품을 음식에 비유하면 너무 질겨서 씹히지 않는 먹거리이다. 음식이 씹혀야 맛이 있다든지 없다든지 판가름할 수 있는데, 씹히지 않으면 먹다가 뱉어버리는 수밖에 없다. 이 작품의 내용은 고도한 철학적 의미나 인생의 심오한 뜻이 담겨 있는 것 같은데, 그 뜻을 알아차려 제대로 이해하고 감상할 만한 사람이 많지 않다는 데에 문제가 있다. 이 작품의 제목이 '암호풀이'이니 凸과 凹는 암호

일 것이다. 凸은 불, 凹는 과일이라 했는데, 그 〈불〉과 〈과일〉이란 말도 실제의 불과 과일이 아니라 상징적 수법을 쓴 것으로 본다. 그래서 사설시조의 중장에 불의 종류를 열거하고, 과일의 종류를 열거했을 것이다. 그리고 불의 성격을 층위별로 구분했고, 과일의 맛을 종류별 또는 층위별로 열거하였다. 마지막 종장에 "한 잔 즙내다 가느니 몸 태우다 가느니"는 이 작품의 결론이다. '가느니'란 말이 두 번씩 되풀이 되었는데, 이 말의 뜻은 '죽는다'는 의미로 이해된다. 이처럼 고도한 철학적 의미나 인생의 심오한 뜻이 담겨 있다 하더라도, 독자들이 이 작품을 처음 대할 때는 거부감을 가질 수밖에 없다. 요상한 기호가 나오고, 시조에서는 생소한 구구단이 나오니 우선 낯설고, 무슨 괴상한 짓을 한 것으로 오인해서 끝까지 읽지 않고 집어치우게 된다. 그래서 평자는 이 작품을 잘 씹히지 않는 음식에 비유했던 것이고, 잘 씹히지 않기 때문에 맛을 알 수 없다고 했다. 이 작품에 대하여는 시조를 최첨단으로 끌어올려 발전시켰다는 평, 또는 시조를 요상하게 써서 혼란만 가중시킨다는 평 등 극단적인 평가가 내려질 수 있다는 점을 아울러 지적해 둔다.

　　계엄령보다 더 엄하게/ 강물은 얼어버리고/ 포고령 발표문처럼/ 퍼얼펄 날리던 눈발/ 눈 감고 입 다문 채로/ 죽은 시늉뿐이었지요/ 알아도 안다고 할 수 없던/ 긴긴 동굴의 밤/ 화염병이 터진 듯/ 진달래가 불붙고/ 노오란 최루가스같이/ 자욱하던 개나리.
　　　　－ 이기라, '회한의 봄' 제1·2수(시조월드 2004 하반)

이 작품을 음식에 비유하면 우선 잘 씹히는 음식으로 간주할 수 있다. 맛이 있느냐 없느냐 하는 것은 씹어서 먹어본 다음에 논할 문제다. 잘 씹힌다는 이야기는 독자의 입장에서 어려움 없이 읽기가 가능하다는 의미다. 제1수는 날씨의 변화 즉 기상상태를 지난 군사독재정권 시절에 비유하였다. 강물이 얼마나 꽁꽁 얼어붙었으면 계엄령보다 더 엄하다고 했겠는가. 얼마나 폭설이 내렸으면 포고령 발표문처럼 눈발이 날린다고 했겠는가. 이러한 전제 하에 시적 자아가 진실로 하고 싶은 이야기를 종장에 배열하였다. 유신시대가 되었든 전두환 치하가 되었든 우리 민초들은 눈 감고 입 다문 채로 죽은 시늉하면서 삶을 유지할 수밖에 없었다는 것이다. 이러한 결론을 보면 겨울 날씨를 군사정권 시절에 비유한 것이 아니라, 그 군사 독재 시절을 추운 겨울 날씨에 비유하면서 상기시키는데 의미가 있다고 본다. 제2수는 그 당시 민주화 투쟁 상황을 겨울철에서 봄철로 이행해가는 계절의 변화에 비유하였다. 그 당시 암울했던 시대 상황을 긴 긴 동굴의 밤이라 하였고, 민주화 시위를 하는 과정에서 화염병 터지는 것을 진달래가 활짝 핀 것에 비유하였고, 이 과정에서 경찰이 터뜨린 최루탄가스를 개나리꽃이 만발한 것에 비유하였다. 한마디로 이 작품은 과거 군사독재정권 시절에 대한 부정적 감정을 교묘한 비유법을 써서 나타낸데 묘미가 있다. 이만하면 진수성찬은 아니더라도 푸짐한 밥상으로 간주할 수 있다고 본다. 즉 읽을 맛이 난다는 이야기다.

꽃 피우고/ 열매 맺어/ 빛 부시던 한 시절은// 가뭇없이 흘러가는/ 몇 구비의 강물인가// 어느 새/ 노을의 둔덕 너머/ 서릿바람 차가우니.

— 김석철, '덧없음' 전문(신서정 제27집)

  제목을 '덧없음' 또는 '인생무상'이라고 했을 때, 막상 작품으로 형상화하려면 그렇게 간단하지는 않다. 다른 사람이 써놓은 것을 보면 '그렇게 썼구나'라고 쉽게 받아들일 수는 있지만, 막상 본인이 쓰려면 잘 되지 않는다. 우선 이 작품을 음식에 비유하면 잘 씹히고 맛도 금방 느낄 수 있다. 그러면서도 음미해볼 만한 영양가가 있는 작품이다. 이 작품에는 거창한 철학적 탐구나, 심오한 인생의 의미가 함축된 것은 아니다. 21세기 최첨단을 지향하는 선구자적 의미가 있는 것도 아니고, 예리한 감성이나 요란한 외침이 있는 것도 아니다. 억지로 꿰맞춰서 독자들의 이목이나 관심을 끌려고 하는 작품도 아니다. 지극히 평범해서 많은 사람들이 관심을 안 갖고 그냥 지나칠 수 있는, 눈에 잘 띄지 않는, 다시 말해서 튀는 작품이 아니라는 이야기다. 나이가 50대 중반을 넘어서면 누구나 한번쯤 느끼고 실감하게 되는 인생의 허무감을 제목으로 해서, 그 허무감을 주제로 형상화하였다. 그 허무감을 '어느 새/ 노을의 둔덕 너머/ 서릿바람 차가우니'라고 나타내었다. 바로 요즘처럼 첫서리가 내리고, 강원 산간 지방에는 첫얼음이 어는 그런 절기인 것이다. 하루로 따지면 저녁노을이 질 때이고, 계절적으로는 서릿바람이 불 때이니, 인생에 비유하면 하강기, 노년기로 접어든 시기라고 하겠다. 한마디로 위와 같은 시조는 산전수전 다 겪고, 인생의 경륜이 쌓인 다음 무르녹아서 나오는 작품이다. 음식으로 비하면 씹어 삼킬 만한 음식이고, 작품으로 보면 한번쯤 음미해 볼 만한 가치를 지녔다고 하겠다. 그러나 상기 작품은 진수성찬이나 별식은 아니고 그저 소박하게 차린 소찬쯤에 해당될 것이다. 많은 사람들이 별식이나 특식을 찾는데, 담백하면서도 맛을 느낄 수 있는, 그러면서도 요란하지 않는 우리의 전통 한식에 눈길을 주는 것도 좋을 것이다. 하여간에 설익은 생경한 음식이나 씹어도 씹히지 않는 질긴 음식은 많은 사람들이 외면한다는 사실을 강조하면서 이달의 평을 마친다.

(월간문학 2004년 11월호)

4. 시조 박물관

박물관은 국어사전에 '여러 사람들에게 보이어 교육이나 연구에 도움이 되도록, 고고학적 자료, 예술품, 역사적 유물, 그 밖의 학술 자료를 널리 모아서 보관, 진열하는 시설'이라고 되어 있다. 그런데 이글의 제목을 '시조 박물관'이라 한 것은 시조에 관련된 여러 가지 자료들을 보여주는 곳이란 의미로 쓴 것은 아니다. 「월간문학」 2007년 11월호에 6분의 작품 6편이 실렸는데, 비록 작품 수는 적지만 다양한 형태의 시조들이 골고루 갖추어져 있고, 그 작품들이 외형 뿐 아니라, 내적인 면에서도 각기 다른 몸짓을 하고, 다른 목소리를 내고 있기 때문에 그러한 이름을 붙였다. 흔히 시조는 일정한 틀을 지닌 정형시이기 때문에, 그게 그거 같고, 각 작품 간에 별다른 차이점을 발견하기 어려울 것이라는 선입관을 갖기 쉽다. 사실 우리의 옛시조는 현재 5천 편 가량 전한다고 하지만 내용이나 형식면에서 너무 유사하여 아무리 여러 편 읽어도 새로운 '멋과 맛'을 느끼기 어렵다. 그것은 옛날 우리의 전통가옥이 초가집이 됐든 기와집이 됐든 외형, 구조, 설계 면에서 비슷비슷한 것과 마찬가지다. 그러나 현재 우리들이 살고 있는 주택은 개인주택이 됐든 아파트가 됐든 외형이나 구조, 평수, 층수 면에서 너무 다양하여 똑같은 집을 찾아보기가 어려울 정도다. 마찬가지로 현대시조는 시인의 개성을 존중하고, 다양한 형태의 시조를 지을 수 있고, 정형률보다는 자유시와 같은 내재율을 지니고 있기 때문에 같은 시인의 작품이라도 완전히 유사한 작품을 발견하기란 쉽지 않다. 필자는 시조의 종류를 형태상으로 구분해서, 옛시조는 평시조, 엇시조, 사설시조 등으로 나누고, 현대시조에서는 단시조, 연시조, 사설시조, 연작시조, 혼합시조 등으로 나누는 것이 좋다고 생각한다. 이 중에서도 연시조는 2수 연시조, 3수 연시조, 4수 연시조 등 얼마든지 많은 형태를 연출해 낼 수 있어 다양하기 이를 데 없다.

월간문학 11월호에 발표된 작품을 그 형식면에서 조명해보면 류상덕의「입원실에서」는 3수 연시조, 문무학의「낱말 새로 읽기·22」는 3수 연시조, 이일향의「아버지 고백합니다」은 사설시조, 이양순의「홍매의 눈」은 2수 연시조, 채명호의「가을꽃 눈물」은 단시조, 진용빈의「이 이별 짧은 망향」은 연작시조이다. 이것을 정리해 보면 단시조 1편, 2수 연시조 1편, 3수 연시조 2편, 사설시조 1편, 연작시조 1편이 되어, 보편화되지 않은 혼합시조만 없지 현대시조의 다양한 형태들이 다 등장하고 있는 것이다. 작가는 6분밖에 안 되는데 무려 5가지 형태의 시조가 등장하고 있으니, '시조 박물관'이라는 표제를 붙여도 무방할 것이라는 생각이 든다. 다음은 작품을 직접 인용하면서 논의를 전개해 보자.

등 너머 억새밭에 열나흘 달 떴다고/ 엎드려 시름시름 귀뚜
리는 전하지만/ 찢긴 내 육신은 아직/ 피가 멈춰 못 듣는다.//
젊은 날의 골목에는 향기롭던 가을 과실/ 어느새 떨어지고 상
처뿐인 그리움이/ 아득히 멀어져 가고/ 창밖에 지는 낙엽.//
문을 열고 세상 속에 들어설 때는 겨울일까/ 그래도 누가 보
낸 편지 한 장 있거들랑/ 저승을 건너던 목숨/ 곁에 두고 울어
보자.

— 류상덕,「입원실에서」전문

필자의 관견으로 시는 우리 인간의 사상·감정·체험·상상 등을 언어를 재료로 하여 일정한 형식을 갖추어 나타낸 것이라고 본다. 체험과 상상만을 놓고 볼 때, 체험에 치우치는 것보다는 상상에 치우치는 편이 더 문학성이 높다는 평가를 받는다. 작품「입원실에서」은 체험을 바탕으로 했으면서도 상상력의 비중이 훨씬 크기 때문에 성공한 작품이라는 평가를 받을 수 있다. 제1수에서는 '열나흘 달'이나 '귀뚜라미'라는 자연물을 등장시켜, 일단 관심을 끌고, 종장에서 자기가 하고 싶은 이야기를 진술하고 있다. '찢긴 내 육신'이라는 구절에서, 류시인의 건강상태가 좋지 않음을 인지시켜 주고 있는 것이다. 제2수에서는 향기롭던 가을 과실이 어느새 떨어지고, 상처뿐인 그리움이 멀어져 가고, 창밖에는 낙엽이 진다고 하였는데, 제3자의 입장에서 객관적 진술을 한 것 같지만 사실은 시인 자신의 과거와 현재를 비유법을 써서 그리고 있는 것이다. 제3수에서는 아무리 어려운 상황에 처하더라도 편지 한 장 있거들랑 곁에 두고 울어보자고 했는데, 이대로 주저앉을 수만은 없다는 것을 간접적으로 나타낸 것 같다. 류상덕 시인의 쾌유를 빌면서 용기를 내십

사고 권하고 싶다.

> 하나로는 모자라서 'ㄷ' 둘 올려놓은/ '또'라는 부사는 다리 같고 양파 같다/ 여덟 개/ 줄을 이어서 뜻 하나씩 품고 있는.
> – 문무학,「낱말 새로 읽기 · 22 – 또」첫째 수

이 시는 문무학 시인의 연작시 '낱말 새로 읽기'의 22번 째 작품이다. 22라는 숫자가 나타내듯 과거에도 이런 작업을 많이 해왔고, 앞으로도 이런 시 쓰는 일이 계속될 것임을 예고해 준다. '또'라는 글자에 'ㄸ'을 쓴 것은 하나로는 모자라서 썼다는 것이고, 새로운 의미를 부여해서 '다리 같고 양파 같다'고 하였다. 그리고 '여덟 개의 줄을 이어서 뜻 하나씩 품고 있다'고 하였다. 이 작품은 마치 퀴즈를 낸 것 같은데, 문제도 작품 안에 있고, 그에 대한 해답도 작품 속에 암시되어 있다. 그러면 '다리'란 무슨 의미인가? 셋째 수 중장을 보면 '낯선 것들 사이에 다리를 놓아주는' 역할을 해서 '다리'라는 상징어를 썼다는 것이다. 이것은 낱말과 낱말, 구절과 구절, 문장과 문장 사이를 연결해주는 이음새 역할을 한다는 의미로 해석된다. 또한 '양파'란 무슨 의미로 쓴 것인가? 그 답은 셋째 수 종장에 제시되었다. 한 뿌리 양파라 해도 쪽이 되면 수도 없다는 것이다. 그처럼 '또'라는 낱말 속에는 기존의 뜻 이외에 얼마든지 새로운 뜻을 추가해서 찾아낼 수 있다는 의미로 이해된다.

이 작품을 읽고 느낀 소감은 그 착상이 기발하고, 낱말의 뜻은 기존에 알고 있는 의미로 고정된 것이 아니라 얼마든지 새로운 뜻을 찾아서 추가할 수 있다는 것을 보여준 데에 의의가 있다. 또한 시조

의 틀 속에 무슨 소재든지 다 소화할 수 있다는 것을 보여 주었고, 시조를 쓸 때에 이전 방식대로만 쓸 것이 아니라 '새로운 시도'를 해보는 것이 중요하다는 것을 보여주었다. 그러나 일반 독자들에게는 낯설어서 친근감을 주기 어렵다는 점도 감안해야 될 것이다.

  오늘밤 어떻게 당신 앞에 기도할 수 있겠습니까. 아버지 고백합니다.
  이글거리는 증오, 터질 듯한 분노, 누를 수 없는 감정에 쫓겨 뱉어 버린 이 함부로의 혀를 용서하시고 내 입에 빗장 쳐 주옵소서. 내 살아 아직은 두 다리로 걸을 수 있는 행복, 내 살아 아직은 세상을 내다볼 수 있는 두 눈의 행복, 내 살아 아직은 귀를 열어 들을 수 있는 천지의 바람 소리, 설혹 간단없이 날아오는 화살이 나를 관통해 온다 할지라도 마음의 방패 갖추어 좁쌀만한 빛 하늘만한 기쁨으로 채우게 하소서. 무거운 짐 절룩이는 발걸음 내려놓게 하시고 한밤에 문득 잠 깨우는 사늘한 대기(大氣) 그 원류(源流)처럼 아름다운 정적(靜寂) 그 세상으로 저를 이끌게 하소서.
  아버지, 당신의 사랑의 불로 내 영혼의 가마솥을 달구게 하시고 소용돌이치는 고뇌를 잠재워 주소서. 이 밤도 당신 품 안에서 평정(平靜)을 얻게 해주소서.
            - 이일향, 「아버지 고백합니다」 전문

이일향의 작품은 형태상으로 사설시조이다. 이것을 달리 장시조라 부르기도 한다. 사설시조는 3장 6구 12절의 평시조보다 음보 수나 구절 수가 늘어난 경우이다. 흔히 중장의 길이가 많이 늘어나는데, 옛시조의 예를 찾아보면 초장이 늘어난 경우, 중장이 늘어난 경우, 종장이 늘어난 경우, 초장과 중장이 동시에 늘어난 경우, 중장과 종장이 동시에 늘어난 경우, 초·중·종 3장이 모두 늘어난 경우 등 그 형태가 다양하다. 필자의 소견으로는 이일향의 「아버지 고백합니다」은 초·중·종 3장 모두가 기본 형식보다 늘어난 과음보(過音步)의 작품이다. 내용은 기도문이나 참회문의 형식을 취하였다. 초장에서 '어떻게 당신 앞에 기도할 수 있겠습니까'라는 구절을 보면 기도문 같고, '아버지 고백합니다'라는 구절을 보면 참회문 같다. 그 외에 '내 입에 빗장 쳐 주옵소서', '하늘만한 기쁨 채우게 하소서', '그 세상으로 저를 이끌게 하소서', '소용돌이치는 고뇌를 잠재워 주소서', '평정을 얻게 해 주소서'등의 구절들을 보면 기도문으로 보는 것이 맞을 것 같다. 그리고 참회의 내용보다는 기도의 내용이 더 많은 비중을 차지하고 있어, 기도문이라 정의해도 무리가 없을 것 같다.

박영교 시인은 지난 2007년 10월호 월평에서 사설시조에 대하여, '여러 가지 기법적인 문제가 대두되고 있으나, 대체적으로 대구, 점층, 문답, 대조 등의 수법으로 문장을 이끌어 나가면서 그 속에 율격을 살리고 있어야 하며, 중장에 따른 종장을 잘 마무리할 수 있어야 한다.'라고 이야기한 바 있다. 그야말로 정곡을 찌른 이야기라고 본다. 그러나 글의 성격이 기도문 형식을 취하게 되면 그러한 룰을 그대로 지키기가 어렵다. 기도문으로 쓰다 보니까 산문적인 진술을 할 수밖에 없고, 반복법이나 나열법이 원용될 수밖에 없다고 본다. 이러한 진술을 했지만 사설시조를 어떻게 쓰는 것이 최선의 것인지, 아직 그 이론이 정립되지 않아 쓰는 이나 읽는 이나 헷갈릴 때가 많다는 것을 어느 정도 이해해야 될 것이다.

월간문학 2007년 11월호에 발표된 작품 중에서 3분의 작품을 살펴보았는데, 모두 적당히 쓴 것이 아니라, 그야말로 작가가 혼신의 힘을 다해서 썼다는 것을 감지할 수 있었다. 형태도 다양하고, 몸짓도 크고, 목소리도 또렷하고, 자기 나름대로 개성적인 작품을 생산해 낸다고 결론지을 수 있다. 그렇더라도 고도의 기법을 사용해서 후진들에게 큰 충격을 주었으면 더 좋았을 것이라는 아쉬움이 남는다.

(월간문학 2007년 12월호)

5. 여류시인들의 다양한 목소리

사법고시, 공무원 시험, 교사 임용고시 등 다양한 분야에서 여성들의 합격률이 높게 나타나는 것이 요즘의 현실이다. 필자가 대학에 재직했을 때 기말고사를 보면 그 성적 분포도가 상위 10퍼센트는 여학생들이 차지하고 있었다. 시조 분야도 정확한 통계를 낸 바는 없지만, 여류시인들의 숫자가 절반에 이르고, 그 가운데는 작품 수준이 정상급을 향해서 달려가는 분들이 많이 있는 걸로 안다. 그런 점에서 이번 달 월평은 '여류시인 특집'으로 꾸며 보고자 한다. 이글의 제목을 〈여류시인들의 다양한 목소리〉라고 했는데, 노래만 소리로 부르는 것이 아니라, 시조도 크든 작든 아니면 곱든 거칠든 시인 나름대로 '목소리'를 낸다고 보기 때문이다. 그 목소리란 시인이 작품을 통하여 어떠한 주장을 하고 있느냐는 뜻도 되고, 어떤 메시지를 독자에게 전달하려고 하느냐는 뜻도 된다. 그리고 가수들이 노래를 부를 때, 똑같은 노래를 부르면서도 각자 다른 목소리를 내듯이, 시인들도 같은 소재를 다루더라도 그 색깔, 모양, 음조 등이 다르기 때문에 각자 다른 목소리를 낸다고 할 수 있는 것이다. 그런데 그 '목소리'를 평자의 입장에서 '좋다' 또는 '나쁘다'라고 평할 수는 없지만, '부드럽다' 또는 '딱딱하다' 아니면 '곱다' 또는 '거칠다'라는 평가를 내릴 수는 있다고 본다. 그러면 먼저「월간문학」12월호에 발표된 김정희의 작품부터 읽어보자.

> 우수절 젖은 하늘 물안개 낀 들녘에 서면/ 전생의 어느 길목 먼 그대 발자국 소리/ 끊일 듯 이어진 가락 비파 소리 들리고.// 딩동 댕, 딩동 댕댕, 실로폰을 치듯이/ 처마 끝 낙숫물 소리 창문을 두드린다/ 귀 열고 눈 떠 보라고 재촉하는 하늘 말씀.// 이슬비 보슬보슬 청매(靑梅)를 익히는 손/ 시디 신 열매 맛을 삶이라 타이르며/ 매화꽃 이운 자리에 내리는 은총 있다.
> ― 김정희「빗방울 변주(變奏)」1, 2, 3수

이 작품은 모두 5수로 되어 있는 연시조이다. 그런데 작품의 시간적 배경이 어느 하루나 한 계절에 머무르지 않고 춘하추동 4계절로 순환되어, 마치 그 옛날 맹사성의 〈강호사시가〉나 윤선도의 〈어부사시사〉와 같은 작품 구성을 한 것으로 느껴졌다. 작품은 5수로 되어 있는데, 4계절을 대상으로 했다면, 어느 계절은 두 수로 구성되었다는 결론이 나온다. 제1수는 봄노래 같다. 그것은 '우수절'이라고 하는 절후를 나타내는 용어가 있어 쉽게 파악된다. 계절은 우수 때이고, 장소는 들녘이고, 생각은 전생의 어느 길목까지 다다랐으니, 그 상상의 폭이 너무 커서 독자들에게는 실감이 잘 나지 않는다. 그런데 '빗방울 소리'가 '비파 소리'로 들린다고 했으니, 그러한 상상이나 비유는 시인의 자유에 속하는 사항이지 여기에 잘잘못을 따질 문제는 아니라고 본다. 제2수에서는 '낙숫물 소리'가 창문을 두드릴 정도면 여름 노래로 보아야 할 것이다. 이 제2수에서는 그 빗방울 소리를 통해서 우리 인간에게 무엇인가 깨달음을 주려고 한 것 같다. 왜냐 하면 그것을 '하늘 말씀'이라고 했기 때문이다. 이 부분은 그냥 일반인이 생각하는 하늘의 계시라 생각할 수 있고, 기독교인들이 생각하는 종교적인 의미의 하느님 말씀으로 해석할 수도 있다. 제3수도 여름 노래로 이해된다. '청매를 익히는 손'이라는 구절이 나오는데, 매화는 이른 봄에 꽃이 피고, 6월경에 그 열매가 노랗게 익는 것으로 알려졌기 때문에 여름 노래로 간주된다. 제2수에서는 "귀 열고 눈 떠보라"는 교훈적인 구절이 들어 있었는데, 제3수에서는 "시디 신 열매 맛을 삶이라 타이르며"라는 구절이 있어, 이 작품의 목적이 무엇인가 인간들에게 깨달음을 주려는 의도가 담긴 것으로 파악된다. 요즘 현대시조의 경향이 지나친 상상력을 동원해서 쉽게 접근하기가 어려운데, 이 작품 또한 이러한 시대사조를 잘 반영해서 '목소리'가 좀 커지지 않았나 생각된다.

산간 대청마루 노(老)스님의 가위질 소리/ 고행 길 자청하는 그런 삭발 아닙니다/ 시위대 분노의 고발 그 삭발도 아닙니다// 자고 나면 한 주먹씩 뽑혀 나온 내 분신/ 견디다 견디다 못해 손들고 나온 패잔병들/ 그 녀석 죽이기 작전에 희생된 눈물입니다// 백골이 싫어싫어 지킴이 된 몇 가닥/ 비오는 날 미장원에 가지 마라 간호사말/ 면도로 밀어 낸 모습 내가 나 아닙니다.

— 임금자 「삭발」 1, 2, 3수

이 작품은 6수로 된 연시조인데 앞부분 3수만 인용하였다. 일종의 병상기(病床記)로서 생활체험을 바탕으로 하고 있다. 제목이 〈삭발〉인데 작품을 읽어보면 왜 삭발을 해야 했는지 이유를 알 수 있다. 자신의 의지와 관계없이 삭발을 하게 됐으니, 자아는 참담한 심정을 느낄 수밖에 없었으리라 본다. 제1수 종장에서 '시위대의 분노의 고발' 그런 삭발이 아니라고 했지만, 사실은 그보다도 더 큰 분노를 느꼈으리라 예견된다. 제2수에서는 그 머리카락을 '내 분신'이라 표현했고, 견디다 견디다 못해 손들고 나온 '패잔병들'이라 하였다. 특히 뽑혀 나온 머리카락을 '패잔병들'이나 '희생된 눈물'이라 표현한 것은 아주 참신한 비유법을 구사한 것으로 사료된다. 제3수에서는 완전히 삭발한 다음의 모습을 그렸다. 면도로 밀어낸 모습은 '내가 나 아니다'라고 하였다. 시인 스스로도 너무 황당해서 이런 표현을 했으리라는 생각이 든다. 그렇더라도 임금자 시인은 절망하지 않고, 이겨내겠다는 의지를 갖고 발바닥이 부르트도록 희망봉을 향하여 걷는다고 하였다. 그의 안타까운 목소리를 들으면서 빨리 쾌유하시기를 빈다. 다음은 최근에 발간된 송길자의 시조집 「강 건너 봄이 오듯」에서 한 작품 감상해 보고자 한다.

　　애당초 내 사랑은/ 울 수조차 없는 하늘// 아니지/ 매맞고 일어서야/ 둥그렇게 우는 거지// 눈물이/ 되돌아와서/ 감겨드는 내 사랑

　　　　　　　　　　　　　　　　　— 송길자 「작은 종」 제1수

이 작품에서 제목의 〈작은 종〉은 작자 자신을 비유한 것 같다. 종

이란 사람들이 시각적으로 보기 위해서 존재하는 것이 아니라, 울려서 그 소리를 내는 데서 그 값어치를 발견한다. 그리고 종은 스스로 울게 되어 있지 않고 누군가는 쳐서 울려야 한다는 데에 묘미가 있는 것이다. 이처럼 스스로 울릴 수 없기에, 자아는 자신의 사랑을 '울 수조차 없는 하늘'에 비유했던 것이다. 그러나 누군가가 쳐주면 아름다운 사랑을 할 수 있기에 '매맞고 일어서야/ 둥그렇게 운다.'고 표현하였다.

그리고 종장에서는 누군가가 울려주지 않으니까, 눈물이 되돌아와서 '감겨드는 내 사랑'이라 표현했다고 본다. 되돌아오는 것이 함께 조화를 이루는 사랑이 아니라 '눈물'이라고 한 데서, 불완전한 사랑이란 것을 직감할 수 있는 것이다. 그래도 제2수 종장에서 "한 발 더/ 네게 다가가/ 나는 울며 흔들리리"라 한 것을 보면, 희망을 잃지 않고 긍정적으로 살아간다는 것을 미루어 짐작할 수 있다. 송길자는 이 작품에서 말을 아끼면서도 할 소리는 다한다는 느낌을 받았다. 그리고 그 목소리는 격정적이지 않고 차분한 가운데 심금을 울리는 약간은 슬픈 목소리로 들리었다. 다음은 이번에 시조전집「내 고향」을 발간한 우숙자의 작품을 인용해 보고자 한다.

> 길 없는 벼랑 끝에/ 그리움 정녕 깊어// 밤하늘 열어놓고 보름달 쳐다본다// 터지는/ 실향의 눈물/ 반백년이 무너진다.
> － 우숙자「1993. 10. 30」전문

우숙자는 이번에 그의 시조집 1집에서 10집까지를 합본한 우숙자 시조전집을 발간하였다. 총 페이지수가 1130쪽이나 되는 방대한 분량이다. 이처럼 많은 작품을 생산했다는 것은 그의 시조에 대한 열정이 남다르다는 것을 증명해 준다. 상기 작품은 제목이 「1993. 10. 30」이라고 되어 있어 특이하다는 생각이 들었다. 이 작품에는 이산가족의 아픔이나 슬픔이 배어 있다. 그는 이 시조전집의 서문에서 "할아버님 댁으로 개성을 떠나온 것이, 영영 갈 수 없는 그리운 고향과의 이별입니다."라고 하였다. 고향을 가까이 두고도 갈 수 없으니, '길 없는 벼랑 끝에'선 것이나 무엇이 다르겠는가. 아무리 가고 싶어도 갈 수 없는 고향, 자아는 밤하늘의 보름달을 쳐다보는 것으로 대신한다. 그 보름달은 고향에 사는 가족들도 바라볼 테니까 가족들과 자아 사이를 연결해주는 매개체 역할을 한다고 보는 것이다. 그렇게 해도 이산의 한이 풀릴 수 없어, "터지는/ 실향의 눈물/ 반백년이 무너진다."고 하였다. 그의 작품집은 거의가 실향민의 아픔, 고향 생각, 고향에 대한 그리움, 가족들에 대한 그리움으로 점철되어 있다. 그러나 이러한 이산가족의 아픔은 우시인 자신의 것만이 아니라, 천만 이산가족들의 아픔을 대변해 준다는 데서 그 의의를 찾을 수 있다. 그의 이 간절한 목소리가 북녘 땅에 울려 퍼져서 하루 빨리 남북평화통일이 이루어지기를 기대해 본다.

(월간문학 2008년 1월호)

6. 체험과 상상력 문제

문학은 인간의 사상, 감정, 체험, 상상 등을 일정한 형식에 맞춰 표현한 것이라 생각된다. 그 중에서도 체험과 상상의 관계는 불가분의 관계이면서도 상호 보완적 관계일 것이라는 생각이 든다. 대부분의 초보자들은 시를 쓸 때, 대상에 대하여 설명하려는 경향이 많다. 설명을 하게 되면 자기의 체험담을 늘어놓게 된다. 그러나 체험 위주로 작품을 쓰면 설명문이나 감상문처럼 되어 서투른 시가 될 수밖에 없다. 이것을 방지하기 위해서 우리들은 상상력을 동원한다. 언젠가 백수선생께서 시를 쓸 때는 보이는 부분보다는 그 너머 보이지 않는 부분까지 볼 수 있는 안목이 있어야 된다고 하셨는데, 이 말씀을 달리 표현하면 상상력을 많이 집어넣으라는 이야기로 이해된다. 하여간에 체험 위주로 시를 쓰면 시답지 않은 시가 되기 쉽고, 상상력 위주로 시를 쓰면 추상화를 보는 것 같아서 일반 독자가 이해하기 어렵다는 평을 듣게 된다. 그러니까 체험과 상상을 50%씩 섞어서 쓰면 무난한 시가 될 것 같고, 상상력의 비중을 80% 이상 집어넣으면 잘 쓴 시라는 평을 들을 수 있을 것이다. 여기에 참신한 비유법까지 구사한다면 금상첨화(錦上添花)일 것이라는 생각이 든다.

    흙을 차 내고 돋는/ 새 순/ 질서는 전설이 된다.// 빛에 초점을 두고/ 가슴으로/ 영원을 가눈다// 끈끈히 달라붙는 열화(熱火)/ 길목은/ 계절이 찼다.
    항시 은혜로운 일월(日月)/ 아침마다/ 새로운 듯// 바람 따라 펄럭이는/ 맥맥히/ 이어온 목숨// 행여나 휘여 갈지라도/ 이 자리는 푸르리.

- 황순구 「새 순」 전문

이 작품은 「계절문학」 2007년 겨울호에 실려 있다. 제목이 「새

순」인데, 그냥 식물에서 돋아나는 '새 순'정도로 생각할 수도 있고, 아니면 무엇인가를 비유해서 표현한 것으로 볼 수도 있다. 여기서 '흙을 차 내고 돋는 새 순'은 누구나 경험적으로 알 수 있으니까 체험 세계로 볼 수 있고, '질서는 전설이 된다.'는 구절은, 아주 생소하게 처음 듣는 말이니까 상상의 세계라 할 수 있다. 특히 '전설'에는 ① 민중적, ② 구전적, ③ 허구적, ④ 산문적이라는 요건을 지녀야 한다는 의미가 담겨 있다. 그 외도 전설에는 신화처럼 진실성이 있어야 하고, 그러면서도 대체로 세속성이 강하며, 민중의 기대감이 첨가되어 있어야 한다는 요건이 있다. 그래서 '질서는 전설이 된다.'는 말속에는 여러 가지 의미가 내포되어 있어, 여러 가지로 해석하는 것이 가능하다. 여러 가지의 해석이 가능하니까 뚜렷한 답을 구하기도 어렵다. 그래서 이 구절에는 현대시의 특징인 다의성(多義性), 애매성(曖昧性), 낯설게 하기 등의 수법이 복합적으로 작용한 것으로 이해된다. 이러한 특성은 제1수 종장 "끈끈히 달라붙는 열화/ 길목은/ 계절이 찼다."는 구절에서 또 한 번 반복되고 있다. 전구(前句)의 의미는 그런대로 알겠는데, 후구(後句)의 "길목은/ 계절이 찼다."는 구절은 그야말로 엉뚱하기 이를 데 없다. 이처럼 엉뚱한 소리를 잘해야 요즘은 '시를 잘 썼다.'는 말을 듣는 것은 평자뿐 아니라 여러 독자들께서도 익히 알고 있는 사항이다. 제1수 중장에서는 "가슴으로/ 영원을 가눈다."고 하였다. 여기서 영원을 가누는 주체는 '새 순'이라고 생각되는데, 이것도 현실세계에서는 불가능한 이야기고 상상의 세계에서만이 가능한 이야기다. 누군가 소설에서만 '허구'가 있는 것이 아니라, '시에서도 허구가 있다'고 한 말을 들은 바 있는데, 시적 허구는 바로 이러한 표현을 염두에 두고서 한 말일 것이다.

제2수 중장에서는 그 '새 순'을 "맥맥히/ 이어온 목숨"이라 하였고, 종장에서는 그 목숨이 혹시 휘어질 때가 있더라도, "이 자리는 푸르리."라고 하였다. 이 말은 어떤 고난과 어려움을 겪게 되더라도, 항상 자기 위치를 지키고 변치 않겠다는 것을 의미한다. 앞에서 거론한 "영원을 가눈다."는 말이나, "맥맥히 이어온 목숨"이란 구절이나, 제2수 종장 마지막 구절의 "이 자리는 푸르리."란 말은, 그 표현만 약간씩 다르지, 그 이미지는 일맥상통하는 바가 있다. 이 작품은 그 시상을 지나치게 비약시키고, 압축시키고, 긴장시켜서, 요즘 현대시가 지향하는 특성을 잘 살렸다는 평을 받을 수는 있다. 그러나 한편으로는 유연성이 부족하여 독자들의 관심을 끌거나 공감을 불러일으키는 데는 그 한계점을 드러냈다는 평도 아울러 받게 될 것이다.

 1. 햇볕이 말하기를/ 떠날 채비를 하란다// 잎들은 알아들은 듯/ 짐을 챙기는 것 같다// 하늘과 땅의 대화를/ 가만히 듣고 있는 이.
 2. 일진의 바람결에/ 서걱이는 나뭇잎// 윤나던 옷을 벗으며/ 담담한 표정일레// 가을은 결실만이 아닌/ 별리(別離)의 계절인 것.

          - 선정주「추일(秋日)」전문

선정주의 이 작품도「계절문학」2007년 겨울호에 실려 있다. 제목이「추일」이고, 그 형식은 2수 연시조로 되어 있다. 같은 제목의 연시조인데도 각 수마다 '1,2'라는 숫자를 붙였다. 연시조에서 이처럼 숫자를 붙여나가는 것은, 그 두 수를 각기 독립적인 작품으로 보아 분리시켜도 상관없다는 의미가 내포된 것으로 이해된다.

제1수 초장에서는 "햇볕이 말한다."고 하였고, 중장에서는 "잎들은 알아듣는다."고 하였다. 이 모두가 현실세계나 우리들의 경험세계에서는 있을 수 없는 일이기에, 상상의 세계를 그린 것이다. 그리고 햇볕이 말한 것을 잎들이 알아듣는다면, 햇볕이 말한 것을 꽃들이 알아들을 수도 있고, 햇볕이 말한 것을 풀들이 알아들을 수도 있고, 역으로 잎들이 말한 것을 햇볕이 알아들을 수 있다는 논리도 성립된다. 이것을 확대 해석하면 우주 안에 존재하는 삼라만상들은 우리들이 그것을 인식하지 못해서 그렇지 모두가 그들 나름대로 사인이나 의사소통의 수단을 가지고 있다는 이야기가 된다.

그렇다면 종장에서 말하는 "하늘과 땅의 대화를/ 가만히 듣고 있는 이"는 과연 누구를 지칭한 것일까? 이에 대한 해답은 한 가지가 아니라, 작품을 읽는 이의 관점에 따라서 얼마든지 다르게 답할 개연성이 있다. 우주만물을 창조한 이, 자연의 섭리를 주재하는 절대적 존재, 아니면 이 작품 속에 내재하는 '시적 자아' 등 여러 가지 답이 나올 수 있다는 이야기다. 어떻든 이 작품의 중심 소재는 '잎'이다. 제1수에서는 잎들이 짐을 챙기는 것 같다고 하였고, 제2수에서는 나뭇잎이 서걱인다고 하였다. 윤나던 옷을 벗으며 담담한 표정을 짓는다고 하였다. 그래서 종장에서는 "가을은 결실만이 아닌/ 별리의 계절이다"라고 하였다. 여기서 전구의 '결실'문제는 누구나 다 알고 있으니까 체험의 세계이고, 후구의 '별리(別離)'문제는 시인의 개성적인 눈으로 바라본 것이니까 상상의 세계라 할 수 있다. 이처럼 체험과 상상은 서로 조화를 이루고 도와주어야 할 보완적 관계라는 것을 다시 한 번 강조하는 바이다.

 1. 한아름 고목둥치/ 바람 부는 모퉁이에// 회초리 화엽(花葉) 몇 개/ 회춘(回春)하는 자색 꽃잎// 나비를 한번 불러다 씨앗 빚어 보잠이냐?
 2. 못 생긴 모과 열매/ 울퉁불퉁 가을 익혀// 빠개면 수백 개의/ 검은 씨를 숨겨 놓다// 종자는 신의 숨결로/ 봄 흙속에 촉 트리.

- 이용호「모과 꽃」전문

 이 작품은「월간문학」2008년 1월호에 실려 있다. 제목이「모과 꽃」인데, 고목둥치에 피어 있다는 것이고, 그 나무가 있는 곳은 바람 부는 모퉁이라는 것이다. 그 고목에도 회초리 같은 가지가 뻗고 화엽(花葉)이 몇 개 솟아났다. 여기까지는 사람의 눈으로 확인할 수 있고, 알 수 있는 상태이기에 현실세계를 그린 것이다. 그러나 모과나무의 그런 상태를 회춘하는 꽃잎으로 보고, "나비를 한번 불러다/ 씨앗 빚어 보잠이냐"라고 한 것은 상상의 세계라 할 수 있다. 우리가 흔히 듣는 이야기에 "고목에도 꽃이 핀다."는 말이 있는데, 이 작품의 제1수는 바로 이런 속담의 모티프를 연상하게 한다.
 제1수는 모과나무를 그린 것이라면, 제2수는 그 나무에 달린 모과 열매에 초점을 맞추었다. 그 열매가 울퉁불퉁하게 생겼는데, 가을을 익힌 것이라 보았고, 그 속에 있는 수백 개의 검은 씨는 다시 봄 흙속에서 촉을 트게 할 것이라 예견하였다. 한마디로 이 작품은 체험과 상상의 관계에서 상상의 비중이 약화되어, 긴장감이나 함축성이 떨어진다는 느낌을 받았다. 그렇더라도 이 작품은 단순히 고목이 된 모과나무에 봄에는 꽃이 피고, 가을에는 큰 열매를 맺는다는 자연 현상을 그리는데 만족하는 것 같지는 않다. 여기서 '고목'은 시인 자신을 비유했다고 볼 수도 있고, 아니면 더 확대해서 나이 많은 모든 사람들을 비유한 것으로 해석할 수도 있다. 그처럼 나이 먹은 사람들에게 희망을 잃지 말고 더욱더 정진하라는 격려의 메시지로 보고 싶은 것이 필자의 솔직한 심정이다.

(월간문학 2008년 2월호)

한국현대시조의 현황과 전망

초판 1쇄 인쇄일	| 2009년 11월 25일
초판 1쇄 발행일	| 2009년 11월 27일
지은이	| 元 勇 寓
펴낸이	| 정구형
총괄	| 박지연
편집 · 디자인	| 김숙희 이솔잎 채지선 채지영
마케팅	| 정찬용
관리	| 한미애 강정수
인쇄처	| 태광
펴낸곳	| 국학자료원
	등록일 2006 11 02 제2007-12호
	서울시 강동구 성내동 447-11 현영빌딩 2층
	Tel 442-4623 Fax 442-4625
	www.kookhak.co.kr
	kookhak2001@hanmail.net
ISBN	| 978-89-6137-451-4 *93800
가격	| 26,000원

* 저자와의 협의하에 인지는 생략합니다.
  잘못된 책은 구입하신 곳에서 교환하여 드립니다.